LESLIE JAMISON

Die Empathie-Tests

ÜBER EINFÜHLUNG
UND DAS LEIDEN ANDERER

Aus dem Englischen
von Kirsten Riesselmann

Hanser Berlin

Die Originalausgabe erschien 2014
bei Graywolf Press, Minneapolis.

2 3 4 5   19 18 17 16 15

ISBN 978-3-446-24925-7
© 2014 Leslie Jamison
Alle Rechte der deutschen Ausgabe
© Hanser Berlin im Carl Hanser Verlag München 2015
Alle Rechte vorbehalten
Satz: Greiner & Reichel, Köln
Druck und Bindung: CPI books GmbH, Leck
Printed in Germany

MIX
Papier aus verantwortungs-
vollen Quellen
FSC® C083411
FSC
www.fsc.org

Für meine Mutter,
Joanne Leslie

Homo sum, humani nil a me alienum puto
Ich bin ein Mensch, nichts Menschliches,
denke ich, ist mir fremd.

TERENZ, DER SELBSTQUÄLER

INHALT

Die Empathie-Tests

Ich jobbe als Patienten-Darstellerin. Das heißt: Ich spiele Kranke. Ich bekomme einen Stundenlohn. Medizinstudenten müssen erraten, was ich habe. Ich werde als Normpatientin eingesetzt. Das bedeutet, dass ich mich den Regeln meiner Krankheitsbilder entsprechend verhalte. Im Fachjargon nennt man mich »SP«, Abkürzung für *standardized patient*. Die Symptome von Schwangerschaftsgestose, Asthma und Blinddarmentzündung kann ich aus dem Effeff. Ich spiele auch eine Mutter, die ein Baby mit blauen Lippen hat.

Konkret funktioniert das so: Man bekommt einen Krankenhauskittel aus Papier, ein Skript und dreizehn Dollar fünfzig die Stunde. Das Skript ist zehn bis zwölf Seiten lang. Darin steht, was mit einem nicht stimmt – und zwar nicht nur, was einem weh tut, sondern auch, wie man diesem Schmerz Ausdruck zu verleihen hat. Es schreibt einem vor, wie viel man wann preisgeben darf. Man soll immer nur nach einem ganz bestimmten Muster antworten. Die fiktiven Leben von uns Simulationspatienten sind detailliert beschrieben: wie alt unsere Kinder sind, welche Krankheiten unsere Eltern haben, wie die Immobilien- und Grafikdesign-Firmen unserer Ehemänner heißen, wie viel wir im vergangenen Jahr abgenommen haben und wie viel Alkohol wir pro Woche trinken.

Meine Spezialität ist der Fall von Stephanie Phillips, einer Dreiundzwanzigjährigen, die an einer sogenannten Konversionsstörung leidet. Die Trauer über den Tod ihres Bruders äußert sich bei ihr in Krampfanfällen. Diese Art von Störung kannte ich vorher nicht. Ich wusste nicht, dass man aus Trauer

Zuckungen bekommen kann. Stephanie selbst soll das laut Skript auch nicht wissen. Sie soll noch nicht auf den Gedanken gekommen sein, dass die Anfälle irgendwas mit ihrem Verlust zu tun haben könnten.

STEPHANIE PHILLIPS
Psychiatrie // Materialien für Patienten-Darstellerin

DER FALL: Sie sind dreiundzwanzig Jahre alt und haben ohne erkennbare neurologische Ursache Krampfanfälle. An die Anfälle selbst können Sie sich nicht erinnern, man hat Ihnen aber gesagt, dass Sie währenddessen Schaum vor dem Mund haben und laut Obszönitäten von sich geben. Im Normalfall merken Sie, wenn ein Krampf sich ankündigt. Die Anfälle haben vor zwei Jahren begonnen, kurz nachdem Ihr älterer Bruder unterhalb der Bennington Avenue Bridge ertrunken ist. Er war nach einer Parkplatzparty mit seinen Football-kumpels betrunken schwimmen gegangen. Sie haben beide auf demselben Minigolfplatz gearbeitet. Zurzeit arbeiten Sie gar nicht mehr. Sie haben Angst davor, in aller Öffentlichkeit einen Anfall zu erleiden. Bislang hat Ihnen kein Arzt helfen können. Ihr Bruder hieß Will.

BEHANDLUNGSGESCHICHTE: Sie nehmen keinerlei Medikamente. Sie haben noch nie Antidepressiva genommen. Bislang sind Sie nicht davon ausgegangen, dass Sie welche brauchen.

KRANKHEITSGESCHICHTE: Probleme mit Ihrer Gesundheit sind Ihnen so gut wie unbekannt. Sie hatten noch nie etwas Schlimmeres als einen gebrochenen Arm. Will war dabei, als Sie sich diesen Arm gebrochen haben. Er war derjenige, der den Notarzt gerufen und Sie beruhigt hat, bis die Sanitäter da waren.

Unsere simulierten Sprechstunden finden in drei nebeneinanderliegenden, extra zu diesem Zweck eingerichteten Räumen statt. Jeder Raum ist mit einer Untersuchungsliege und einer Überwachungskamera ausgestattet. Wir prüfen Medizinstudentinnen und -studenten im zweiten und dritten Studienjahr in thematisch wechselnder Folge: in Kinderheilkunde, Chirurgie und Psychiatrie. An einem normalen Testtag müssen die Studierenden drei oder vier »Begegnungen« absolvieren, jede mit einem anderen Schauspieler und einem anders gelagerten Fall.

Die Studierenden tasten beispielsweise eine Frau mit Unterleibsschmerzen ab (Selbstauskunft: Stärke zehn auf einer Skala von eins bis zehn), erklären dann einem von Wahnvorstellungen heimgesuchten jungen Anwalt, dass sein Empfinden, ein sich windendes Knäuel Würmer im Dünndarm zu haben, wahrscheinlich eine andere Ursache hat, und kommen im Anschluss in meinen Raum, wo sie mir mit unbewegter Miene mitteilen, dass ich vorzeitige Wehen habe und demnächst mit dem um meinen Bauch gebundenen Kissen niederkommen werde – oder sie nicken ernst, während ich meiner Sorge um mein kränkliches Plastikbaby Ausdruck verleihe: »Er ist immer so still.«

Nach der viertelstündigen Begegnung gehen die Studierenden wieder aus dem Zimmer, und ich fülle einen Evaluationsbogen über ihre jeweiligen Performances aus. Der erste Teil ist eine Checkliste: Welche zentralen Informationen hat er/sie aus mir herausgeholt? Welche blieben unberücksichtigt? Im zweiten Teil der Evaluation geht es ums Zwischenmenschliche. Unterpunkt 31 auf der Checkliste – »laut geäußerte Anteilnahme an meiner Situation/meinem Problem« – wird von allen Seiten als der wichtigste eingeschätzt. Über die zentrale Bedeutung der beiden ersten Wörter – *laut geäußert* – hat man uns aufgeklärt. Es reicht nicht, ein verständnisvolles Gebaren an den Tag zu legen oder sich eines einfühlsamen Tonfalls zu befleißigen. Die Studenten müssen die richtigen Worte aussprechen, um Mitgefühlspunkte zu bekommen.

Wir Simulationspatienten haben ein eigenes Zimmer, in dem wir uns vorbereiten und Druck ablassen können. Wir kommen in Kleingrüppchen zusammen: alte Männer in zerknitterten blauen Morgenröcken, medizinische Fachangestellte mit für unsere papiernen Kittel viel zu coolen Stiefeln und ortsansässige Teenager in weiten Krankenhausumhängen und knallengen Jogginghosen. Wir helfen uns gegenseitig dabei, uns Kissen vor den Bauch zu schnallen. Doug, das kleine, aufblasbare, in eine billige Baumwolldecke gewickelte Baby, wird wie ein Staffelstab von Frau zu Frau weitergereicht. Unsere Reihen sind gefüllt mit den Mitgliedern lokaler Laientheatergruppen, Schauspielschülern auf der Suche nach der großen Bühne, Highschool-Kids, die sich Geld zum Versaufen verdienen, und Rentnern mit viel freier Zeit. Ich bin Autorin, und das bedeutet: Ich versuche, nicht ständig pleite zu sein.

Was wir aufführen, ist eine demographische Menagerie: Da gibt es die Sportskanone mit dem Kreuzbandriss und den Manager mit dem Koksproblem. Die Tripper-Oma hat gerade ihren Ehemann betrogen, mit dem sie seit vierzig Jahren verheiratet ist, und versteckt sich jetzt hinter ihrer Scham wie hinter einem Schleier. Die Studierenden sollen es schaffen, diesen Schleier zur Seite zu ziehen. Wenn sie die richtigen Fragen stellen, wird Tripper-Oma nach der Hälfte der Begegnung einen gespielten Heulkrampf erleiden.

Der Amnesie-Mann bekommt ein Make-up: einen tiefen Schnitt im Kinn, ein blaues Auge und mit grünem Lidschatten aufgetragene blaue Flecken auf den Wangenknochen. Er hat einen leichten Autounfall gehabt, an den er sich nicht erinnern kann. Vor der Sitzung sprüht sich der Darsteller mit Alkohol ein wie mit Parfüm. Hin und wieder soll er eine Anspielung auf seine Alkoholabhängigkeit fallenlassen, aber nur »ungeplant«, denn eigentlich hütet er die Details seines Geheimnisses, so gut es geht.

In unseren Skripten wimmelt es vor blumigen Ausschmückungen: Der Mann der schwangeren Lila segelt als Jacht-Kapitän vor Kroatien herum. Blinddarm-Angela hat einen toten Onkel, der seinerzeit Gitarrist war und dessen Tourbus von einem Tornado erfasst wurde. Jede Figur hat in der weiteren Verwandtschaft den einen oder anderen Fall, wo jemand auf gewaltsame, für den Mittleren Westen typische Art und Weise zu Tode gekommen ist: Menschen wurden bei Traktor- oder Getreidesilounfällen zerfleischt oder auf der Heimfahrt vom Supermarkt von einem Betrunkenen am Steuer überfahren; sie wurden von Unwettern, Schlachtenbummler-Partys nach College-Footballspielen (Unfall mit Schusswaffen) oder, wie mein Bruder Will, von leiseren Nachwirkungen des Alkoholkonsums dahingerafft.

Zwischen den Begegnungen bekommen wir Wasser, Obst und Müsliriegel, außerdem gibt es einen unendlichen Vorrat an Pfefferminzbonbons. Wir sollen die Studierenden nicht mit den Nebenwirkungen unserer echten Körper behelligen, mit unserem Mundgeruch und unserem knurrenden Magen.

Manche der Studenten werden im Laufe der Sitzungen nervös, was sich dann anfühlt wie ein schlecht laufendes Date – mal davon abgesehen, dass die Hälfte von ihnen Eheringe aus Platin am Finger hat. Ich habe häufig das Bedürfnis, ihnen mitzuteilen, dass ich mehr bin als eine unverheiratete Frau, die für ein Taschengeld Krampfanfälle simuliert. *Auch ich tue etwas!*, will ich ihnen sagen. *Wahrscheinlich schreibe ich hierüber irgendwann mal ein Buch!* Wir machen Smalltalk über das Bauernkaff in Iowa, aus dem ich angeblich stamme. Uns beiden ist klar, dass wir uns dieses vor sich hin plätschernde Gespräch nur ausdenken, aber wir sind entschlossen, die Erfindungen des jeweils anderen als authentischen Ausdruck unserer Persönlichkeit zu behandeln. Wie ein Springseil halten wir die Fiktion zwischen uns fest.

Einmal vergaß einer der Studenten, dass wir nur so tun, als ob. Er fing an, mir detailgenaue Fragen zu meiner vorgeblichen Heimatstadt zu stellen – die zufälligerweise tatsächlich *seine* Heimatstadt war. Seine Fragen überstiegen das, was in meinem Skript stand oder was ich beantworten konnte, denn in Wirklichkeit weiß ich nicht viel über die Person, die ich spiele, oder den Ort, aus dem ich angeblich stamme. Der Student hatte unseren Vertrag aus dem Blick verloren. Beherzt saugte ich mir allen möglichen Quatsch aus den Fingern. »Stimmt, der Park in Muscatine!«, rief ich und schlug mir wie ein Großväterchen die Hand aufs Knie. »Da bin ich als Kind immer Schlitten gefahren.«

Andere sind ganz die Profis. Sie rattern ihre Abhakliste für Depressionssymptome runter wie einen Einkaufszettel im Supermarkt: *Schlafstörungen, Appetitschwankungen, Konzentrationsschwierigkeiten?* Manche von ihnen reagieren gereizt, wenn ich mich an mein Skript halte und mich weigere, Blickkontakt zu ihnen aufzunehmen. Aber ich soll ja in mich gekehrt und wie in einem Kokon sein. Diese nervösen Studenten interpretieren meine niedergeschlagenen Augen als Herausforderung. Pausenlos suchen sie meinen Blick. Das ist ihre Art, Kontrolle über die Situation zu behalten – sie nötigen mich dazu, die ihnen abverlangte Zurschaustellung von Fürsorglichkeit auch wirklich zur Kenntnis zu nehmen.

An die in ihrer beharrlichen Floskelhaftigkeit geradezu aggressiv erscheinenden Bemerkungen habe ich mich gewöhnt: *Es ist sicher nicht einfach für Sie* (ein sterbendes Baby zu haben), *es ist sicher nicht einfach für Sie* (Angst davor zu haben, den nächsten epileptischen Anfall mitten in einem Supermarkt zu bekommen), *es ist sicher nicht einfach für Sie* (in der Gebärmutter den bakteriologischen Nachweis für den Betrug am eigenen Ehemann zu tragen). Niemand sagt je: *Ich kann mir nicht vorstellen, wie das für Sie ist* – warum eigentlich nicht?

Andere scheinen zu ahnen, dass Mitgefühl etwas ist, das stets auch gefährlich nah an der Kippe zur Übergriffigkeit steht. Sie drücken mir noch nicht mal das Stethoskop auf die Haut, ohne vorher zu fragen, ob das für mich okay sei. Sie brauchen eine Erlaubnis. Sie wollen sich nicht zu viel herausnehmen. Ihr Stammeln zollt – eher unabsichtlich – meiner Privatsphäre Respekt: »Darf ich … dürfte ich … Würde es Ihnen etwas ausmachen, wenn ich mir – einmal Ihr Herz anhöre?« »Nein«, sage ich dann zu ihnen, »das macht mir nichts aus.« Es ist schließlich mein Job, dass mir das nichts ausmacht. Ihre Demut ist eine Form von Anteilnahme. Ihre Demut bedeutet, dass sie mir Fragen stellen, und Fragen bedeuten, dass sie Antworten bekommen, und Antworten wiederum bedeuten, dass sie Punkte auf der Checkliste kriegen: einen Punkt dafür, dass sie herausbekommen, dass meine Mutter Antidepressiva nimmt, einen Punkt dafür, dass ich zugebe, die vergangenen beiden Jahre damit zugebracht zu haben, mich zu ritzen, und einen Punkt dafür, dass ich ihnen erzähle, dass mein Vater in einem Getreidesilo gestorben ist, als ich zwei war. Sie erhalten Punkte dafür, dass sie begreifen: Unter der Landschaft meines Lebens erstreckt sich ein radial-rhizomatisches Wurzelwerk aus Unglück.

In diesem Sinne lässt sich Empathie nicht nur durch Check-listenpunkt 31 bemessen – die »laut geäußerte Anteilnahme an meiner Situation/meinem Problem« –, sondern durch jede Kleinigkeit, die erkennen lässt, dass mein Erfahrungshinter-grund gründlich reflektiert worden ist. Einfühlung erschöpft sich nicht darin, brav daran zu denken, *es ist sicher nicht einfach für Sie* zu sagen. Empathisch zu sein bedeutet herauszufinden, wie man die Probleme anderer ans Licht befördert und so überhaupt erst sichtbar macht. Empathisch zu sein bedeutet nicht nur, zuzuhören, sondern auch, überhaupt erst die Fra-gen zu stellen, die dann Antworten hervorbringen, die man anhören muss. Empathie bedarf des beharrlichen Nachfra-gens genauso wie des Vorstellungsvermögens. Empathie be-darf des Wissens um die eigene Unwissenheit. Empathie heißt, dass man sich klarmacht: Es gibt immer einen Kontext, des-sen Umriss mehr umfasst als das, was gerade noch sichtbar ist. Denn der Tripper der alten Frau hängt mit ihren Schuldgefüh-len zusammen, die wiederum mit ihrer Ehe zusammenhän-gen, die wiederum mit ihren Kindern zusammenhängt, die wiederum mit ihrer eigenen Kindheit zusammenhängen. Und all das hängt dann wieder zusammen mit der häuslich unter-drückten Mutter und umgekehrt mit der nie geschiedenen Ehe der Eltern. Vielleicht lässt sich alles sogar zurückverfolgen bis zur allerersten Periode dieser Frau – und ihrer Scham und Erregung darüber.

Fähigkeit zur Empathie heißt begreifen, dass kein Trauma autonome Randbereiche hat, die nicht von ihm betroffen sind. Traumata suppen aus. Sie bluten aus Wunden und schwappen über Grenzen. Aus Trauer werden epileptische Anfälle. Und als Reaktion darauf erfordert auch Empathie eine Art von Durch-lässigkeit. Mein Stephanie-Skript ist zwölf Seiten lang. Ich den-ke vor allem über die Dinge nach, die nicht darin stehen.

Das Wort Empathie kommt von dem griechischen Wort *empatheia* – zusammengesetzt aus *en* (»hinein«) und *pathos* (»Gefühl«). Es steht also für ein Eindringen, für eine Art Reise. Es tut so, als begebe man sich in den Schmerz eines anderen so hinein wie in ein fremdes Land, als durchliefe man Grenzkontrollen und Zoll, als würde man eine Grenze qua Fragenstellen passieren: *Was wächst da, wo du bist? Welche Gesetze gelten? Was für Tiere grasen dort?*

Ich habe über Stephanie Phillips' Anfälle unter dem Aspekt von Besitz und Privatsphäre nachgedacht: Dadurch, dass sie ihrer Trauer keinen direkten Ausdruck verleiht, sondern sie zu etwas anderem werden lässt, kann sie sie für sich behalten. Die Weigerung, Blickkontakt zu jemandem herzustellen, der Widerwille, ihre emotionale Befindlichkeit zu erklären, und die Tatsache, dass sie während ihrer Trauerbekundungen ohnmächtig wird und sich hinterher nicht daran erinnern kann – all das könnte doch einfach ein Weg sein, ihre Verlusterfahrung rein zu halten, zu beschützen und nicht durch das Mitleid anderer verfälschen oder verletzen zu lassen.

»Was rufen Sie denn bei einem solchen Anfall?«, fragt einer der Studenten.

»Keine Ahnung«, gebe ich zurück und will hinzufügen: *Aber ich meine es genau so.*

Ich weiß, dass es gegen die Regeln verstoßen würde, das zu sagen. Schließlich spiele ich eine junge Frau, die ihre Trauer so tief vergraben hat, dass sie sie noch nicht mal selbst sehen kann. So einfach darf ich es meinen Studenten nicht machen.

DER FALL: Sie sind eine Frau von fünfundzwanzig Jahren und wollen einen Schwangerschaftsabbruch vornehmen lassen. Sie waren noch nie zuvor schwanger. Sie sind in der sechsten Schwangerschaftswoche, haben aber bislang weder Blähungen noch Bauchkrämpfe gehabt. Stimmungsschwankungen dagegen haben Sie schon an sich beobachtet, können aber nicht sicher sagen, ob das im Zusammenhang steht mit der Schwangerschaft oder mit dem Wissen um diese Schwangerschaft. Äußerlich ist Ihnen keine Aufgeregtheit wegen der Schwangerschaft anzumerken. Inwieweit Sie innerlich aus der Fassung sind, wissen Sie nicht so genau.

BEHANDLUNGSGESCHICHTE: Sie nehmen keinerlei Medikamente. Deswegen sind Sie ja auch schwanger geworden.

KRANKHEITSGESCHICHTE: Sie sind in der Vergangenheit mehrfach operiert worden, was Sie dem Arzt gegenüber aber nicht erwähnen, weil Sie es für unwichtig halten. Demnächst sollen Sie erneut operiert werden, um Ihre Tachykardie in den Griff zu bekommen, Ihren viel zu schnellen, unregelmäßigen Herzschlag. Ihre Mutter hat Ihnen das Versprechen abgenommen, dass Sie die bevorstehende Operation in dem Beratungsgespräch zum Schwangerschaftsabbruch ansprechen, obwohl Sie dazu eigentlich gar keine Lust haben. Ihre Mutter möchte aber, dass der Arzt über Ihre Herzprobleme Bescheid weiß – womöglich hat es ja Auswirkungen auf die Art und Weise des Abbruchs oder der Narkose während des Eingriffs.

Ich könnte ihnen erzählen, dass ich im Februar eine Abtreibung hatte und im März eine Herz-OP. Ich könnte die Geschichte so erzählen, als hätte das eine mit dem anderen nichts zu tun, als wären es zwei unterschiedliche Skripte ohne jeden Zusammenhang. Aber ohne die jeweils andere wäre keine der beiden Darstellungen vollständig. Ein einziger Monat hat sie miteinander verknüpft. Gleich zwei Mal hintereinander bin ich morgens nüchtern aufgestanden und in einen Kittel aus Papier geschlüpft. Die eine OP hing von einem winzigen Sauger ab, die andere von einem Katheter, der Teile meines Herzgewebes abladieren sollte. *Abladieren?* Ich fragte bei den Ärzten nach. Sie erklärten mir, dass *abladieren wegbrennen* bedeutet.

Der eine Eingriff führte bei mir zu Blutungen, der andere verlief fast gänzlich unblutig; für den einen hatte ich mich entschieden, für den anderen nicht; beide ließen mich im selben Moment die unfassbare Zerbrechlichkeit und das unglaubliche Vermögen meines Körpers spüren; beide kamen im fahlen Winter; beide hatten zur Folge, dass ich lang hingestreckt unter Männerhänden lag und abhängig war von der Fürsorge eines Mannes, den ich gerade erst zu lieben begonnen hatte.

Dave und ich küssten uns zum ersten Mal um drei Uhr morgens in einem Keller in Maryland, auf unserer Fahrt nach Newport News, wo wir 2008 Wahlwerbung für Obama machten. Unsere Kampagne hatte ein Verein namens Unite Here organisiert. *Unite Here!* Noch Jahre später hing das Plakat über unserem Bett. In diesem allerersten Herbst wanderten wir die mit zerbrochenen Muschelschalen übersäten Strände von Connecticut entlang. Zum Schutz gegen den salzigen Wind hielten wir uns an den Händen. Für das Wochenende nahmen wir uns ein Hotelzimmer und ließen so viel Schaumbad in die Wanne laufen, dass die Schaumblasen über den Fußboden liefen. Wir machten Fotos davon. Wir machten Fotos von allem.

Im strömenden Regen liefen wir einmal quer durch Williamsburg zu einem Konzert. Wir waren frisch verliebte Schriftsteller. Mein Chef zog mich damit auf, dass wir nachts, eng aneinandergekuschelt, vermutlich Bestandsaufnahmen unserer Befindlichkeiten machten. *Wie ging es dir heute, als wir auf der Straße die verletzte Taube gesehen haben?* Tatsächlich haben wir einmal, nachdem wir auf einem kargen Rasenstück zwei verkrüppelte Kaninchen beim Versuch beobachtet hatten, sich zu paaren, darüber gesprochen, wie traurig und gleichzeitig rührend dieser Anblick gewesen war.

Als ich schwanger wurde, waren wir ungefähr zwei Monate zusammen. Ich sah die beiden Striche auf dem Teststäbchen und rief Dave an. In bitterer Kälte drehten wir auf dem Campus unsere Runden und redeten darüber, was wir tun sollten. Ich dachte an den kleinen Fötus, der da zusammengerollt mit mir unter meiner Jacke steckte, und fragte mich vollkommen ernsthaft, ob ich schon eine Bindung zu ihm fühlte. Ich war mir nicht sicher. Ich weiß noch, dass ich nicht wusste, was ich sagen sollte. Ich weiß, dass ich mich nach einem Drink sehnte. Ich weiß, ich wollte, dass Dave und ich gemeinsam eine Entscheidung trafen, aber gleichzeitig hatte ich das Gefühl, niemand außer mir könne Besitzansprüche auf das Geschehene erheben. Dave sollte unbedingt begreifen, dass ihn die Konsequenzen dieser Entscheidung niemals so betreffen würden wie mich. Wie bei allem, was für mich schmerzlich war, wünschte ich mir, dass jemand meine Empfindungen teilte, beanspruchte sie aber gleichzeitig ganz für mich allein.

Wir legten die Abtreibung auf einen Freitag, was mir im Vorfeld eine Woche voller ganz normaler Wochentage bescherte. Mir wurde klar, dass dieses Tun ganz normaler Dinge genau das war, was von mir erwartet wurde. An einem Nachmittag verkroch ich mich in die Bibliothek und las einen sehr persönlichen Bericht über eine Schwangerschaft. Die Autorin beschrieb, wie sie ihr ganzes Leben lang eine pochende Faust aus Angst und Einsamkeit in sich getragen hatte, die sie lange mit Alkohol und Sex zum Schweigen gebracht hatte, bis die Schwangerschaft diese Faust durch die winzige Knospe ihres Fötus ersetzt hatte – durch die Bewegung eines Lebens.

Ich schrieb Dave eine SMS. Ich wollte ihm von der Angstfaust und von dem Babyherzen erzählen und wie traurig es für mich war zu lesen, dass eine andere Frau von ihrer Schwangerschaft umgekrempelt worden war, während ich wusste, dass mir das mit meiner nicht passieren würde – zumindest nicht in dem Maße, wie sie umgekrempelt worden war. Stundenlang bekam ich keine Antwort. Ich ärgerte mich. Ich fühlte mich schuldig, weil ich angesichts der Abtreibung keine größeren Gefühle hatte, und ich war sauer auf Dave, weil er irgendwo anders war und beschlossen hatte, nicht das kleinste Fitzelchen beizutragen, während ich den ganzen Rest zu erledigen hatte.

Ich spürte den Erwartungsdruck, der auf jedem einzelnen Augenblick lastete: das Gefühl, dass das bevorstehende Ende der Schwangerschaft mich traurig stimmen *sollte*; die lauernde Angst davor, dass mich nie das traurig stimmte, was mich eigentlich traurig zu stimmen hatte; die Erinnerungen an die Beerdigungen, die ich trockenen Auges miterlebt hatte; die latente Vermutung, dass mein Innenleben verdorrt war und allein vom kontinuierlichen Bedürfnis nach Bestätigung angeregt wurde. Ich wünschte mir, dass Dave exakt in dem Augenblick, in dem ich ein Bedürfnis verspürte, von allein erriet, was für ein Bedürfnis ich hatte. Ich wollte, dass er eine Vorstellung davon hatte, wie viel mir selbst kleinste Zeichen seiner Anwesenheit bedeuteten.

An jenem Abend brieten wir Gemüse und aßen es an meinem Küchentisch. Einige Wochen zuvor hatte ich genau auf diesen Tisch Zitrusfrüchte gehäuft und an unsere Freunde aus Beeren gemachte Kügelchen verfüttert, die alles süß machten: Pampelmusen schmeckten wie Bonbons, Bier wie Schokolade, trockener Shiraz wie gezuckerter Erdbeerwein. Eigentlich schmeckte alles nach Erdbeerwein. Will sagen: In meiner Küche schwebten noch die Geister ungezählter Tage, die unbeschwerter gewesen waren als der, den wir gerade durchlebten. Wir tranken Wein, und ich glaube – ich weiß –, ich trank eine Menge. Mir wurde schlecht bei dem Gedanken, dass ich dem Fötus Schaden zufügte, denn das bedeutete, dass ich ihn überhaupt für schadensanfällig hielt, was den Fötus lebendiger werden ließ, was wiederum mir – beschwipst von billigem Cabernet und streitlustig – das Gefühl gab, noch egoistischer zu sein.

Erst als ich an jenem Tag merkte, dass Dave auf Abstand ging, wurde mir klar, wie sehr ich das Gefühl brauchte, dass er diese Schwangerschaft genauso hautnah miterlebte wie ich – ein Ding der Unmöglichkeit. Aber ich fand, er könnte die tiefe Kluft zwischen unserem Erleben und unseren Körpern zumindest mit einer SMS überbrücken. Was ich ihm auch sagte. Na ja, wahrscheinlich wartete ich eher beleidigt darauf, dass er nachfragte, und sagte es ihm erst dann. Ein anderer Freund hat mir gegenüber mal geäußert: *Deine Gefühle zu erraten ist, wie eine Kobra mit einem Stethoskop zu beschwören.* Was, glaube ich, mehreres zugleich bedeuten sollte: Dass Schmerz mich aggressiv werden lässt, dass es, um mir eine Diagnose zu stellen, einer sehr präzisen Form von Beschwörung bedarf und dass ich meine Gefühle einerseits offen zur Schau stelle, andererseits aber ihre Ursache nicht preisgebe.

Als ich am Abend dieses Tages mit Dave in meinem Wohnzimmer unterm Dach zusammensaß, informierte ich ihn: »Ich habe mich heute sehr allein gefühlt. Ich hätte mich gefreut, etwas von dir zu hören.«

Ich würde lügen, wenn ich schriebe, dass ich mich daran erinnere, was er antwortete. Denn ich erinnere mich nicht. Das ist das traurige Halbleben von Streitigkeiten – dass wir uns meistens besser an unsere Hälfte erinnern. Ich glaube, er hat gesagt, er habe den ganzen Tag an mich gedacht. Und dieser Aussage konnte ich nicht trauen? Warum brauchte ich Beweise?

Laut geäußerte Anteilnahme an meiner Situation/meinem Problem. Warum brauchte ich Beweise? Ich brauchte sie eben.

Er sagte zu mir: »Ich glaube, du redest dir da etwas ein.«

Ich redete mir etwas ein? Was denn? Meine Wut? Meine Wut auf ihn?

Ich sagte ihm, ich wisse nicht, was ich fühle. Ob er mir nicht einfach abnehmen könne, *dass* ich etwas fühle und *dass* ich etwas von ihm gewollt habe? Ich brauchte seine Anteilnahme nicht nur, um die von mir beschriebenen Emotionen zu verstehen, sondern auch, um herauszufinden, was für Emotionen tatsächlich da waren.

Wir saßen unter einem Dachfenster. Hinter der Glasscheibe waren der Mond und der Februar. Es war kurz vor Valentinstag. Ich lag zusammengerollt auf einem billigen Futon, der mir mit den Krümeln in seinen Falten das Gefühl gab, immer noch auf dem College zu sein. Die Abtreibung war etwas Erwachsenes. Mitten darin fühlte ich mich nicht erwachsen.

Ich verstand *du redest dir da etwas ein* als einen Vorwurf, dass ich mir Gefühle ausdachte, die gar nicht da waren. In Wirklichkeit wollte Dave mir wohl sagen, dass ich meine Gefühle nicht richtig interpretierte – dass ich eine seit längerem in mir schwelende Unzufriedenheit und Unsicherheit ausschließlich mit der Abtreibung in Verbindung brachte und meine Emotionen dieses spezifische Ereignis betreffend übertrieb, um ihm ein schlechtes Gewissen zu machen. Dieser Vorwurf tat nicht deshalb weh, weil er vollkommen falsch war, sondern weil er in Teilen berechtigt war – und weil er mit einer derartigen Gefühlskälte vorgebracht wurde. Dave äußerte etwas Wahres über mich, aber nicht, damit es mir besserging, sondern zu seiner Verteidigung.

Und doch hatte er recht. Dave begriff, dass mein Schmerz etwas gleichermaßen Reales wie Konstruiertes war. Und er begriff auch, dass er notwendig beides zugleich war – dass meine Gefühle auch eine Konsequenz dessen waren, wie ich über sie sprach. Als er zu mir sagte, ich würde mir etwas einreden, meinte er nicht, dass ich eigentlich überhaupt nichts fühlte. Er meinte, dass ein Gefühl nie einfach nur im Zustand ergebener Passivität entsteht, sondern immer auch ein Prozess der Konstruktion ist. Rückblickend leuchtet mir das ein.

Und doch hätte er behutsamer mit mir umgehen können. Wir hätten beide behutsamer miteinander umgehen können.

An einem klirrend kalten Morgen gingen wir zu *Planned Parenthood*. Während ich darauf wartete, dass mein Name aufgerufen wurde, stöberten wir in einer Kiste mit Kinderbüchern. Keine Ahnung, warum es dort überhaupt Kinderbücher gab. Vielleicht waren sie für Kinder, die warteten, während ihre Mütter sich beraten ließen. Aber an jenem Morgen, an einem Freitag, an dem hier allwöchentlich die Abtreibungen vorgenommen wurden, wirkten sie wie eine Perversion. Wir entdeckten ein Buch, das *Alexander* hieß und von einem Jungen handelte, der seinem Vater all seine Missetaten gestand, indem er sie einem ausgedachten rot-grün gestreiften Pferd zuschrieb. »Alexander war heute ein böses Pferd.« Alles, was wir selbst nicht halten können, hängen wir an einen Haken, der es hält. Das Buch gehörte einem gewissen Michael aus Branford. Ich fragte mich, warum Michael zu *Planned Parenthood* gekommen war und warum er das Buch hier liegengelassen hatte.

Es gibt Dinge, die ich der Version meiner selbst, die da im Wartezimmer von *Planned Parenthood* hockte, gern sagen würde, dieser Frau, die so beflissen fröhliche Unbesorgtheit zur Schau stellte. Ich würde ihr sagen, dass sie gerade dabei war, etwas so Gewaltiges zu durchleben, dass sie sich ruhig trauen sollte, sich diese Gewaltigkeit einzugestehen. Genauso wenig sollte sie Angst davor haben, »zu viel Theater« darum zu machen. Sie sollte keine Angst davor haben, nicht genug zu empfinden, denn die Gefühle werden sich schon noch von ganz allein einstellen, und zwar gänzlich andere als erwartet. Sie werden jahrelang immer wieder kommen. Ich würde ihr sagen, dass auch die Tatsache, dass etwas allgemein üblich ist, einen nicht gegen den Schmerz immunisiert. Dass die ganzen Frauen im Wartezimmer dasselbe taten wie ich, machte es schlichtweg nicht einfacher.

Ich würde mir heute sagen: Möglicherweise spielen deine vorausgegangenen Operationen in dieser Situation keine Rolle, vielleicht aber eben auch doch. Dein gebrochener Kiefer und dein gebrochener Arm haben nichts mit deiner Schwangerschaft zu tun – außer, dass eben auch da etwas in dir zerbrochen ist. Um diese beiden Brüche wieder gerichtet zu bekommen, musste jeweils noch einmal in dich eingebrochen werden. Die Reparatur deines Herzens wird der nächste Einbruch sein, auch wenn dir da, außer dem, was weggebrannt wird, nichts weggenommen wird. Vielleicht beschwörst du jedes Mal, wenn du in einen Papierkittel steigst, die Geister all der anderen Male herauf, als du in einen Papierkittel gestiegen bist. Vielleicht ist die Narkosedunkelheit, in die du hinabgleitest, jedes Mal dieselbe. Vielleicht hat diese Dunkelheit die ganze Zeit auf dich gewartet.

ERSTER SATZ: »Ich habe so Krampfanfälle, und niemand kann mir sagen, warum.«

AUSSEHEN, AUFTRETEN, TONFALL: Sie tragen Jeans und Sweatshirt, vorzugsweise fleckig oder zerknittert. Sie sind niemand, der dem äußeren Erscheinungsbild allzu viel Bedeutung beimisst. Im Laufe der Begegnung könnten Sie an beliebiger Stelle erwähnen, dass Sie keinen Wert mehr darauf legen, sich hübsch anzuziehen, da Sie ja sowieso kaum noch das Haus verlassen. Es ist von zentraler Bedeutung, dass Sie jeglichen Blickkontakt vermeiden und dass Ihre Stimme während der gesamten Begegnung vollkommen emotionslos klingt.

Beim Spielen von Stephanie Phillips ist es mit am schwierigsten, ihre grundsätzliche Gemütsverfassung richtig rüberzubringen – *la belle indifférence*, ein Auftreten, das laut Skript die »Ausstrahlung der Unbeteiligtheit« verlangt, »die manche Patienten ihren Symptomen gegenüber an den Tag legen«. Dieser vor sich hergetragene Schild der Gleichgültigkeit, hinter dem »die möglicherweise Angst machenden, oft durch sekundäre Ziele wie Mitleid oder Aufmerksamkeit von anderen ersetzten« körperlichen Symptome versteckt werden, ist ein häufig anzutreffendes Zeichen einer Konversionsstörung. *La belle indifférence* – also das Auslagern emotionaler Substanz auf körperliche Ausdrucksformen – ist eine Methode, Empathie zu bekommen, ohne aktiv darum zu bitten. In dieser Hinsicht sind Begegnungen mit Stephanie sozusagen Empathie-Grenzfälle:

Der Arzt oder die Ärztin muss eine Traurigkeit freilegen, die der Patientin selbst noch nicht bewusst ist, er oder sie muss sich einen Schmerz vorstellen, den Stephanie selbst noch nicht zur Gänze spüren kann.

In anderen Fällen sollen wir unsere Pein offener zur Schau tragen – so wie ein qualvolles, siedend heißes Gewand. Als ich zum ersten Mal testweise Blinddarm-Angela spiele, bekomme ich gesagt, dass ich »genau die richtige Menge Schmerz« hinkriege. In Embryonalstellung stöhne ich vor mich hin und mache es offenbar genau richtig so. Die Ärzte wissen, wie sie darauf zu reagieren haben. »Es tut mir leid zu hören, dass Sie so schlimme Unterleibsschmerzen haben«, sagt einer. »Das muss sehr unangenehm sein.«

Ein Teil von mir hat sich schon immer nach einem derart sichtbaren Schmerz gesehnt – einem unbestreitbaren, unentrinnbaren physischen Schmerz, den niemand ignorieren kann. Aber die Trauer über die Abtreibung kam nie als konvulsivische Zuckung. Ich hatte keinen Nervenzusammenbruch und keinen Heulkrampf. Keinen Schaum vor dem Mund. Als ich drei Tage nach dem Eingriff Schmerzen bekam, war ich fast erleichtert. Am schlimmsten war es mit den Bauchkrämpfen nachts. Aber immerhin war ich mir sicher über das, was ich da empfand. Ich musste mir nicht erst überlegen, wie ich es erklären sollte – so wie Stephanie, die über ihre Trauer nicht sprach, weil die Anfälle dieser Trauer – wenn auch nur stückweise und in einer Privatsprache, aber immerhin – schon Ausdruck, Substanz und Dramaturgie verliehen.

BEGEGNUNGSDYNAMIK: Persönliche Details geben Sie nur preis, wenn Sie direkt dazu aufgefordert werden. Sie würden sich selbst nicht als glücklich bezeichnen. Als unglücklich würden Sie sich aber auch nicht bezeichnen. In manchen Nächten überkommt Sie die Trauer wegen Ihres Bruders. Das sagen Sie aber nicht. Genauso wenig erzählen Sie, dass Sie eine Schildkröte haben, die Sie möglicherweise überleben wird, und ein Paar grüne Turnschuhe von Ihrem Job bei der Minigolfanlage. Sie erzählen nicht, wie oft Sie sich daran erinnern, wie Sie Golfschläger aufeinanderstapelten. Auf Nachfrage erzählen Sie, dass Sie noch einen Bruder haben, aber Sie sagen nicht, dass dieser Bruder nicht Will ist, denn das ist offensichtlich – obwohl Sie die Wahrheit hinter dieser Aussage oft noch heftig erwischt. Ihnen ist nicht klar, ob diese Dinge wichtig sind. Für Sie sind das einfach Tatsachen. Tatsachen wie die getrocknete Spucke auf Ihren Wangen, wenn Sie auf dem Sofa aufwachen und sich nicht daran erinnern können, zu Ihrer Mutter gesagt zu haben, sie solle sich ficken. *Fick dich* sagt auch Ihr Arm, wenn er so heftig zuckt, dass er vielleicht in Stücke bricht. *Fick dich fick dich fick dich* – so lange, bis die Kiefersperre einsetzt und nichts mehr kommt.

Sie leben in einer Welt unterhalb der Wörter, die Sie in diesem weißen Zimmer von sich geben: *Alles okay, mir geht's gut, wahrscheinlich bin ich noch ein bisschen traurig.* In der anderen Welt sind Sie blind. Es ist dunkel dort. Sie bewegen sich nur krampfhaft vorwärts – mit zuckenden Gliedmaßen, linkisch – und versuchen zu ertasten, woraus die Wände gemacht sind.

Bevor er derart auf die Barrikaden gegangen ist, war Ihr Körper alles andere als auffällig. Vielleicht haben Sie Ihre Schenkel für dick gehalten, vielleicht aber auch nicht; vielleicht hatten Sie beste Freundinnen, die Ihnen, wenn Sie bei ihnen übernachtet haben, Geheimnisse ins Ohr flüsterten; vielleicht waren Sie schon häufig liiert, vielleicht haben Sie aber auch noch auf den Ersten gewartet; vielleicht mochten Sie Einhörner, als Sie klein waren, vielleicht waren Ihnen aber normale Pferde auch lieber. Ich entwerfe Sie in jede nur denkbare Richtung, dann verwische ich meine Spuren und denke Sie mir noch einmal ganz neu aus. Manchmal finde ich es schrecklich, wie viel ich über Sie nicht weiß.

Dass die Herz-OP so kurz auf die Abtreibung folgte, war nicht geplant gewesen. Eigentlich war die Herz-OP als solche nicht geplant gewesen. Dass überhaupt etwas nicht in Ordnung war, kam überraschend. Im Behandlungszimmer des Arztes hatte sich mein Pulsschlag als zu schnell erwiesen. Ich bekam ein Langzeit-EKG: ein kleines Plastikkästchen, das mir mit Sensoren auf die Brust geklebt wurde und das ich vierundzwanzig Stunden lang um den Hals zu tragen hatte. Es zeigte den Ärzten, dass mein Herz nicht richtig schlug. Die Ärzte stellten mir die Diagnose SVT – supraventrikuläre Tachykardie – und sagten, sie glaubten, ich hätte da einen zusätzlichen elektrischen Knoten, der Extra-Impulse aussandte, die nicht sein sollten: *Herzschlag, Herzschlag, Herzschlag.*

Sie erklärten mir, wie das in den Griff zu bekommen sei: Man würde oberhalb der Hüfte zwei Schnitte in die Haut machen und von dort aus Katheterröhrchen bis hinauf zu meinem Herzen schieben. Dann würde man so lange Gewebeschicht für Gewebeschicht abtragen, bis man meine winzige widerspenstige Beatbox los wäre.

Meine Kardiologin war eine kleine Frau, die sich überaus flink durch die Behandlungszimmer und Flure ihrer Welt bewegte. Nennen wir sie Dr. M. Sie redete sehr barsch mit einem. Immer. Das Problem dabei war nicht, dass ihre brüske Art irgendeine Bedeutung hatte – ich habe sie auch nie persönlich genommen –, sondern gerade, dass sie überhaupt keine Bedeutung hatte, dass sie eben nicht persönlich gemeint war.

Meine Mutter bestand darauf, dass ich Dr. M. anrief und ihr von der bevorstehenden Abtreibung erzählte. Was, wenn es doch etwas gab, das die operierenden Ärzte im Vorfeld wissen sollten? Ich schob den Anruf vor mir her, bis ich ihn nicht mehr länger hinauszögern konnte. Die Vorstellung, einer beinahe Fremden am Telefon und ohne danach gefragt worden zu sein von meiner Abtreibung zu erzählen, empfand ich als demütigend. So, als würde ich vor ihren Augen den Verband von einer Wunde wickeln, die sie gar nicht sehen wollte.

Als ich sie schließlich am Apparat hatte, klang sie abgehetzt und ungeduldig. Ich erzählte es ihr schnell. Mit eisiger Stimme fragte sie: »Und was wollen Sie jetzt von mir wissen?«

Diese Frage brachte mich komplett aus dem Konzept. Bis zu diesem Zeitpunkt war mir nicht klar gewesen, dass ich eigentlich etwas Mitfühlendes von ihr hören wollte: *Oh, das tut mir leid für Sie.* Ich wollte, dass sie irgendwas zu der Abtreibung sagte. Ich fing an zu weinen. Ich fühlte mich wie ein Kind. Wie eine Idiotin. Warum weinte ich denn ausgerechnet jetzt? Wo ich doch vorher überhaupt noch nicht geweint hatte – nicht, als ich von der Schwangerschaft erfahren, nicht, als ich Dave davon berichtet, nicht, als ich das Beratungsgespräch vereinbart hatte, und auch nicht, als ich hingegangen war.

»Ich höre?«, sagte sie.

Endlich fiel mir meine Frage wieder ein: Musste der Arzt irgendetwas über meine Tachykardie wissen?

»Nein«, sagte sie. Es entstand eine Pause, dann fragte sie: »War's das?« Sie klang so unfassbar teilnahmslos. Ich konnte in ihrer Stimme nur eines hören: *Warum machen Sie denn so einen Aufstand?* Nicht mehr. Ich hatte gleichzeitig das Gefühl, nicht genug zu empfinden *und* aus einer Mücke einen Elefanten zu machen. Vielleicht machte ich auch aus einer Mücke einen Elefanten, *weil* ich nicht genug empfand. Vielleicht waren meine Tränen ein Überlaufventil für ganz andere Aspekte der Abtreibung, über die ich gerade nicht weinte. Ich spürte eine Unsicherheit in mir, die nicht wusste, wie sie sich Ausdruck verschaffen sollte, und die sich deswegen sowohl an den Tränen als auch an der Tränenlosigkeit festmachen konnte. *Alexander war heute ein böses Pferd.* Obwohl das Pferd natürlich gar nicht das Problem war. Dr. M. wurde zur Übeltäterin, weil in meiner Geschichte der Übeltäter fehlte. Ich hatte es mit der Art Schmerz zu tun, die ohne Verursacher von außen auftritt. Alles, was geschah, geschah wegen meines Körpers oder wegen einer Entscheidung, die ich selbst getroffen hatte. Ich brauchte etwas von der Welt, um das ich nicht bitten konnte, weil ich nicht wusste, wie ich hätte bitten sollen. Ich brauchte Menschen – Dave, die Ärztin, egal wen –, die mir meine Gefühle in einer für mich lesbaren Form zurückspiegelten. Ich wollte also eine Form der Empathie, wie man sie anspruchsvoller nicht suchen oder geben kann: eine Empathie, die etwas eindeutig zum Ausdruck bringt, das sie nur sehr undeutlich, uneindeutig, gezeigt bekommt.

Einen Monat später beugte sich Dr. M. über den OP-Tisch und entschuldigte sich. »Mein Tonfall am Telefon tut mir leid«, sagte sie. »Als Sie damals angerufen haben wegen Ihrer Abtreibung. Ich habe einfach nicht verstanden, was genau Sie wissen wollten.« Ich konnte der Logik hinter dieser Entschuldigung nicht ganz folgen. (*Ich habe nicht verstanden, was genau Sie wissen wollten?*) Es war eine Entschuldigung, zu der sie aufgefordert worden war. Meine Mutter hatte Dr. M. angerufen, um mit ihr über den bevorstehenden Eingriff zu sprechen – und hatte im selben Zuge erwähnt, dass mich unser Gespräch aufgeregt hatte.

Jetzt lag ich in einem Krankenhauskittel auf dem Rücken. Von der einsetzenden Narkose war mir schummrig. Ich dachte wieder an meine Ohnmacht am Telefon, daran, wie bedürftig ich ihr – einer Fremden – gegenüber gewesen war, und daran, wie ohnmächtig ich mich auch in diesem Moment fühlte, platt auf dem Rücken liegend und darauf wartend, dass mir ein Ärzteteam Herzgewebe wegbrannte, und ich hätte sofort losheulen können. Ich wollte ihr sagen, dass ich ihre Entschuldigung nicht annahm. Ich wollte ihr sagen, dass sie überhaupt nicht befugt war, sich zu entschuldigen – nicht hier zumindest, nicht, während ich nackt in einem Kittel aus Papier steckte, nicht in dem Moment, in dem ich mal wieder aufgeschnitten werden sollte. Ich wollte ihr das Recht absprechen, sich aufgrund ihrer Entschuldigung besser zu fühlen.

Vor allem aber wollte ich, dass die Narkose mich allem entrückte, was ich empfand und was mein Körper gleich empfinden würde. Was sie wenige Sekunden später auch tat.

Bei jeder Begegnung kämpfe ich gegen den Impuls an, die Medizinstudenten nach Tabletten zu fragen. Es erschiene mir so vollkommen natürlich. Würde die Mutter von Baby Doug nicht eine Lorazepam wollen? Und würde Blinddarm-Angela nicht nach einer Ibuprofen schreien – oder nach dem, was man für eine Zehn auf der Schmerzskala so bekommt? Würde die Aussicht auf eine Valium-Diät Stephanie Phillips nicht ein bisschen aus der Reserve locken? Ich glaube weiterhin, dass ich die Qualität meiner Schmerzen am besten rüberbringen würde, wenn ich meinem Wunsch nach dem, was sie eventuell lindern könnte, Ausdruck verliehe. Ich an Stelle von Stephanie Phillips wäre ganz heiß auf meine Tabletten. Aber das darf ich nicht sein. Beim Krankheit-Simulieren geht es eben nicht darum, irgendetwas auf einen anderen Menschen zu projizieren, sondern darum, diesen Menschen quasi zu inkarnieren. Ich darf die Pfade meines Skripts nicht verlassen. Es geht in den Begegnungen nicht darum, den Schmerz wegzukriegen. Sondern nur darum, ihn deutlicher zu erkennen. Die Heilung ist immer nur eine hypothetische Horizontlinie, die nie erreicht wird.

In jenem Winter meiner dauerhaften Pflegebedürftigkeit befand ich mich ständig in der Hand von Ärzten. Es begann mit diesem ersten, namenlosen Mann, der bei mir die Abtreibung am selben Vormittag vornahm, an dem er das auch bei zwanzig anderen Frauen tat. Als die Prozedur vorüber war, wurde ich in ein abgedunkeltes Zimmer gerollt, wo mir wieder ein Mann, diesmal einer mit einem langen weißen Bart, einen Becher Orangensaft reichte. Er sah aus wie eine Kinderzeichnung von Gott. Ich erinnere mich, wie abscheulich ich es fand, dass er mir die Schmerztabletten so lange verweigerte, bis ich eine Handvoll Salzcracker gegessen hatte. Obwohl er eigentlich nett war. Seine Weigerung entsprang einer Art Fürsorglichkeit. Was ich auch genauso empfand. Er passte auf mich auf.

Die Herz-OP wurde dann von einem Dr. G. durchgeführt. Er steuerte die Katheter von einem weit abseits stehenden Computer, der aussah wie das Cockpit eines Raumschiffs. Beim Sprechen klang er aufgekratzt. Er hatte schlackernde Arme und buschige weiße Haare. Ich mochte ihn. Er hatte eine direkte Art. Am Tag nach der Operation kam er in mein Krankenhauszimmer und erklärte mir, warum der Eingriff nicht geklappt hatte: Sie hatten weggebrannt und noch mehr weggebrannt, aber offenbar nicht an der richtigen Stelle. Sie hatten sogar die Wand einer Arterie durchtrennt, um weiterzusuchen. Aber dann hatten sie aufgehört. Das Abtragen von noch mehr Gewebe hätte die Gefahr geborgen, meinen gesamten Kreislauf aus dem Tritt zu bringen.

Dr. G. sagte, ich könne mich der gleichen Operation erneut unterziehen. Wenn ich ihnen grünes Licht gäbe, würden sie noch offensiver abladieren – mit einem Risiko, dass ich nach der OP auf einen Herzschrittmacher angewiesen sein würde. Er sagte das sehr ruhig. Er deutete auf meine Brust und sagte: »Bei schlanken Menschen zeichnet sich das Gerät unter der Haut ziemlich deutlich ab.«

Ich stellte mir vor, aus der Vollnarkose aufzuwachen und eine Metallbox über den Rippen zu haben. Ich weiß noch, wie erstaunt ich war, als der Arzt eine Frage formulierte, die ich mir noch gar nicht gestellt hatte: Würde es mir gelingen, nicht ständig daran zu denken, dass der Schrittmacher da war? Ich erinnere mich, dass mich die Ruhe in seiner Stimme nicht vor den Kopf stieß, sondern mit Dankbarkeit erfüllte. Sie kam bei mir nicht als Kaltherzigkeit an. Warum nicht?

Vielleicht nur deshalb, weil er ein Mann war. Er musste für mich keine Mutter sein – noch nicht mal für einen einzigen Tag –, von ihm wollte ich lediglich, dass er wusste, was er tat. Aber ich glaube, da war noch etwas anderes. Anstatt sich mit meiner Panik zu identifizieren – also mein Entsetzen angesichts der Aussicht auf einen Schrittmacher zu teilen –, verhalf er mir zu der Erkenntnis, dass sogar der Knebel eines falschen Herzens okay sein würde. Seine Ruhe gab mir nicht das Gefühl der Verlassenheit, sondern das der Sicherheit. Sie vermittelte mir zwar kein Mitgefühl, dafür aber Zuversicht. Vielleicht war die Zuversicht auch ein Beleg von Mitgefühl – insofern Dr. G. begriff, dass ich in diesem Moment eher Zuversicht brauchte als jemanden, der sich mit mir identifizierte.

Empathie ist eine Art von Zuwendung, aber nicht die einzige – und sie ist auch nicht immer ausreichend. Ich kann mir vorstellen, dass Dr. G.s Überlegungen genau in diese Richtung zielten. Es war wichtig für mich, beim Blick auf ihn meine Ängste nicht gespiegelt zu sehen, sondern aufgehoben.

Immer wenn ich einen Termin bei Dr. M. hatte, stieg sie über ganz alltägliche Fragen ins Gespräch ein – *Woran arbeiten Sie momentan?* –, und wenn sie den Raum verließ, damit ich mich in Ruhe anziehen konnte, hörte ich sie im Flur in ein Diktaphon sprechen: *Die Patientin promoviert an der Yale University im Fachbereich Englisch. Sie schreibt eine Dissertation zum Thema Sucht. Die Patientin hat zwei Jahre in Iowa gelebt. Momentan arbeitet sie an einer Essay-Sammlung.* Und dann stellte sie mir beim nächsten Termin – ohne Ausnahme –, frisch gebrieft vom Abhören des alten Bandes, stichpunktartige Fragen: *Wie waren die Jahre in Iowa eigentlich? Wie kommen Sie mit Ihrer Essay-Sammlung voran?*

Dass das Mechanische ihrer Methode – *die Patientin einbinden, Details aufnehmen, wiederholen* – immer derart konkret zwischen uns im Raum stand, führte zu einer merkwürdigen, fast peinlichen Intimität. Ich fühlte mich eingedampft auf das Format einer Lektürehilfe, gekürzt auf die Inhaltsangabe meiner selbst. Ich fand es grauenvoll, die Marionettenfäden meiner Existenz derart deutlich zu sehen; es fühlte sich vollkommen unangemessen an – und da in ihrer Stimme keinerlei Freundlichkeit lag, hatte diese mechanische Fragerei auch keinerlei Bedeutung. Sie tat so, als würden wir uns kennen, obwohl wir auch einfach hätten zugeben können, dass dem nicht so war. Diese Art Spannung ist jeder Beziehung zwischen Arzt/Ärztin und Patient/Patientin inhärent, einer Beziehung, die massiver in die Privatsphäre eingreift als vieles andere, obwohl sie nicht intim ist.

Heute kann ich mir auch eine andere Art Mitschnitt vorstellen – ein ehrlicheres, stotterndes Band im Diktaphon, ein Band, das sich ständig selbst korrigiert und das über seine tänzelnden Schritte stolpert:

Die Patientin ist ~~wegen einer Abtreibung wegen einer Operation, die schadhafte Teile ihres Herzens wegbrennen soll,~~ vorstellig geworden, weil sie sich wegen ihres Herzproblems, das mit einem chirurgischen Eingriff nicht in den Griff zu bekommen war, medikamentös behandeln lassen möchte. Die Patientin bleibt für ~~eine Nacht drei Nächte~~ fünf Nächte im Krankenhaus, so lange, bis wir sie richtig eingestellt haben. Die Patientin ~~fragt sich, ob man ihr Alkohol ins Krankenhaus mitbringen darf~~ isst gerne Vollkornkekse aus dem Schwesternzimmer. Die Patientin darf nicht entlassen werden, bevor sie nicht auf dem Laufband rennt und ihr Herzrhythmus dabei nicht regelmäßig bleibt. Die Patientin hat vor kurzem eine Abtreibung vornehmen lassen, aber wir verstehen nicht, warum ihr wichtig war, dass wir das wissen. Die Patientin hatte zunächst ~~nicht den Eindruck, Schmerzen zu haben,~~ keine Schmerzen, später aber dann doch. Die Patientin ~~hat nicht verhütet und~~ war nicht in der Lage, eine stimmige Erklärung abzugeben, warum sie nicht verhütet hat. ~~Die Patientin war sehr emotional. Der Partner der Patientin hatte den Eindruck, dass sie sich viele Gefühle lediglich einbildet.~~ Der Partner der Patientin unterstützt sie. Der Partner der Patientin wird wiederholt im Krankenbett der Patientin vorgefunden. Der Partner der Patientin wird dabei ertappt, die Patientin zu küssen. Der Partner der Patientin ist sehr sympathisch.

Die Patientin ist wegen des fehlgeschlagenen Eingriffs ~~wütend enttäuscht~~ wütend. Die Patientin möchte eigentlich nicht regelmäßig Medikamente einnehmen. Die Patientin will wissen, ob sie

trotz der Medikamente Alkohol trinken kann. Sie will wissen, wie
viel. Sie will wissen, ~~ob zwei Flaschen Wein pro Abend zu viel sind~~
ob zwei Gläser noch in Ordnung sind. Die Patientin möchte keinen
weiteren Eingriff, wenn sie so das Risiko eines Schrittmachers in
Kauf nehmen muss. Die Patientin möchte allen begreiflich machen,
dass diese Operation ~~keine~~ *große Sache für sie ist; sie will allen klar-*
machen, dass es dumm von ihr ist zu weinen, wenn alle anderen auf
der Station kränker sind als sie; sie möchte, dass alle wissen, dass
es bei ihrer Abtreibung ~~auch~~ *definitiv nicht um die Kinder geht,*
die ihre Exfreunde bekommen haben, seit sie mit ihnen Schluss
gemacht hat. Die Patientin möchte allen begreiflich machen, ~~dass~~
~~sie keine Wahl hatte~~ *dass es einfacher gewesen wäre, wenn sie keine*
Entscheidung hätte fällen müssen. Der Patientin ist bewusst, dass
sie selbst entschieden hat, während der Schwangerschaft Alkohol zu
trinken. Ihr ist klar, dass es ihre eigene Entscheidung war, mit ei-
ner kleinen Plastikbox um den Hals in eine Kneipe zu gehen und
sich derart zu betrinken, dass ihr Herz-Diagramm regelrecht durch-
einandergekommen ist. Die Patientin ist mehrere Patientinnen, im
Plural, heißt, sie ist multipel – meistens dankbar, manchmal aber
auch missmutig und manchmal voller Selbstmitleid. Die Patientin
~~hat begriffen~~ *bemüht sich sehr zu begreifen, dass sie auch zuhören*
muss, wenn sie hören will, wie sehr sich alle um sie sorgen.

Während ich operiert wurde, warteten drei Männer auf mich:
mein Bruder, mein Vater und Dave. Erst saßen sie im Eingangs-
bereich und führten unbeholfene Gespräche, dann saßen sie
in der Cafeteria und führten unbeholfene Gespräche, dann …
Eigentlich weiß ich gar nicht, wo und in welcher Reihenfolge
sie irgendwo saßen, weil ich ja nicht dabei war. Aber ich weiß,
dass, während sie in der Cafeteria saßen, ein Arzt zu ihnen kam
und ihnen mitteilte, dass die Chirurgen meine Arterienwand
teilweise einrissen – laut Dave benutzte er tatsächlich diese

Formulierung: *einreißen* – und versuchten, Gewebe auf der anderen Seite zu veröden. Dave erzählte mir später, dass er daraufhin in die Krankenhauskapelle gegangen sei und darum gebetet habe, dass ich nicht sterben würde. Er betete hinter der offen stehenden Tür, denn er wollte nicht gesehen werden.

Dass ich tatsächlich sterben würde, war nicht sehr wahrscheinlich. Das wusste Dave zu jenem Zeitpunkt nicht, aber beim Beten geht es ohnehin nicht um Wahrscheinlichkeit, sondern um ein dringliches Anliegen – man liebt jemanden so sehr, dass man sich hinkniet und darum bittet, dass ihr oder ihm nichts zustößt. Als Dave in der Kapelle weinte, tat er das nicht aus Empathie, sondern aus einem anderen Grund. Er kniete nicht, um meinen Schmerz nachzuempfinden, sondern um darum zu bitten, dass er aufhören möge.

Ich gewöhnte mir an, Dave danach zu bewerten, wie gut er sich in mich einfühlte – ein unsichtbarer Listenpunkt 31, der andauernd abgehakt wurde oder nicht. Ich wollte, dass Dave immer genau dann Schmerz empfand, wenn auch ich es tat. Ich wollte, dass er genauso viel fühlte, wie ich fühlte. Aber es ist anstrengend, immer im Blick zu behalten, wie gut sich ein anderer in einen selbst einfühlt. Man vergisst darüber leicht, dass der andere eigene Gefühle hat.

Früher glaubte ich, dass man für die Schmerzen anderer empfänglicher ist, wenn man selbst Schmerzen hat. Ich dachte, es sei gut, wenn es mir schlechtging, weil es jemand anderem schlechtging. Heute bin ich mir bei beidem nicht mehr so sicher. Ich weiß, dass meine Krankenhausaufenthalte mich egoistisch gemacht haben. Operiert zu werden führte bei mir hauptsächlich dazu, dass ich mir Gedanken darüber machte, ob ich ein weiteres Mal operiert werden müsste. Wenn anderen Menschen etwas zustieß, stellte ich mir vor, dass es mir passierte. Und war mir nicht sicher, ob es sich dabei um Mitgefühl handelte oder um Diebstahl.

Ein Beispiel: Eines Tages im September wachte mein Bruder in einem Hotelzimmer in Schweden auf und konnte nur noch eine Hälfte seines Gesichts bewegen. Bei ihm wurde eine sogenannte Bell-Lähmung diagnostiziert. Niemand weiß genau, warum diese Lähmung auftritt und wie man sie behandeln kann. Die Ärzte verordneten meinem Bruder ein Steroid namens Prednison, von dem ihm übel wurde. Fast jeden Tag musste er sich übergeben, sobald die Dämmerung einsetzte. Er schickte uns ein grobkörniges Foto. Es sah einsam aus. Seine Wangen waren eingefallen. Von dem Gel, das er sich wegen der Gefahr der Austrocknung in die Augen schmieren musste, glänzten seine Pupillen im Kamerablitz. Er konnte nicht mehr blinzeln.

Ich war obsessiv mit seinem Zustand beschäftigt. Ich versuchte mir vorzustellen, wie es war, sich mit einem ungewohnten Gesicht durch die Welt zu bewegen. Ich dachte darüber nach, wie es wäre, morgens aufzuwachen und in diesem orientierungslosen Zwischenstadium des Halbschlafs, in dem man sich noch nicht wieder an sein Leben erinnert, von der Erkenntnis getroffen zu werden: *So ist es jetzt.* Ein Blick in den Spiegel: *Ja, so ist es immer noch.* Ich versuchte mir vorzustellen, wie niederschmetternd es sich anfühlen musste, täglich aufs Neue aus seinen Träumen in einen Tag zu gleiten, den man mit einem Gesicht erleben musste, das nicht ganz das eigene ist.

Große Teile meiner Tage – sinnlose, unergiebige Stunden – verbrachte ich damit, mir vorzustellen, wie es mir mit einer Gesichtslähmung gehen würde. Ich stahl meinem Bruder sein Trauma und projizierte es auf mich selbst wie das Lichtmuster einer Laterna magica. Es war eine Besessenheit, die ich vor mir selbst als Anteilnahme auslegte, als Einfühlung. Was nicht stimmte. Es war nicht Empathie, sondern eher *In*pathie. Ich versetzte mich nicht in ein anderes Leben hinein, sondern importierte dessen Probleme in mein eigenes.

Dave hält nichts davon, sich schlecht zu fühlen, weil jemand anderes sich schlecht fühlt. Seine Vorstellung von Unterstützung sieht anders aus. Er glaubt ans Zuhören, ans Fragenstellen und ans weiträumige Umschiffen von Mutmaßungen. Er glaubt, dass es genauso schädlich sein kann, sich mit allzu großer Gewissheit den Schmerz von jemand anderem vorzustellen, wie wenn man ihn sich überhaupt nicht vorstellt. Er glaubt an Demut. Er glaubt daran, stark zu sein und jemandem zur Seite zu stehen – dazubleiben. Im Krankenhaus ist er bei mir geblieben. Fünf Nächte lang lag er in diesem frisch gestärkten, weißen Bettzeug zwischen meinen Überwachungskabeln, diesen bunten Strängen, die die elektrische Signatur meines Herzens zu einem kleinen Kästchen übertrugen, das ich in den Händen hielt. Ich weiß noch, wie wir ineinander verheddert dalagen – und wie viel es mir bedeutete, dass er bereit war, sich in einen derartigen Kabelsalat zu legen, um bei mir zu sein.

Um den Medizinstudenten dabei zu helfen, sich besser in uns einzufühlen, müssen wir uns in sie einfühlen. Ich muss mir überlegen, warum sie es nicht schaffen, so zu handeln, wie sie handeln sollen – ob es an ihrer Nervosität, Überempfindlichkeit oder Dickfelligkeit liegt –, und wie ich ihre wunden Punkte ansprechen kann, ohne sie zu verletzen. Wie bei diesem einen, der sich derart steif verhielt, dass er mir die Hand schüttelte, als ob wir gerade ein Geschäft gemacht hätten. Oder bei dieser Jovialen, die es derart darauf abgesehen hatte, meine Freundin zu werden, dass sie sich die Hände erst gar nicht wusch.

Zum Geburtstag unserer Supervisorin bestellen wir eine rechteckige Biskuittorte – mehrere trockene, weiße Teigböden mit welligen Schichten Erdbeergelee dazwischen –, sitzen rund um unseren Besprechungstisch und essen den Kuchen mit Plastikgabeln, während sie selbst nicht einen Bissen zu sich nimmt. Sie erzählt uns, mit welchem Satzbau wir den Studierenden vermitteln sollen, dass sie an ihrer Empathiefähigkeit noch arbeiten müssen. Wir sollen nach dem Muster formulieren: *Als Sie xy machten, hatte ich das Gefühl … Als Sie vergessen haben, sich die Hände zu waschen, hatte ich das Gefühl, meinen Körper beschützen zu müssen. Als Sie mir gesagt haben, elf sei nicht mehr auf der Schmerzskala, hatte ich das Gefühl, abgewiesen zu werden.* Auch wenn sie etwas gut gemacht haben, sollen wir entsprechende Sätze bauen: *Als Sie mir Fragen zu Will gestellt haben, hatte ich das Gefühl, dass Sie sich wirklich für meine Trauer interessieren.*

Eine »Die Struktur der Empathie« betitelte Studie aus dem Jahr 1983 stellte einen Zusammenhang fest zwischen Empathiefähigkeit und vier zentralen Persönlichkeitsmerkmalen: Sensibilität, Nonkonformität, Ausgeglichenheit und soziales Selbstbewusstsein. Das Wort *Struktur* gefällt mir in diesem Zusammenhang. Es tut so, als sei Empathie ein Gebäude, das sich wie ein Haus oder ein Büro errichten lässt, das einen architektonischen Plan, einen Entwurf hat, das eingerüstet und mit Elektrizität versorgt werden kann. Das chinesische Zeichen für *zuhören* ist genauso aufgebaut: als eine mehrteilige Struktur aus den Zeichen für *Ohren* und *Augen*, einer waagrechten Linie, die für ungeteilte Aufmerksamkeit steht, und dem geschwungenen Bogen und den Tränen, die für *Herz* stehen.

Es war nicht besonders schwer, bei dieser Studie Bestnoten für den Persönlichkeitsbereich »Sensibilität« zu bekommen: Man musste nur Aussagen zustimmen wie »Ich habe gelegentlich versucht, Gedichte zu schreiben« oder »Ich habe Dinge gesehen, die so traurig waren, dass ich fast hätte weinen müssen« – und andererseits Aussagen wie »Es ist mir wirklich egal, ob die Leute mich mögen oder nicht« eben nicht zustimmen. Diese letzte Aussage scheint nahezulegen, dass Empathie in ihrem Kern doch nichts anderes ist als ein Tauschhandel, also das Werben um die Zuwendung anderer. In diesem Sinne wäre die Aussage *Dein Schmerz ist mir nicht egal* gleichbedeutend mit *Es ist mir nicht egal, ob du mich magst oder nicht.* Wir sorgen uns um andere, weil wir wollen, dass andere sich um uns sorgen. Wir sorgen uns, weil wir offenporig sind. Die Gefühle anderer sind wichtig, sie haben ihr ganz eigenes Gewicht: Sie wiegen schwer und üben eine physikalische Anziehungskraft aus.

Den letzten der vier Merkmalsbereiche – das soziale Selbstbewusstsein – verstehe ich nicht ganz so gut. Ich habe die Anteilnahme immer als das besondere Privileg der Unsichtbaren geschätzt, der Schüchternen, die die Beobachterrolle bevorzugen, eben *weil* sie so empfindsam sind – was für eine Überforderung ist es schließlich, auch nur ein einziges Wort zu sagen, wenn man jede noch so kleine atmosphärische Schwankung im Raum wahrnimmt. »Der Zusammenhang von sozialem Selbstbewusstsein und Empathie ist besonders schwer zu erklären«, konzediert auch die Studie. Aber die Erläuterung ist stimmig: Soziales Selbstvertrauen ist eine notwendige Bedingung, aber eben keine Garantie, es kann »jemandem den Mut verleihen, sich in die Welt des Zwischenmenschlichen zu begeben und seine empathischen Fähigkeiten zu trainieren«. Der Punkt, der hier gemacht wird, ist folgender: Wir sollten mitfühlend sein, weil wir mutig sind – was mich prompt darüber nachdenken lässt, wie viel meiner Empathie eigentlich viel eher mit Ängstlichkeit zu tun hat. Ich habe entweder Angst davor, dass ich dieselben Probleme bekomme, die andere Leute schon haben, oder ich habe Angst davor, dass andere mich nicht mehr mögen, wenn ich ihre Probleme nicht zu den meinen mache.

Jean Decety, Psychologe an der Universität von Chicago, misst mit MRT-Scans, was im Hirn vor sich geht, wenn man auf den Schmerz eines anderen Menschen reagiert. Er führt Versuchspersonen Bilder von schmerzhaften Situationen vor (Hand in der Schere, Fuß unter der Tür) und vergleicht diese Scans mit jenen, die vom Gehirn gemacht wurden, wenn der Körper tatsächlich Schmerz empfindet. Decety hat entdeckt, dass bei der bloßen Vorstellung vom Schmerz eines anderen und beim direkten Schmerzempfinden dieselben drei Hirnareale aktiviert werden (die frontale Hirnrinde, die vordere Inselrinde und der vordere Gyrus cinguli). Ich fühle mich von dieser Übereinstimmung ermutigt. Aber ich frage mich auch, wofür sie gut sein soll.

Während der Monate, in denen mein Bruder seine Gesichtslähmung hatte, untersuchte ich jeden Morgen nach dem Aufwachen mein Gesicht auf hängende Wangen, hängende Lider, ein schiefes Lächeln. Ich war niemandem eine Hilfe. Ich fühlte viel weniger mit meinem Bruder als mit mir selbst – einem Selbst, das es so nicht gab, dem aber rein theoretisch das gleiche Unglück widerfuhr wie meinem Bruder.

Ich frage mich, ob mein Mitgefühl im Grunde schon immer genau das gewesen ist: ein Anfall hypothetischen Selbstmitleids, das ich auf jemanden projiziere. Was in letzter Konsequenz nichts anderes ist als Solipsismus, oder? In seiner *Theorie der ethischen Gefühle* bekennt Adam Smith: »Wenn wir zusehen, wie in diesem Augenblick jemand gegen das Bein oder den Arm eines anderen zum Schlage ausholt und dieser Schlag eben auf den anderen niedersausen soll, dann zucken wir unwillkürlich zusammen und ziehen unser eigenes Bein oder unseren eigenen Arm zurück.«

Wir selbst sind uns wichtig. Natürlich. Und vielleicht ist das gut so. Wenn ich mit Inbrunst das Leid meines Bruders imaginiere, könnte es nicht sein, dass ich eine gute Vorstellung davon bekomme, was er wollen oder brauchen könnte – ganz einfach, weil *ich* es wollen oder brauchen würde? Allerdings könnte das auch ein Vorwand dafür sein, seine unselige Lage dafür zu nutzen, um mich meinen hausgemachten Lieblingsängsten hinzugeben.

Ich frage mich, welche Hirnareale bei mir zu leuchten beginnen, wenn die Medizinstudenten mich fragen: »Wie geht es Ihnen damit?« Oder welche Teile ihres Gehirns glühen, wenn ich sage: »Der Schmerz in meinem Unterleib ist eine Zehn.« Mein Zustand ist nicht echt. Das weiß ich genauso wie die angehenden Ärzte. Ich exerziere das alles nur durch, sie tun ihrerseits dasselbe. Ein mechanisches Vorgehen, aber trotzdem mehr als bloße Routine. Das Nachstellen von Gefühlen emuliert diese Gefühle nicht nur – es kann auch Gefühle hervorbringen.

Empathie ist nichts, was uns einfach so zustößt, kein Meteoritenschauer von kreuz und quer durchs Gehirn feuernden Synapsen, sondern basiert auf einer Entscheidung, die wir treffen: einem anderen Menschen Aufmerksamkeit zu zollen, aus uns herauszutreten. Empathie ist das Produkt einer Anstrengung, dieser glanzlosen Cousine des Impulses. Manchmal kümmern wir uns um andere, weil wir uns verpflichtet fühlen oder weil es für angemessen gehalten wird – und beide Beweggründe machen unsere Fürsorge nicht bedeutungslos. Dass wir eine Entscheidung treffen, heißt lediglich, dass wir uns einem Verhalten verpflichtet fühlen, das wir höher bewerten als die Summe unserer individuellen Neigungen: *Ich werde mir anhören, was ihn traurig macht, obwohl ich gerade selbst traurig bin.* Wenn wir vom Mechanischen der Empathie sprechen, dann disqualifizieren wir sie nicht, sondern erkennen die Anstrengung – die Arbeit der ganz konkreten Zuwendung – an, die nötig ist, um sich in die Gefühlslage oder den Geisteszustand eines anderen Menschen zu versetzen.

Dieses Bekenntnis zur Anstrengung hintertreibt die gängige Vorstellung, dass sich Mitgefühl immer ganz von selbst einstellen sollte, dass *aufrichtig* gleichbedeutend ist mit *unwillentlich* und dass Zuneigung absichtslos sein muss. Ich glaube an die Intention, und ich glaube an die Anstrengung. Ich glaube an die Idee, mitten in der Nacht aufzuwachen, seine Taschen zu packen und sein schlechtestes Selbst zurückzulassen, um es gegen ein besseres einzutauschen.

LESLIE JAMISON
Frauenheilkunde // Materialien für Patienten-Darstellerin
(Fortsetzung)

IHR ERSTER SATZ: Nicht nötig. Alle sind aus dem gleichen Grund hier.

AUSSEHEN, AUFTRETEN, TONFALL: Tragen Sie eine locker sitzende Hose. Sie wurden entsprechend instruiert. Sprechen Sie mit fester, gut verständlicher Stimme. Sie werden gleich Ihre Beine für einen Arzt breit machen, der sich Ihren Namen nicht merken wird. Sie wissen, wie das läuft – jedenfalls ungefähr. Tun Sie so, als ob.

BEGEGNUNGSDYNAMIK: Antworten Sie auf jede Frage so, als würden Sie auf eine Nachfrage zu Ihrer Bestellung in einem Kaffeeladen eingehen. Seien Sie höflich und nicken Sie energisch. Sorgen Sie dafür, dass Ihre Gefühle hinter der weißen Wand in Ihrem Rücken bleiben. Wenn die Schwester Sie fragt, ob Sie sich sicher sind mit dem Eingriff, sagen Sie, ohne zu zögern, *ja*. Sagen Sie es, ohne einen Anflug von Zweifel erkennen zu lassen. Erwähnen Sie nicht, wie es Ihnen ging, als Sie die beiden rosafarbenen Striche auf dem Schwangerschaftstest gesehen haben – diese plötzliche, überbordende Freude über die Möglichkeit eines Kindes, über Ihre Fähigkeit, eines zu bekommen. Erwähnen Sie diesen kurzen Augenblick der Freude nicht, es könnte so wirken, als seien Sie sich über Ihr Vorhaben nicht sicher. Erwähnen Sie ihn nicht, diesen kurzen Augenblick, denn das könnte schmerzhaft für Sie sein. Es könnte sich – mehr als alles andere – nach der Dimension dessen anfühlen, was Sie aufgeben. Der Schmerz würde die Ausmaße Ihres freiwilligen Verlustes umreißen.

Sagen Sie der Schwester stattdessen, wie dumm es von Ihnen war, nicht zu verhüten, und dass Sie ab jetzt damit anfangen.

Falls sie fragt, welche Verhütungsmethoden Sie in der Vergangenheit angewendet haben, sagen Sie: Kondome. Plötzlich sind alle Männer, mit denen Sie je geschlafen haben, mit im Raum. Achten Sie nicht auf sie. Ignorieren Sie auch die Erinnerung ans erste Mal, das ganze linkische Gefummel und schließlich der Schmerz, während Rod Stewart aus dem Ghettoblaster auf der Kommode »Broken Arrow« schmalzte. *Who else is gonna bring you a broken arrow? Who else is gonna bring you a bottle of rain?*

Sagen Sie, dass Sie Kondome benutzt haben, aber denken Sie nicht an all die Male, als Sie das nicht getan haben – auf einem Friedhof in Iowa, in einem Kleinwagen an einem dunklen Flussufer –, und erwähnen Sie auf gar keinen Fall, warum Sie's nicht getan haben: dass das Risiko Ihnen das Gefühl gegeben hat, den Jungen näher zu sein, dass Sie das Gefühl der Folgenschwere dessen, was Ihre Körper gemeinsam zuwege bringen könnten, gesucht haben.

Sollte die Schwester Sie nach Ihrem derzeitigen Partner fragen, sagen Sie, *Wir führen eine sehr enge Beziehung*, und zwar so, als ob Sie sich vor Gericht verteidigen. Wenn die Schwester genau hinhört, sollte sie die Angst heraushören, die wie ein rohes Ei im Kern Ihrer Sicherheit sitzt.

Sollte die Schwester fragen, ob Sie trinken, antworten Sie auch hier mit *ja*. Natürlich trinken Sie. Was ja keine große Sache ist. Exzessives Trinken gehört zu Ihrem Lebensstil. Sie trinken auch dann, wenn Sie wissen, dass Sie einen Fötus in sich tragen. Sie tun es, um zu vergessen, dass Sie einen Fötus in sich tragen – oder um das Gefühl zu simulieren, dass die Sache mit dem Fötus nur ein Film ist, in dem Sie mitspielen.

Möglicherweise fragt die Schwester Sie: *Wie geht es Ihnen beim Gedanken an den Eingriff?* Sagen Sie ihr, dass Sie zwar traurig, aber trotzdem sicher sind, die richtige Entscheidung getroffen zu haben – denn Ihr Instinkt sagt Ihnen, dass das die angemessene Antwort in Ihrer Situation ist, auch wenn sie gelogen ist. Innerlich fühlen Sie sich vor allem taub. Sie fühlen sich so lange betäubt, bis Ihre Unterschenkel in den Schalen des Gynäkologenstuhls liegen. Dann tut es weh. Die Narkose, die über eine Nadel in Ihren Arm fließt, stellt Sie nur ruhig. Noch Tage danach plagen Ihren Körper nachts heftige Krämpfe – ein tiefer, heißer, bohrender Schmerz –, und Sie können nur ruhig daliegen und darauf hoffen, dass es bald vorbeigeht. Sie können den Schlaf herbeisehnen, den Schlaf herbeitrinken und Dave dafür verachten, dass er neben Ihnen schläft. Sie können nur dabei zusehen, wie Ihr Körper wie ein unergründliches, widerspenstiges Ding blutet – etwas Lästiges, das verletzt wurde und nicht ganz zu Ihnen gehört. Sie verlassen Ihren Körper und kommen erst einen Monat später wieder. Sie kehren wütend zurück.

Sie wachen erneut aus der Narkose auf, und man sagt Ihnen, dass alles Veröden nicht den kaputten Teil Ihres Herzens verödet hat. Sie wachen auf und stellen fest, dass Sie nicht allein sind. Sie waren nicht allein, als Sie die ganze Nacht lang Bauchkrämpfe hatten, und Sie sind auch jetzt nicht allein. Dave bleibt jede Nacht im Krankenhaus. Sie wollen ihm sagen, wie abstoßend Ihr Körper sich anfühlt, Ihre ungewaschene Haut und Ihre fettigen Haare. Sie wollen, dass er zuhört, falls nötig stundenlang, und dass sich für ihn alles genauso anfühlt wie für Sie: Er soll fühlen, dass Ihre Herzen im exakt gleichen Rhythmus schlagen, perfekt synchronisiert. Ihre beiden Herzen, zwei verkrüppelte Kaninchen, die sich gemeinsam abmühen. Diese unerschöpfliche Phantasie von Nähe. *Who else is gonna bring you a broken arrow?* Sie wollen, dass Dave Schluss macht mit Ihnen. Sie wollen, dass er Schmerzen hat in einer Gebärmutter, die er nicht besitzt. Sie wollen, dass er zugibt, solche Schmerzen nicht haben zu können. Sie wollen, dass er weiß, wie es sich an jedem einzelnen Ihrer Nervenenden anfühlt, wie es ist, flach auf einem frisch gestärkten Laken zu liegen, das Hemd für den nächsten Kardiologen, den nächsten Fremden hochzuheben und ihm zu erlauben, seine Klemmen an den Häkchen unter Ihrer Brust zu befestigen und ein weiteres Mal Ihren Herzschlag zu nehmen, um zu sehen, ob der Rhythmus sich beruhigt hat.

Und darum geht es am Ende: Sie wollen, dass er Ihrer Beschädigung nahekommt. Sie wollen Ergebenheit und stillschweigende Annahmen und alles, was dazwischenliegt.

Sie wollen ihn nicht mehr darum bitten. Sie wollen ihn nicht mehr danach beurteilen, wie gut er darin ist, Ihnen all das zu geben. Sie wollen lernen, damit aufzuhören, ständig Selbstmitleid zu empfinden. Sie wollen einen Essay darüber schreiben. Sie werfen die Checkliste in den Papierkorb und lassen zu, dass er in Ihr Krankenhausbett klettert. Sie lassen zu, dass er die Kabel wegschiebt, die zu Ihrem Herzen führen. Sie schlafen. Er schläft. Sie wachen auf, ein Puls fühlt nach dem anderen Puls, und da ist er wieder.

Teufelsköder

EINLEITUNG

Bei Paul fing alles mit einem Angelausflug an. Bei Lenny war es ein Drogenabhängiger mit offenen, entzündeten Stellen auf den Fingerknöcheln. Dawn entdeckte Pickel rings um den Rand ihrer Schwimmbrille. Kendra fielen eingewachsene Haare auf. Patricia wurde an einem Strand an der Golfküste von Sandfliegen attackiert. Die Krankheit kann mit Bläschen- oder Schorfbildung beginnen oder mit Juckreiz oder schlicht mit einem entsetzlichen Nebel, der sich über die Gedanken, ja über die ganze Welt legt.

Für mich war die Morgellons-Krankheit zunächst ein Kuriosum: Menschen, die von sich behaupteten, eine merkwürdige Krankheit zu haben, und denen niemand – oder so gut wie niemand – glaubte. Doch es waren viele, fast zwölftausend, und sie wurden mehr. Ihre Erkrankung äußerte sich auf viele verschiedene Arten: entzündliche Stellen, Juckreiz, Müdigkeit, Schmerzen und etwas, das man »Ameisenlaufen« nennt – das Gefühl, wimmelnde Insekten auf der Haut zu haben. Aber das entscheidende Symptom war immer das gleiche: eigenartige Fasern, die durch die Haut abgesondert werden.

Diese Menschen hatten also das Problem, dass ihre Körper nicht identifizierbare Materie ausschieden, neben Fasern auch Flaum, Krümel oder Kristalle. Sie wussten nicht, was es war, noch, woher es kam oder warum es da war, doch sie wussten – und das war das Entscheidende –, dass es *real* war.

Die Krankheitsbeschreibung geht auf eine Frau namens

Mary Leitao zurück, die 2001 mit ihrem kleinen Sohn zum Arzt ging, weil er offene, nicht abheilende Stellen an den Lippen hatte und über Käfer unter seiner Haut klagte. Der erste Arzt wusste nicht, was er Mary Leitao sagen sollte, auch der zweite wusste es nicht und der dritte auch nicht. Irgendwann fingen die Ärzte an, ihr etwas zu sagen, was sie nicht hören wollte: Dass sie möglicherweise an einem Münchhausen-Stellvertreter-Syndrom leide, denn sie fanden bei ihrem Sohn kein Anzeichen einer Erkrankung. Also stellte Leitao ihre eigene Diagnose, und Morgellons war geboren.

Den Namen entlehnte Leitao einer von dem Arzt Thomas Browne im 17. Jahrhundert verfassten Abhandlung:

> Vor langer Zeit beobachtete ich bei kleinen Kindern im Languedoc ein endemisches Leiden namens Morgellons, wobei jene schließlich harte Haare auf dem Rücken bekommen, was wiederum die vernehmbaren Symptome der Krankheit abstellt und Erlösung von Husten und Krämpfen bringt.

Brownes »harte Haare« waren die frühen Vorläufer der heutigen Fasern – jener Fäden, die den Kern dieser Krankheit ausmachen. Auf mikroskopisch vergrößerten Fotos im Internet sieht man sie in Rot, Weiß und Blau (wie die US-Fahne), aber es gibt auch schwarze und durchsichtige. Diese Fasern werden unter Zuhilfenahme anderer Dinge wie Quallen oder Drähte, Tierfell, Karamellbonbons oder eine Wollfussel an Omas Pullover beschrieben. Manche heißen »Goldköpfchen«, weil sie ein goldfarbenes, birnenförmiges Ende aufweisen. Manche sehen aus wie Kobras, die sich aus der Haut heraus aufrichten, fadendünn, wie zum Angriff bereit. Andere wirken einfach nur unheimlich, technologisch, verschlungen. Die Vergrößerung macht es schwer, eindeutig zu erkennen, was auf diesen Fotos wirklich zu sehen ist – ob es sich überhaupt um Haut handelt.

Patienten fingen an, diese Fädchen, Krümel und Fläumchen ihren Ärzten zu zeigen und sie in Tupperware oder Streichholzschachteln aufzubewahren. Dermatologen haben dafür sogar einen Begriff geprägt: »das Streichholzschachtel-Zeichen«, also ein Signal dafür, dass ein Patient derart wild entschlossen seine Erkrankung unter Beweis stellen will, dass man ihm nicht länger über den Weg trauen kann.

Mitte der nuller Jahre hatte sich um Morgellons eine ernsthafte Kontroverse entwickelt. Selbstdiagnostizierte Patienten begannen, sich »Morgies« zu nennen und gegen Ärzte auf die Barrikaden zu gehen, die ihnen ein Krankheitsbild namens »Dermatozoenwahn« bescheinigten. Die US-Gesundheitsbehörde CDC gab 2006 die umfassende Erforschung des Phänomens in Auftrag. Die großen Zeitungen veröffentlichten Artikel zum Thema mit Schlagzeilen wie »Krankheit oder Wahn?« (*New York Times*), »Gesundheitsbehörde lässt bizarre Erkrankung untersuchen« (*Boston Globe*), »Merkwürdige, vieldiskutierte Krankheit verwirrt Patienten und Ärzte gleichermaßen« (*Los Angeles Times*).

In der Zwischenzeit organisierte eine Morgellons-Interessenvertretung namens Charles E. Holman Foundation eine jährliche Konferenz für Erkrankte, Forscher und medizinische Dienstleister, im Grunde also alle, denen das Thema nicht völlig schnuppe ist. Ihren Namen hat diese Stiftung von einem Mann, der die letzten Jahre seines Lebens mit dem Versuch zugebracht hat, Licht in die Ursachen der Erkrankung seiner Frau zu bringen. Seine Witwe leitet die Zusammenkunft bis heute. Sie ist immer noch krank. Die Konferenz, die in Austin stattfindet, bietet ihr und vielen anderen einen Zufluchtsort in einer Welt, die ihnen die Ursache ihres Leidens schlicht nicht abnimmt. Ein Vortragender hat das in einer E-Mail an mich folgendermaßen formuliert:

> Es ist schon schlimm genug, dass die Leute so schrecklich leiden. Aber für einen kranken Menschen ist es einfach unerträglich, zum Thema des offenkundig größten Witzes der Weltgeschichte gemacht zu werden. Ich wundere mich, dass nicht mehr Menschen mit dieser grauenvollen Krankheit Selbstmord begehen. […] Die Geschichte ist noch bizarrer, als Sie vielleicht denken mögen. Bei Morgellons kommt wirklich alles zusammen – es ist eine Krankheit voller Helden, Bösewichter und überaus komplexer Menschen, die versuchen, das zu tun, was sie für richtig halten.

Im Januar 2012 veröffentlichte die Gesundheitsbehörde CDC schließlich die Ergebnisse ihrer Studie. Der Bericht unter dem Titel »Klinische, epidemiologische, histopathologische und molekulare Merkmale einer ungeklärten Hauterkrankung« ist zwar sauber in Abschnitte unterteilt – *Einleitung, Methodik, Ergebnisse, Diskussion, Danksagung* –, liefert aber keine einfachen Erklärungen. Seine Autorinnen und Autoren untersuchten 115 erkrankte Menschen und arbeiteten mit Hautproben, Bluttests und neurokognitiven Untersuchungsmethoden. Die Studie bietet nach Bestätigung hungernden »Morgies« nur wenig Trost: »Anhand der Ergebnisse unserer Studie lässt sich nicht eindeutig belegen, ob diese noch ungeklärte Dermopathie ein neues Krankheitsbild darstellt […] oder eine größere Verbreitung eines bekannten Krankheitsbildes wie Dermatozoenwahn.«

Unterm Strich: Wahrscheinlich ist da nichts.

Die Baptistenkirche im Stadtteil Westoak befindet sich auf der Slaughter Lane, ein paar Kilometer südlich jenes Austin, das ich im Kopf hatte: eine Stadt voller silberglänzender Wohnwagen, aus denen Gourmet-Donuts verkauft werden, Secondhand-Läden, berstend vor präparierten Tierköpfen und Spitzenkleidern, und ironischer Cowboy-Bars, aus denen melancholische Gitarrenriffs schallen. Slaughter Lane liegt fernab von Retrospitzen, Hipster-Donuts und Ironie jeglicher Art: stattdessen Walgreens und Denny's und irgendwann ein Parkplatz, der vom spillrigen Schatten eines sechs Meter hohen Kreuzes durchschnitten wird.

Die Kirche selbst ist ein von Wohnmobilen umstelltes, niedriges blaues Gebäude. Auf dem Banner zur Tagung steht: *Searching for the Uncommon Thread*. Ein Wortspiel: *uncommon thread* kann auf die Fasern bezogen werden, um die sich alles dreht, und zugleich auf den Gesprächsfaden, der hier aufgenommen werden soll. Ich besuche die Konferenz kurz nach Veröffentlichung der CDC-Studie, und die Morgellons-Community kommt zusammen, um sich zu formieren, um zu reagieren und zu insistieren.

Die Neueintreffenden werden am Eingang von einer Traube freundlicher Damen begrüßt. Alle tragen das gleiche T-Shirt, auf dem die Buchstaben DOP (für *delusions of parasitosis* oder Dermatozoenwahn) mit einer roten Linie durchgestrichen sind. Ich werde feststellen, dass die meisten Konferenzteilnehmerinnen die einladend solide Ausstrahlung wackerer Hausfrauen aus dem Mittleren Westen haben. Ich erfahre, dass siebzig Prozent der Morgellons-Patienten weiblich sind – und dass sich Frauen von den äußeren Entstellungen und der Herablassung, mit der ihrer Krankheit begegnet wird, im besonderen Maße gesellschaftlich ausgegrenzt fühlen.

Das Begrüßungskomitee weist mir den Weg an einem opulent mit verpackten Backwaren beladenen Buffet vorbei in den Altarraum der Kirche, der als Austragungsort der Tagung dient. Die Vortragenden stehen an der Kanzel (einem Lesepult) und werfen ihre PowerPoint-Folien hinter sich an die Wand. Auf der Bühne liegen Musikinstrumente. Auf jeder mit einem Leinentuch abgehängten Kirchenbank steht eine Schachtel Kleenex. Hinten im Raum sind Tische mit benutzten Kaffeetassen, fettigem Plastikgeschirr und skelettierten Weintraubenstängeln. Der Kirchenraum hat ein einziges, farbiges Glasfenster: ein dunkelblauer Kreis, der eine milchig trübe Taube umschließt. Durch das Fenster dringt kein Licht. Es ist so klein, dass es aussieht, als säße die Taube in der Falle; sie fliegt nicht, sondern sitzt fest.

Die Veranstaltung ähnelt einem Treffen der Anonymen Alkoholiker oder einem Quäkergottesdienst: Zwischen den einzelnen Vorträgen gehen Menschen einfach vor zum Podium und erzählen ihre Geschichte. Manche tun das auch von ihrem Stuhl aus, und dann sitzen alle weit vornübergebeugt, um eine bessere Sicht auf Arme und Beine der anderen zu haben. Man tauscht Handyfotos. Ich höre einen Mann zu einer Frau sagen: »Ich wohne in einer leeren Wohnung ganz nah bei meiner Arbeit – viel mehr ist mir nicht geblieben.« Sie fragt zurück: »Und Sie arbeiten noch?«

Und noch mehr höre ich: »Sie schicken also die Klangwellen einfach durch Ihre Füße? … Ach so, und dann kommen sie in Klumpen raus und hängen wie Hautfetzen runter? … Sie haben's von Ihrem Vater? … Sie haben Ihren Sohn angesteckt? … Meine Söhne sind noch so klein … Er hat Fasern in den Haaren, aber keine Läsionen auf der Haut … Ich nehme einen Teelöffel Salz und einen Teelöffel Vitamin C … Ich habe eine Weile Borax genommen, aber nicht allzu lange durchgehalten … HR meinte, ich solle nicht darüber sprechen … Ihre Arme sehen viel besser aus als letztes Jahr … Sie machen einen viel besseren Eindruck als letztes Jahr … Aber fühlen Sie sich auch besser?« Ich höre, wie eine Frau darüber spricht, was ihre Haut »mitteilen« will. Jemand sagt: »Man ist einsam auf der Welt.« Ich fühle die geisterhafte Anwesenheit verlorener Jahre.

Ich stelle fest, dass ich genau mit jenen Leuten reden möchte, die es nicht lassen können, während der Vorträge miteinander zu flüstern. Die Kaffeetheke ist nützlich, weil man dort leicht mit Leuten ins Gespräch kommt und weil man vom dauernden Kaffeekonsum ständig aufs Klo muss, wo man fast noch besser ins Gespräch kommt. Auf den ersten Blick sehen die Menschen, mit denen ich spreche, nicht entstellt aus. Bei genauerem Hinsehen offenbaren sich aber alle möglichen Narben, Beulen und Schorfe. Wie Fossilien oder Ruinen gemahnen sie an die schwärenden, suppenden Dinge, die da mal waren.

Ich lerne Patricia kennen, die einen lavendelblauen Hosenanzug trägt und mir erzählt, wie sie eines Sommers von Sandfliegen attackiert und wie ihr Leben seitdem auf den Kopf gestellt wurde. Ich spreche mit Shirley, die glaubt, dass ihre Familie während eines Campingurlaubs an einem Ort namens Rocky Neck krank geworden ist, wo es viele Zecken gab. Shirleys Tochter nimmt schon so lange Antibiotika, dass sie ihren Arzt anlügen muss, um die Rezepte zu bekommen.

Ich lerne Dawn kennen, eine eloquente, zierliche Krankenschwester aus Pittsburgh mit weißen Flecken auf den Beinen, welche ich mittlerweile als früher mal wunde oder verschorfte Hautstellen identifiziere. Von den Antibiotika hat sie dunkelfleckige Waden, wegen deren sie bereits einmal für aidskrank gehalten wurde. Obwohl sie sich die Eigendiagnose »Morgel-

lons« gestellt hat, arbeitet Dawn weiter Vollzeit als Krankenschwester, denn sie möchte ihren Frust in sinnvolle Arbeit fließen lassen.

»Ich war so wütend über diese jahrelangen Fehldiagno-
sen«, erzählt sie. »Immer wieder gesagt zu bekommen, dass
das etwas mit Ängsten zu tun hat, dass alles eine Kopfsache
ist, Frauenkram eben. Ich habe dann versucht, diese Wut in etwas Konstruktives zu verwandeln, habe mein Diplom gemacht
und einen Artikel in einer Krankenpflege-Zeitschrift veröffentlicht.«

Ich frage sie nach diesem Begriff: *Frauenkram*. Es ist wie
mit den Herzkrankheiten, erklärt sie. Lange Zeit habe man
Herzinfarkte bei Frauen gar nicht festgestellt, weil man sie als
Symptome von Angstzuständen diagnostizierte. Mir wird klar,
dass ihre Erkrankung Teil einer vertrackten Geschichte ist, die
zurückreicht bis zu den Hysterikerinnen des 19. Jahrhunderts.
Dawn sagt, ihre Kollegen – das Pflegepersonal, nicht die Ärzte – hätten bemerkenswert viel Mitgefühl für sie aufgebracht,
und sie vermutet, es sei wahrscheinlich kein Zufall, dass die
meisten Pflegekräfte Frauen sind. Mittlerweile kommen alle
Kolleginnen zu ihr, wenn sie etwas Merkwürdiges oder Unerwartetes – Fusseln, Schuppen oder Fäden – in einer Wunde
finden. Sie ist zu einer Expertin für Unerklärliches geworden.

Ich frage Dawn, was am schwersten zu ertragen sei an ihrer
Krankheit. Ihre erste Antwort – »Die Ungewissheit?« – ist ziemlich allgemein und klingt wie eine Frage, aber dann schafft sie
es, ihre Ängste konkreter zu fassen: »Ich fürchte mich vor Beziehungen«, sagt sie, »denn wer bitte soll einen denn so akzeptieren?« Sie spricht weiter, stockend, macht viele Pausen: »Ich fühle mich einfach sehr – wie soll ich sagen … nicht auffällig, aber
sehr … mit den Narben und dem ganzen Zeug, das ich seit damals habe, also welcher Mann sollte mich damit noch mögen?«

Ich sage ihr, dass ich keine vernarbte Frau sehe, wenn ich sie anschaue; dass ich sie schön finde. Sie bedankt sich für das Kompliment, aber ich merke, dass es etwas hohl geklungen hat. Die Bemerkung einer Fremden kann nicht die Jahre einholen, die man damit zugebracht hat, den Körper zu hassen, in dem man lebt.

Wenn Dawn über ihren Körper spricht als etwas, das ihr übel mitgespielt hat, rutsche ich in die Spurrillen der Identifikation und denke: *Dieses Gefühl kenne ich.* Ihre Krankheit scheint exakt auf den Punkt zu bringen, was ich in Bezug auf mich selbst schon immer gefühlt habe: eine Falschheit in mir, die ich nie erfassen oder benennen konnte und die ich mit der Zeit auf meinen Körper projiziert habe, auf meine Schenkel und mein Gesicht. Dieser Nachhall ist es, was mir so zwingend erscheint an Morgellons: Die Krankheit bietet eine Form an für das, was ich so oft gefühlt habe, sie verspricht für ein bestimmtes Unwohlsein ein Behältnis und die Weihe der Namensgebung. Krankheit, *dis-ease*: das Gegenteil von Leichtigkeit und Mühelosigkeit. Zugleich spüre ich, wie jeder Versuch, diese Krankheit als Metapher zu deuten, ein Akt der Gewalt ist – ein Argument gegen die körperliche Realität, auf der die Betroffenen bestehen.

Meine Bereitschaft, Morgellons zu einer Metapher zu machen, einer physischen Manifestation einer abstrakten Veranlagung, ist gefährlich: Sie verdeckt das konkrete, ungebeten auftretende Leid vor meinen Augen.

Es wäre nur zu leicht, all diese Gesichter zu einer Übereinstimmung zu bringen: Morgies als Sinnbilder dafür, wie schwer es jeder und jedem von uns fällt, in der eigenen Haut zu leben. Und wie bequem man diese Leben in die metaphorische Struktur – ja das Korsett – des Essays selbst zwingen könnte.

Eine Frau aus Memphis namens Rita, auch sie Krankenschwester, redet mit mir über Ärzte: die, die ihr nicht geglaubt haben, die, die ihr gesagt haben, sie hätte einfach Pech oder einen Dachschaden, und jener Namensvetter, der ihr die Tür vor der Nase zuschlug. Von dieser Geste habe sie sich besonders diskriminiert gefühlt – die undeutliche Möglichkeit einer Verwandtschaft, ein gemeinsamer Name, brüsk beiseitegeschoben.

Rita erzählt mir, dass sie wegen der Krankheit ihren Job und ihren Mann verloren habe. Sie erzählt, dass sie seit Jahren nicht mehr krankenversichert sei. Sie sagt, sie könne sehen, wie ihre Haut sich bewege. Ob ich ihr glaube, fragt sie. Ich nicke. Und sage mir selbst, dass ich der Bekundung von Schmerz Glauben schenken kann, ohne mir sicher zu sein, ob ich auch der behaupteten Schmerzursache Glauben schenke.

Rita erzählt mir, dass sie eine Morgellons-Hotline betreibt. Dort rufen Menschen an, die vermuten, diese Krankheit zu haben, aber noch nicht viel darüber wissen. Ich frage sie, was sie solchen Menschen sagt. Sie beruhige sie, sagt sie. Sie sage ihnen, dass es da draußen Menschen gebe, die ihnen glauben werden.

Ihr wichtigster Rat? *Keine Proben oder Präparate zum Arzt bringen.* Das sei Regel Nummer eins, sagt sie. Sonst werde man sofort für wahnsinnig gehalten.

Ich hatte einmal einen Wurm im Fußgelenk, eine Dasselfliegenlarve, die ich aus Bolivien mitgebracht hatte. Die Dasselfliege nutzt den Menschen als Wirtstier: Sie legt ihre Eier auf einen Moskitorüssel, von wo aus sie – via Moskitostich – unter die menschliche Haut gelangen. Für die Menschen im Amazonasgebiet ist das kein großes Problem. In New Haven ist man daran nicht so gewöhnt. Mein Wurm, eine kleine, fahlweiße Made, wurde kurz vor Mitternacht sichtbar. Ich habe sofort ein Taxi zur Notaufnahme genommen. Ich erinnere mich noch, wie ich sagte: »Ich habe einen Wurm im Fuß.« Und wie mich alle ansahen, die Ärzte wie die Schwestern: freundlich und ungläubig. Ihre Zweifel hingen wie Luftfeuchtigkeit im Raum. Sie fragten mich, ob ich in letzter Zeit bewusstseinsverändernde Drogen genommen hätte. Das Gefühl der Isolation war schlimmer als der Wurm selbst – man lebt in einer Welt, wo dieses Ding existiert, die anderen leben in einer Welt, in der es nicht existiert.

Schon Wochen zuvor hatte ich in Bolivien den Verdacht gehabt, etwas Lebendiges unter der Haut zu spüren. Es war fast erleichternd, ihn endlich zu sehen: ein winziger weißer Schnorchel, der aus meiner Fessel schaute. Endlich wusste ich, dass ich mich nicht geirrt hatte. Wie bei Othellos Desdemona-Problem: Das Schlimmste zu befürchten ist schlimmer, als es zu wissen. Und so fängt man irgendwann an, sich zu wünschen, dass es tatsächlich eintritt – dass man die Ehefrau mit einem anderen im Bett erwischt oder einen Wurm ans Licht kommen sieht. Denn bis das Schlimmste passiert, *könnte* es jederzeit passieren. Und wenn es schließlich tatsächlich passiert? Dann weiß man wenigstens endlich Bescheid.

Ich erinnere mich an das geradezu schrille Ausmaß meiner Dankbarkeit, als ein Arzt schließlich den Wurm bestätigte. Desdemona hatte tatsächlich mit einem anderen gevögelt. Was für eine Erleichterung. Dr. Imaeda zog die Made heraus und überreichte sie mir in einem Glas mit Deckel. Sie hatte die Größe eines abgeknipsten Fingernagels, die Farbe schmutzigen Schnees und war über und über mit winzigen schwarzen Zähnchen bedeckt, die aussahen wie Flaum. Eine doppelte Genugtuung stellte sich ein: Der Wurm war draußen, und ich hatte recht gehabt. Ungefähr eine halbe Stunde lang war ich beruhigt – dann regte sich der Verdacht, dass da noch ein zweiter Wurm in mir sein könnte.

In den darauffolgenden Wochen war ich über Gebühr mit der offenen Wunde an meinem Fußknöchel beschäftigt, wo Dr. Imaeda die Made herausgeschnitten hatte: Ich hielt Ausschau nach Anzeichen für einen weiteren Wurm, der dort versteckt war. Ich verwandelte mich von einem echten Wirtstier in eine andere Art Wirt: eine Frau mit einer fixen Idee, eine Frau, die sich nicht vom Gegenteil überzeugen lässt. Jeden Abend musste mein Freund bei mir den »Vaseline-Test« vorbereiten, eine Methode, auf die wir im Netz gestoßen waren: Man setzt eine Kappe Vaseline auf die Wunde, damit der Wurm, dieser hypothetische zweite Wurm, wenn er nicht ersticken will, keine andere Wahl hat, als nach dem Abnehmen der Kappe an der Oberfläche zu erscheinen, um Luft zu holen.

Kein Wurm zeigte sich, aber ich hörte nicht auf zu suchen. Vielleicht war der Wurm schlau, vielleicht hatte er mitbekommen, was seinem Kameraden zugestoßen war. Ohne Unterlass untersuchte ich die Wunde auf Zeichen von Eiern oder Bewegungen. Jedes Fundstück – ein verirrtes Fädchen vom Pflaster, ein glänzendes Haut- oder Schorfstückchen – war ein Beweis. Die Idee dieses Wurms – die schiere Möglichkeit seiner Existenz – war viel, viel schlimmer, als diesen Wurm wirklich zu haben, denn den eingebildeten Wurm bekam ich einfach nicht heraus. Es gab keinen *Nicht-Wurm* zu sehen, nur diesen Wurm, den ich nie sah.

Als ich auf der Tagung erfahre, dass an Morgellons Erkrankte ihre Haut oft stundenlang mit Handmikroskopen untersuchen, denke ich nur: *Kann ich nachvollziehen.* Auch ich habe Stunden damit zugebracht, meine Madenwunde, deren ausgefranste Ränder und jegliche Anzeichen für mögliches parasitisches Leben genauestens zu studieren. Ich habe winzige in die Wunde geratene harte Hautpartikel und merkwürdige Fädchen gefunden – von Verbänden oder wer weiß woher? –, und ich habe über ihnen gebrütet wie über Kaffeesatz, auf der Suche nach dem Grund dafür, warum ich mich in meinem eigenen Körper fühlte wie in einer Falle.

Ich schreibe meiner Parasitengeschichte keinerlei maßgebliche Parabelhaftigkeit zu. An Morgellons Erkrankte sind nicht notwendigerweise mit mir zu vergleichen – ob mit oder ohne Wurm. Ganz ehrlich, ich habe keine Ahnung, was den Schmerz verursacht, den sie empfinden: das Knistern auf der Haut, die wunden Stellen, die endlosen Fäden, die sie herauskommen sehen. Ich weiß nur, was meine Dasselfliege und ihre geisterhafte Wiedergängerin mich gelehrt haben: Es war schlimmer, den Wurm nicht zu haben, als ihn zu haben.

Man vergisst leicht, wie viel Bedeutung Sir Thomas Browne jenen »harten Haaren« beimisst, die den Rücken seiner Gossenkinder aus dem Languedoc bedecken. Browne unterstellt, dass dieser sonderbare Bewuchs die »vernehmbaren Symptome« der Krankheit abstellt und den Kindern »Erlösung« von ihrem Leiden verschaffe. Anders gesagt: Körperliche Symptome können Erleichterung mit sich bringen. Was sie ganz sicher mit sich bringen, sind handfeste Zeichen, die sich in eine Diagnose überführen lassen, die wiederum einen inneren Abschluss ermöglichen kann.

Eine Morgellons-Diagnose ersetzt einen Unruhezustand (das Fehlen einer Begrifflichkeit) durch einen anderen (das Fehlen einer Heilungsmöglichkeit). Morgellons bietet eine Erklärung, ein Behältnis und eine Community. Es ist schwer, sich einzugestehen, dass ein Problem zugleich Befriedigung verschaffen kann – nicht Befriedigung im Sinne eines guten Gefühls, sondern indem einem Unbehagen, das sich ansonsten grenzenlos anfühlen würde, Kontur und Substanz verliehen werden.

Dieses Gefühl hat man letzten Endes natürlich so oder so – ob das Unbehagen nun einen Behälter hat oder nicht. Rita sagt, Morgellons bestimme ihr gesamtes Dasein; sie scheidet ihr Leben in ein Davor und ein Danach.

Kendra gehört zu den Menschen, die Ritas Hotline angerufen haben, weil sie glaubten, sie seien verrückt. Jetzt ist sie hier bei der Tagung. Sie sitzt auf den Stufen zur Kirche und raucht eine Zigarette. Sie sagt, sie sollte vermutlich nicht rauchen, und deutet dabei auf die Kirche und auf ihr vernarbtes Gesicht. An Kinn und Wangen hat sie wunde Stellen, die mit dickem Make-up zugekleistert sind. Aber eigentlich ist sie hübsch und jung; sie hat lange, dunkle Haare, trägt ein weit ausgeschnittenes violettes T-Shirt und sieht eher so aus, als würde sie einen Tag am Pool verbringen wollen, jedenfalls nicht in einer dämmrigen Baptistenkirche, um dort darüber zu reden, was unter ihrer Haut lebt.

Sie sagt, die wissenschaftlichen Vorträge seien ihr zu hoch gewesen, aber sie freue sich auf den morgigen Programmpunkt: eine interaktive Sitzung mit einem hochauflösenden Mikroskop. Dafür hat sie den weiten Weg hierher auf sich genommen. Sie hat selbst schon Sachen gesehen, zuerst hielt sie die für Haare, mittlerweile glaubt sie, es sind Fasern, aber mit dem Mikroskop wird mehr erkennbar sein. Sie wird Beweise bekommen – Beweise, die sie nirgendwo anders kriegen kann. Sie hat keine Krankenversicherung, und die Ärzte glauben ihr sowieso nicht. Zweite Meinungen einzuholen kostet sie ungefähr die Hälfte ihrer Monatsmiete. Sie hat die Nase voll davon, alles alleine rauszukriegen. »Ich habe immer wieder übel an meinem Kinn rumgefummelt«, gesteht sie. »Es ist, als würde man versuchen, eine Glasscherbe rauszuziehen.« Ihre Haut sieht aus, als ob etwas Rotes, Rohes mit beigefarbenem Puder abgedeckt wurde.

Kendra betont, dass sie als Jugendliche nie Akne gehabt habe. Sie hatte keinerlei Probleme mit ihrem Gesicht, und dann plötzlich doch. Und jetzt ist sie hier, inmitten von anderen, die so sind wie sie. Darüber ist sie froh. Sie sagt, das Wissen, nicht alleine zu sein, helfe. Andernfalls würde sie sich wahrscheinlich bald wieder für verrückt halten.

Folie à deux ist ein klinischer Begriff für eine von zwei Menschen geteilte Wahnvorstellung. Jeder, der an Morgellons erkrankt ist, kennt ihn – es ist der Name für das Vergehen, das man ihnen vorwirft. Aber wenn es das ist, was bei dieser Tagung passiert, dann ist es weniger eine *Folie à deux* als eine *Folie à viele*, eine *Folie en masse* – eine ganze Kirche voller Menschen, die denselben Alptraum träumen.

Ich frage Kendra, ob sie jemals Zweifel an sich hege. Könnte es sein, dass sie Angst habe vor etwas, das gar nicht wirklich passiert?

»Schon möglich«, sagt sie und nickt. »Andererseits halte ich mich eigentlich für nicht auf den Kopf gefallen. Ich kann mir nicht vorstellen, dass ich schon so umnachtet bin.«

Sie erzählt mir, dass sie sich ein bisschen davor gefürchtet habe, herzukommen: Ob sie wohl in zwei Jahren auf der Rettungsstelle sitzen wird, weil sie die komplette Haut am Kinn abgeschält hat? Ob sie unter der Dusche Insekten spucken wird? Ob die Krankheit noch in zwanzig Jahren jeden ihrer Tage auffressen wird – so wie jetzt schon, nur noch mehr?

Sie habe den Eindruck, dass ihre Symptome sich fortentwickeln, sagt sie. »Es ist, als ob sich einige dieser Dinger, die ich rauskriegen will« – sie hält inne –, »von mir wegbewegen.«

Die Vorstellung, dass Kendra hier womöglich die Karte irgendeines Höllenkreises findet, auf den sie unausweichlich zusteuert, deprimiert mich. Ich versuche, mich an andere zu erinnern, die mir erzählt haben, dass es ihnen irgendwann wieder besserging, um Kendra von ihnen zu berichten. Aber mir fällt niemand ein. Kendra sagt, sie habe Mitleid mit denjenigen, die es noch schlimmer erwischt habe als sie.

»Jeder, der geboren wird, besitzt zwei Staatsbürgerschaften«, schreibt Susan Sontag, »eine im Reich der Gesunden und eine im Reich der Kranken.« Die meisten Menschen leben im Reich der Gesunden, bis sie irgendwann gezwungen sind, Wohnsitz im Reich der Kranken zu nehmen. Kendra bewohnt derzeit beide. Sie gehört noch nicht ganz der Krankheit. Sie erzählt mir, dass sie am Abend mit einer Freundin in der Innenstadt zum Sushi-Essen verabredet sei. Noch also hat sie einen Begriff von sich, der außerhalb des Kontextes dieser Krankheit liegt: ein Mensch, der ganz normale Sachen macht und sich auf bevorstehende Ereignisse eines ganz normalen Lebens freut.

Nur wenige Minuten zuvor hat Rita mir erzählt, das hier seien die einzigen drei Tage im Jahr, an denen sie sich nicht völlig allein fühlt. Ich frage mich, ob Kendra nur ein paar Jahre Rückstand, aber eigentlich schon denselben Pfad eingeschlagen hat – ob auch für sie die Zeit kommen wird, in der sie ganz im Reich der Krankheit lebt. Sie sagt, es sei ihr in letzter Zeit immer schwerer gefallen, ihre Wohnung zu verlassen. Sie schäme sich einfach zu sehr wegen ihres Gesichts. Ich sage ihr, ich finde nicht, dass sie sich wegen ihres Gesichts schämen müsse. »Aber ich weiß«, füge ich unbeholfen hinzu, »es ist anders, wenn es der eigene Körper ist.«

Ich weiß es wirklich. Ich kenne mich damit aus. Es kann das Gesicht sein, und es können tausend andere Dinge sein, die dieses grundlegende Gefühl des Makels auslösen. Diese Scham darüber, dass man Raum einnimmt. Diese Angst, für hässlich gehalten oder überhaupt *gesehen* zu werden – zu deutlich, aus zu geringer Distanz.

Das hier ist der einzige Ort, an dem Kendra gesehen werden möchte. Sie will sogar aus ganz geringer Distanz betrachtet werden. Sie will die vielfache Vergrößerung. Sie will Beweise. Sie will Gewissheit.

»Wir können doch nicht alle einem Wahn verfallen sein«, meint sie.

Ich nicke. Mit diesem Nicken rette ich mich in die Unbestimmtheit – ich kann Verständnis für den Affekt zum Ausdruck bringen, ohne etwas zu versprechen. Das Nicken enthält Agnostizismus und Mitleid gleichermaßen.

»Wenn mir das alles nicht selbst passieren würde«, fährt Kendra fort, »wenn mir das irgendjemand erzählen würde, dann würde ich denjenigen wahrscheinlich auch für verrückt halten.«

Irgendwie führt diese Aussage dazu, dass ich noch mehr Anteil nehme – sie besitzt die Größe, sich in Menschen hineinzuversetzen, die genau das ihrerseits nicht tun.

»Du bist nicht die Einzige, der das passiert«, sage ich schließlich. Bei diesem Wort – *passiert* – denkt sie an Fasern unter der Haut, ich denke an etwas Grundsätzlicheres: an Phänomene des Geistes oder des Körpers oder beider zusammen, die Gottweiß-was in diese einsame Welt hineinrufen.

Vor dem Beginn des Nachmittagsprogramms gibt es ein musikalisches Intermezzo. Ein junger Mann in Jeans und Flanellhemd – der angeheiratete texanische Neffe von jemandem – spielt einen Rockabilly-Song über Morgellons: *»We guarantee you tears and applause«*, schmalzt er, *»just take on our cause …«* Manchmal kommt er mit dem Text durcheinander, und man bekommt den Eindruck, als mache er das hier nur der Stieftante seiner Frau oder so zuliebe, aber trotzdem stürzt er sich mutig in jeden Song: *»Doctor, doctor won't you tell me what's* *the matter with me / I got things going wild in my body, can't you see ...*« Die Lieder sind Schlachtruf, Regentanz, Schlagzeile und Lamento in einem.

Der Star des Nachmittags ist ein Arzt aus Laurieton, der der ganzen Konferenz als *Der Australier* bekannt zu sein scheint. Sein Vortrag ist eine direkte Antwort auf die CDC-Studie, die er als »große Ladung Quatsch« und »Schaukelpferdmisthaufen« bezeichnet. Er tritt auf als verwegener Alligatorenbezwinger aus Down Under, der die Krankheit wie ein Reptil zu Boden ringt, und holt sein Pidgin-Jiu-Jitsu hervor, um die Guten (Ärzte, die zuhören) von den Bösen (Ärzte, die nicht zuhören) zu trennen. Der Australier macht deutlich: Er hört zu. Er ist einer von den Guten.

Er will gefallen und seine Zuhörerschaft aufputschen – was ihm auch gelingt. Er präsentiert sich dem Saal als Kämpfer. Er spricht zum gesellschaftlichen Rand und schenkt ihm eine Underdog-Hymne: *Doktor, ach Doktor, sagen Sie doch, was los mit mir ist ...* Er prägt einen neuen pseudofachsprachlichen Begriff, angelehnt an den Dermatozoenwahn: Medizinerwahn. Dafür bekommt er Applaus und aus den hinteren Reihen etwas Gejohle. Woraus dieser Wahn besteht? Aus Größenwahn. Worauf er hinauswill? Dass der Begriff Dermatozoenwahn vielleicht nur das Symptom einer anderen Wahnvorstellung ist, und zwar der Anmaßung, zu glauben, den Körper eines anderen Menschen besser zu kennen als dieser Mensch selbst. Der Australier greift sich das Wort *Wahn* und schleudert es denen entgegen, die es als Waffe in die Welt gebracht haben.

Der Australier mag ein Egomane sein oder ein Heilsbringer. Wahrscheinlich ist er beides. Entscheidend erscheint mir, dass er es schafft, einen kollektiven Nerv zu treffen und Applaus dafür zu bekommen, dass er das Gespenst zahlloser unergiebiger Besuche bei zahllosen hartherzigen Ärzten heraufbeschwört.

Man kann sie überall im Raum spüren: Hunderte identische Verletzungen – nicht nur pockennarbige Beine und von blassen Narben gerippte Haut, sondern auch verächtliches Grinsen und genuschelte Bemerkungen, schnell hingeschmierte Notizen und schneidende Blicke, die statt eines Menschen nur noch eine Schublade sehen, eine Absurdität. Ich bin weniger gerührt von der Schlammschlacht, die der Australier entfesselt, als von denjenigen, die mit Schlamm beworfen wurden, von denjenigen, die hier klatschen und in deren Applaus Befreiung mitschwingt. Hier, in der Baptistenkirche von Westoak, können Morgies wieder Menschen sein.

ERGEBNISSE

In diesem Essay, das liegt mittlerweile vermutlich auf der Hand, geht es nicht darum, ob die Morgellons-Krankheit real ist oder nicht. Er handelt davon, welche Wirklichkeit als Voraussetzung für Mitgefühl gelten darf, und er handelt von einer merkwürdigen Grauzone der Anteilnahme: Ist der Begriff Empathie gerechtfertigt, wenn man der Tatsache des Leidens eines Menschen Glauben schenkt, nicht aber der behaupteten Ursache dieses Leidens? Wie kann ich mich in das Leiden eines anderen Menschen hineinversetzen, ohne dessen spezifisches Verständnis dieses Leidens nachvollziehen zu können? Diese ängstliche Skepsis durchzieht jede Ebene dieses Textes, sogar seine Sprache: jede Wahl eines Verbs oder eines Attributs. *Haben* Morgellons-Patienten Parasiten, oder *behaupten* sie, welche zu haben? *Begreifen* sie sich als davon Befallene, oder *glauben* sie, davon befallen zu sein? Ich wünschte, ich könnte ein Tempus erfinden, das voller Offenheit ist – eine Verbform, die nicht vorgibt, den Mechanismus präzise zu verstehen, von dem sie spricht, die ihre Begrenztheiten offen zur Schau stellt. Aber so, wie die Dinge liegen, kann ich mich keinen Zentimeter bewegen und keinen Satz zu Ende bringen, ohne in eine Krise der Zuschreibungen und mitschwingenden Bedeutungen zu trudeln. Jede syntaktische Bewegung bestärkt eine Position des Zweifels oder der Realitätsbehauptung.

Jede und jeder hier hat eine andere Vorstellung von Realität. Morgellons als »real« zu bezeichnen bedeutet in der Regel, dass man zugesteht, dass tatsächlich unerklärliche Dinge durch die menschliche Haut ausgeschieden werden. Es bedeutet, dass man von einer Pilzerkrankung, von Parasitenbefall, von Bakterien oder Viren ausgeht, dass man den Phänomenen und Empfindungen, den dunkelkörnigen »Kaffeeflecken« und kristallinen Partikeln, den Fäden, Fasern und Flusen konkrete Ursachen zuordnet. In einem Erfahrungsbericht im Netz bezeichnet eine Frau ihren Arm als Skulpturenpark. Das Problem ist, dass die Realität dieses Gartens – zumindest was die medizinische Diagnostizierbarkeit anbelangt – davon abhängt, ob die Ärzte die Skulpturen ebenfalls sehen können.

Ich stelle fest, dass die Krankheit für die meisten auf dieser Konferenz eine Form von »wir« gegen »die« annimmt – wobei »wir« für die Erkrankten steht und »die« für den parasitären Befall selbst oder die Ärzteschaft, die an genau diesen Befall nicht glaubt.

Die Annahme, dass sie sich ihre Krankheit vielleicht nur »ausdenken«, ist komplizierter, als es den Anschein hat. Sie kann alles bedeuten – von einer vorsätzlichen Lügengeschichte bis zu einem außer Kontrolle geratenen Juckreiz. Juckreiz ist ein machtvoller Impuls: Der Drang, sich zu kratzen, aktiviert dieselben Nervenbahnen wie chemische Abhängigkeit. In einem Artikel für den *New Yorker* mit dem Titel »The Itch« – als sei Juckreiz ein Wesen aus einem Science-Fiction-Schocker –

erzählte Atul Gawande die Geschichte einer Frau mit chronischem Kopfhautjucken, die sich irgendwann bis zu ihrem Gehirn durchkratzte, und die eines Mannes, der sich eines Nachts die Halsschlagader aufkratzte und sich auf diese Weise umbrachte. In beiden Fällen hatte der Juckreiz keine erkennbare Ursache – es war unmöglich festzustellen, ob das Jucken auf der Haut oder im Kopf begonnen hatte. Insgesamt lässt sich kaum sagen, ob Juckreiz überhaupt so kategorisierbar ist. Auch wenn er seine Ursache im Kopf hat, fühlt er sich genauso an wie ein Juckreiz, der auf der Haut beginnt – keiner von beiden ist weniger real oder mehr ausgedacht. Ein Juckreiz kann auf einen Gedanken zurückgehen oder auf die Lektüre eines Textes wie diesen hier. Ein Juckreiz ist eine Feedback-Schleife, ein Zeugnis der Möglichkeit körperlicher Symptome, die aus der aufgeladenen, unbefestigten Sphäre zwischen Körper und Geist erwachsen.

Mir ist klargeworden, dass die Unterscheidung zwischen »real« und »nichtreal« nicht nur auf einen Unterschied von »körperlich« und »mental« zielt, sondern ein weiteres Gegensatzpaar impliziert: die Differenz zwischen Leiden, deren Ursache äußerlich, und solchen, deren Ursache innerlich ist. Deswegen sind Formulierungen wie »selbst beigebrachte Hautverletzungen« auf der Konferenz so tabuisiert, und deswegen fühlen sich Patientinnen und Patienten von dem Vorwurf, sie hätten sich die Fasern selbst auf die Haut gesetzt, so düpiert. Solche Erklärungen verweisen die Schuld zurück an die Kranken. Sie implizieren nicht nur, dass der beigebrachte Schmerz weniger ernst zu nehmen ist, sondern auch, dass er unseres Mitgefühls oder unserer Hilfe weniger wert ist. Demgegenüber stehen Parasiten und Bakterien für das Andere, für ein bedrohliches »die«, das aufgrund seiner Macht dem Subjekt seinen Opferstatus zurückgibt.

Das Beharren auf einem dem Subjekt äußerlichen Schadensverursacher entspricht einem Bild vom Selbst als abgeschlossen, als Ansammlung körperlicher, geistiger und spiritueller Komponenten, die zusammen einem Gestaltganzen dienen: dem Wesen selbst. Und das, obwohl dieses Selbst in Wirklichkeit viel weniger integriert und ganzheitlich ist und zur Selbstsabotage neigt – so jedenfalls erlebe ich es.

Während einer Diskussion über mögliche bakterielle Ursachen für Morgellons hebt eine Frau die Hand, um eine bei vorschneller Betrachtung zusammenhanglose Aussage zu machen: »Vielleicht *gibt* es Autoimmunerkrankungen gar nicht«, sagt sie. »Das ergibt doch keinerlei Sinn.« Worauf sie hinauswill: Warum sollte ein Körper gegen sich selbst kämpfen? Vielleicht – so ihre Überlegung – ist das, was wie eine Autoimmunerkrankung aussieht, einfach nur ein Körper, der einen Fremdkörper antizipiert, der noch nicht da ist. Wäre das nicht plausibler als ein Akt der Selbstzerstörung? Auch diese Logik basiert auf der Vorstellung des Subjekts als eines einheitlichen Ganzen.

Ironischerweise scheint das Beharren auf einem ganzheitlichen, geschlossenen Selbst unwillentlich exakt das Gegenteil zu belegen: ein Selbst, das sich rebellierend erhebt. Die Beharrlichkeit steht für den Versuch, die Vorstellung eines lauernden Verrats des Körpers, von Krankheit als Meuterei, zu bannen. Die Krankheit muss als etwas Nicht-Eigenes gedeutet werden, um bekämpft werden zu können.

Wie sieht es aus, wenn ein Selbst gegen sich selbst kämpft? Wenn ein Subjekt in mehrere Kriegsparteien zerbricht? Vielleicht so wie die Heilungsversuche, die ich hier vorgeführt bekomme: Haut wird abgeschabt oder vereist, mit Säure, Laserstrahlen oder Strom malträtiert, gegen den Juckreiz wird gekratzt oder gescheuert, Wurmkur-Cocktails werden getrunken, die eigentlich für Tiere gedacht sind, die dreimal so groß sind wie Menschen. Symptome, so kommt es mir vor, eines in widerstreitende Teile gespaltenen Individuums.

Der hartnäckige amerikanische Mythos des Selfmademan beinhaltet, dass jedes sich selbst erschaffende Individuum auch in der Lage ist, sein Selbst aufrechtzuerhalten. Ein in sich gespaltener Mensch, der seine eigenen Überlebensmechanismen ausbremst, unterwandert diesen Mythos, er zerrüttet unseren Glauben an die absolute Wirkmächtigkeit des Willens und verspielt durch dieses Versagen sein Recht auf unser Mitleid. So zumindest lautet die Logik. Doch ich frage mich, warum ein in sich zersplittertes Subjekt unser Mitgefühl nicht genauso verdient haben sollte wie ein von außen belagertes. Oder sogar noch mehr.

Ich stehle mich aus der zweiten Nachmittagsveranstaltung und gerate in ein Gespräch zwischen zwei Männern, die am Kekstablett bereits in einen hitzigen Wortwechsel verstrickt sind. Paul, ein blonder Texaner, trägt einen Nietengürtel und steife Jeans. Lenny aus Oklahoma ist ein gutfrisierter Mann mit einem nach oben gezwirbelten Schnauzbart und dunklem Teint. Beide Männer haben Flanellhemden an, die in die Hosen gesteckt sind.

Paul ist erkrankt, Lenny nicht. Lenny ist hier, weil er glaubt, das ultimative Heilmittel entdeckt zu haben. Er hat eine Frau, die mit der Krankheit auf den Fingerknöcheln zu ihm kam, mit einem Laser behandelt.

Ich bitte ihn, noch mal von vorne zu erzählen: Er ist also Hautarzt?

»Aber nein!«, sagt er. »Ich bin Elektriker.«

Wer weiß, was für eine Art Laser er benutzt hat. *Ich hab ihn draufgehalten*, sagt er, und es klingt, als habe er ein Gewehr auf ein Beutetier gerichtet. »Ich hab ihn draufgehalten, und er hat's gekillt.«

Er hat *es* gekillt. Wie vage das ist, wie unbestimmt die Suche nach Heilung. Niemand weiß wirklich, was mehr Schmerzen bereitet, was Abhilfe schafft. Der breite Schirm dieser Suche behütet so viel Unsicherheit.

Jene Frau, erzählt Lenny, habe zwei Jahre lang gelitten und nichts habe geholfen. Dann half er ihr. Nach zwanzig Minuten erwähnt er, sie sei Crystal-Meth-süchtig gewesen. Er versichert uns, dass sein Laser sie komplett sauber gemacht habe, »nicht mehr das kleinste Fitzelchen« irgendwelcher Fasern sei noch zu sehen gewesen. Dann erwähnt er Eier. »Es heißt, dass sie Eier hinterlassen und dann wieder auftauchen.« Als er fertig war, sagt er, gab es keine Eier mehr.

Paul macht ein komisches Gesicht, als Lenny seine Heilmethode schildert. Man hat den Eindruck, dass ihm die Sache nicht gefällt. »Du hast sie nicht geheilt«, meint er schließlich. »Es ist ein Virus.«

Lenny nickt, ist aber merklich verdutzt. Mit Widerstand hat er nicht gerechnet.

»Ich mache das jetzt seit acht Jahren mit«, fährt Paul fort, »und ich hätte mir die Hand abgehackt, wenn ich so hätte verhindern können, dass es sich auf den Rest meines Körpers ausbreitet.«

Man hat den Eindruck, dass er das immer noch tun würde – nicht im rhetorischen oder theatralischen Sinne, sondern im buchstäblichen.

Wenn er geglaubt hätte, so Paul, dass ein Laser helfen könnte, dann hätte er einen benutzt. »Aber«, sagt er, »ich weiß einfach, dass das nicht reicht.«

Bei Paul sieht es schlimmer aus als bei allen, die ich bislang getroffen habe. Er ist seit acht Jahren krank, stellte aber erst vor einem Jahr die Diagnose Morgellons. Davor hatte er seinen eigenen Namen für seine Krankheit: Angelköder des Teufels. Er sagt, er habe sich auf einem Angelausflug angesteckt. Manchmal spricht er von einem Virus, manchmal von Parasitenbefall – aber immer schwingt der Verweis auf eine dunkle Kraft mit.

Pauls Krankheit ist insofern anders, als man sie sehen kann. Etwas kann man bei allen sehen: eine verschorfte Insel auf der Kopfhaut, dick aufgetragenes Make-up über wunden Stellen am Kinn, bleiche Flecken an gebräunten Waden. Aber Paul sieht anders lädiert aus, weitaus stärker. Man sieht es vor allem an seinem rechten Ohr. Es ist verdreht, eigenartig gekräuselt, fast wie zermatscht, und entlang des Übergangs zwischen Ohr und Kiefer zieht sich glattes, durchscheinendes Narbengewebe. Ich begreife, dass Paul sein Ohr wahrscheinlich selbst so zugerichtet hat, beim Versuch, etwas herauszubekommen. *Den Köder des Teufels.* Paul wurde dazu verleitet zu reagieren, anzugreifen. Sein Gesicht ist übersät mit roten Pockennarben, die Haut fleckig, milchig gemustert. Rund um die Augen hat er tropfenförmige Narben – als hätte er sie geweint.

Paul erzählt von seinem schicksalhaften Angelausflug, wie er nach Hause kam und überall Sandflohbisse an den Beinen hatte. »Man konnte die Hitze durch meine Hose hindurch spüren«, sagt er. Sein ganzer Körper stand wie in Flammen.

Ich frage ihn, welche Symptome er zurzeit hat. Er schüttelt nur den Kopf. »Man weiß nie, was als Nächstes kommt.« An manchen Tagen, sagt er, liege er einfach nur auf dem Sofa und wünsche sich, den nächsten Tag nicht mehr zu erleben.

Ich frage ihn, ob es jemanden gibt, der ihn unterstützt. Ja, sagt er. Dann erzählt er mir von seiner Schwester.

Zuerst habe sie überhaupt kein Verständnis für ihn gehabt. Als er ihr von seinen Symptomen berichtete, habe sie geglaubt, er sei auf Drogen. Aber dann sei sie es gewesen, die im Internet auf Morgellons stieß und ihm davon erzählte.

»Sie ist also in der Lage, Ihnen zu helfen?«, frage ich.

»Tja«, sagt er, »sie hat es jetzt auch.«

Sie experimentieren parallel mit unterschiedlichen Heilmethoden und tauschen sich aus. Sie probieren es mit Vereisungen, Insektiziden, Wurmkuren für Kühe, Pferde und Hunde. Paul hat sich eine flüssige Stickstoffverbindung ins Ohr gespritzt. In letzter Zeit, sagt er, habe er einigen Erfolg mit Root Beer gehabt. Er gießt es sich über den Kopf und lässt es über Gesicht und Körper laufen.

Er erzählt mir, wie er eines Nachts in der Notaufnahme ankam: Blut sei ihm aus dem Ohr gespritzt und er habe geschrien, denn er habe *sie* spüren können, er habe gespürt, wie *sie* ihn innerlich zerrissen. Er erzählt mir, dass die Ärzte sagten, er sei verrückt. Ich sage ihm nichts. Alles, was ich will, ist ihn mit anderen Augen betrachten als die Ärzte damals, ihm ein anderes Gefühl geben als sie. Einer der Ärzte in der Notaufnahme stellte bei der Untersuchung einen trockenen Mund fest. Paul sagte ihm, das sei ihm bewusst. Er sei heiser, weil er sie seit Stunden um Hilfe anflehe.

Paul sagt, er verbringe wahrscheinlich zehn oder zwölf Stunden täglich damit, *sie* – also das, was da in ihm drin ist – in Schach zu halten. Seine Stimme klingt müde und furchtsam. *Sie* entziehen sich der Wissenschaft und der klaren Bestimmung mit ihren unablässigen Volten und Bewegungen.

Paul macht nicht den Eindruck, von der Konferenz besonders überzeugt zu sein. Schließlich, sagt er, habe hier auch niemand ein Heilmittel zu bieten, und es klingt, als liege eine Spur von Befriedigung in seiner Enttäuschung, als fühle er sich in einem Verdacht – die Vergeblichkeit und Unausweichlichkeit betreffend – bestätigt.

Lenny fängt wieder mit seinem Laser an. Pauls Gesicht sieht aus, als stünde er kurz davor, sich richtig zu ärgern. Vielleicht lässt die Möglichkeit einer einfachen Lösung sein eigenes zerquältes Leben zu einer Art sinnloser Sisyphusarbeit zusammenschrumpfen. Eine Heilung würde dann weniger eine Hoffnung bieten als seine bereits geleistete Arbeit diskreditieren – all die Optionen, die er geprüft und für unwirksam befunden hat.

Lenny scheint das nicht zu begreifen. »Ich sage doch nicht mehr als: Wir haben das so und so gemacht, und hinterher war sie geheilt«, wiederholt er. Er kann sich nicht vorstellen, dass seine Geschichte – die Geschichte seines Lasers – etwas anderes sein kann als eine gute Nachricht.

Während des letzten Vortrags des Tages sitze ich hinter Paul. Ich kann sehen, dass er dem Sprecher keinerlei Aufmerksamkeit zollt, sondern Fotos auf seinem Laptop betrachtet, die alle ihn zeigen – sein Gesicht, meist im Profil, im Mittelpunkt sein Ohr. Er zeigt sie der Frau mittleren Alters neben ihm. Beide betrachten ein Foto von einem Werkzeug aus Metall, das wie eine Zange aussieht. Ein Elektroschocker. Kurz darauf höre ich, wie er flüstert: »Das hier waren alles Eier.«

Irgendwann rutscht er mit seinem Stuhl von der Frau weg und widmet sich wieder dem, was er wahrscheinlich schon tagelang getan hat: der Betrachtung und Untersuchung seines Körperspektakels, das sich, zergliedert in Tausende kleiner Einzelbilder von vernarbter, blutender Haut, auf seinem Bildschirm entfaltet. Es ist eine die Zeit überspannende Chronik der Entstellung. Sogar hier noch, inmitten so vieler anderer, die sich zu demselben Leiden bekennen, zieht er sich zurück in die grauenhafte Privatheit seines zerstörten Körpers. Er führt andere, Fremde, auf sein stilles Schlachtfeld, doch nur kurz, bevor er sich zurückzieht in das Kloster seiner Beschädigtheit, in seine nahezu unermessliche Einsamkeit.

Als ich aus der Kirche trete, empfängt mich die Welt außerhalb unserer fensterlosen Räumlichkeiten mit Sonnenschein. Sie hat sich geduldet. Frühling in Austin, das heißt: Purpur-Grackeln in den Bäumen, fast unsichtbares Fledermausflattern unter der Congress-Avenue-Brücke, ein kurzer, nach Guano riechender Windhauch im verwaschen blauen Zwielicht. Austin ist schöne Frauen mit Kopftüchern und Sonnenbrillen, wohin man auch blickt, ins blendende Sonnenlicht emporsteigender Barbecue-Rauch, vom Wind verblasene, sanft durch die Innenhöfe, in denen ich Austern auf Eis esse, segelnde Eichenblätter. Austin, das ist Gourmet-Foodtrucks an jeder Ecke, die Rinderzunge auf Reis, gebackene Avocado-Tacos oder mit Schinken überbackene Donuts anbieten. In der Abenddämmerung liegt das metronomisch exakte Klicken von Cowboystiefeln über den Bürgersteigen. Menschen mit Tattoos, die ganze Geschichten erzählen, rauchen in der Hitze Zigaretten. Ich entdecke eine der Jungfrau Maria geweihte Grotte, wo jemand eine leere Bierflasche und eine Tüte Chips im Kies verbuddelt hat.

Ich spaziere zwischen den Jungen und den Gesunden und bin mehr oder weniger eine von ihnen. Ich versuche, mich nicht zu kratzen. Ich versuche, nicht darüber nachzudenken, ob es mich juckt. Ich versuche zugleich, meine Haut nicht für selbstverständlich zu halten. Sicher, manchmal schlägt mein Herz zu schnell, oder ein Wurm residiert unter der Haut meines Knöchels, oder ich trinke zu viel oder bin zu dünn, doch das sind bloß Tagesausflüge hinaus aus dem Königreich, das ich im Normalfall für mich beanspruchen kann: das Reich meines Wohlergehens, meiner Fähigkeit, zu begehren und begehrt zu werden, meines sicheren Gefühls, in diese Welt zu gehören. Aber als ich die Baptistenkirche auf der Slaughter Lane hinter mir lasse, gelingt es mir nicht, die Stimmen dieser Menschen zum Schweigen zu bringen, die dieses Gefühl der Zugehörigkeit verloren haben. Ich verbringe einen Tag in ihrem Reich und verlasse es, wenn mir danach ist. Ich tauche auf, um nach Luft zu schnappen, und es fühlt sich an wie ein Verrat.

Morgellons gegenüber skeptisch zu sein hat mich nicht vor der Angst bewahrt, Morgellons zu bekommen. Schon vor der Konferenz habe ich meinen Freunden gesagt: »Sollte ich aus Austin zurückkommen und davon überzeugt sein, Morgellons zu haben, dann widersprecht mir bitte.« Jetzt bin ich in Austin, wasche mir permanent die Hände und bin mir der Präsenz anderer Körper akut bewusst.

Und dann, als hätte ich es geahnt, fängt es tatsächlich an. Nach dem Duschen entdecke ich kleine blaue Fäden, die sich wie winzige Würmchen über mein Schlüsselbein kringeln. Ich entdecke etwas wie miniaturhafte Dornen, kleine Stacheln, die in der Falte der Glückslinie in meiner Handfläche stecken. Ich habe diese flüchtigen Augenblicke, in denen etwas in mein Blickfeld gerät und ich in Panik gerate. Ich habe Angst, mich der öffentlichen Untersuchung mit dem Mikroskop zu unterziehen, denn ich befürchte, dass tatsächlich etwas gefunden wird und ich dann nicht mehr loslassen kann.

Ich untersuche mich und ziehe daraus einen verqueren Kick. Möglicherweise *will* ein Teil von mir etwas finden. Ich könnte mein eigenes Beweismittel werden. Oder, wenn nicht, eine persönliche Geschichte über Wahnvorstellungen schreiben. Ich, mit echten oder eingebildeten Fasern unter der Haut, könnte der Krankheit viel unverstellter nahekommen.

Die Wahrheit ist: Wenn man nur genau genug hinsieht, ist Haut – die Haut jedes Menschen – immer seltsam fremdartig, voller merkwürdiger Hubbel, eingewachsener Haare, saftiger Muttermale und sonderbar geröteter, rauer Stellen. Meine blauen Fäden waren wahrscheinlich Textilfasern von einem Handtuch oder meinem Ärmel und die Stacheln keine Stacheln, sondern verschmierte Kugelschreibertinte. Und doch sind es genau diese Augenblicke der Angst, in denen ich Morgellons wohl am ehesten so erlebe wie die daran Erkrankten: die unheilvollen Symptome und der aufs Körperinnere zielende Angriff. Die Perspektive der Patienten löst jedoch in mir ausschließlich den Wunsch aus, mich vor dem zu schützen, was sie haben. Ich frage mich, ob mir mein verkrüppeltes Mitgefühlsorgan tatsächlich keine anderen Optionen lässt als entweder Ungläubigkeit oder obsessives Händewaschen.

Ich bin nicht die Einzige auf der Konferenz, die über Ansteckung nachdenkt. Eine Frau steht auf und sagt, sie müsse unbedingt wissen, wie genau Morgellons übertragen wird. Sie erzählt, dass ihre Angehörigen und Freunde sich weigern, ihre Wohnung zu betreten. Sie braucht Beweise dafür, dass sie sich die Krankheit nicht auf ihrem Sofa holen können. Es fällt schwer, nicht zu spekulieren: Vielleicht haben ihre Verwandten tatsächlich Angst, sich anzustecken. Vielleicht aber haben sie noch mehr Angst davor, dass es überhaupt nichts gibt, womit sie sich anstecken könnten, und halten entsprechend Abstand von ihrer Besessenheit. In den Worten der Frau – *sagen Sie mir doch, dass es nicht ansteckend ist, damit sie alle wieder zurückkommen* – liegt so viel Traurigkeit und zugleich so viel Hoffnung auf eine Antwort, die alles besser macht, die sie vielleicht weniger allein sein lässt.

Kendra erzählt mir, dass sie bei jedem Abendessen mit Freunden Angst hat, sie krank zu machen. Ich stelle mir vor, wie Kendra in der Innenstadt Sushi isst und wie vorsichtig sie dabei ihre Stäbchen handhabt, wie sie ihr Wasabi unter strikte Quarantäne stellt, damit dieses *Ding* in ihr – dieses Ding, dessen Wirken sie spürt, auch wenn es keine anerkannte Kategorie dafür gibt – nicht auf andere übergeht. Ihre Angst betont eine unausgesprochene Spannung, die den Bedingungen dieser Konferenz eingeschrieben ist: dass sich all diese möglicherweise hochansteckenden Menschen in einem derart eng begrenzten Raum zusammenfinden.

Das Gespenst der Ansteckung erfüllt eine merkwürdige Doppelfunktion: Einerseits gibt es Kendras schamhafte Selbstwahrnehmung als potenzielle Trägerin eines Erregers. Andererseits würde die Möglichkeit der Verbreitung bedeuten, dass die Krankheit real ist – und dass sie durch ihr Auftreten bei anderen nachgewiesen werden kann.

Eine der schrägsten Ecken im Morgellons-Online-Labyrinth – einem komplexen Netzwerk aus Diskussionsforen, persönlichen Erfahrungsberichten und hochauflösenden Fotografien – ist eine Website namens *Pets of Morgellons*. Ich begreife schnell, dass sie weder als Witz noch als lustiges Fotoalbum gemeint ist. Es geht nicht einfach um Haustiere von Leuten, die Morgellons haben, sondern tatsächlich um Haustiere, die Morgellons haben. In einem typischen Eintrag stellt eine Katze namens Ika sich und ihre Krankheit vor:

Ich bin nach diesem japanischen Snack aus getrocknetem Tintenfisch benannt worden. Normalerweise berste ich vor anarchischer Energie, aber in letzter Zeit fühle ich mich ziemlich lethargisch, außerdem juckt es mich SEHR. Meine beste Freundin/Mami glaubt, dass sie ihre Hautkrankheit an mich weitergegeben hat, und ist deswegen sehr, sehr TRAURIG. Ich glaube, dass sie mich angesteckt hat, macht sie sogar noch trauriger, als dass ihre Krankheit ihr gesamtes Gesicht bedeckt.

So geht es weiter, eine Litanei kranker Tiere: Einem seidig glänzenden weißen Hund jucken die Pfoten, zwei Bluthunde beißen nach unsichtbaren Flöhen, ein Lhasa Apso geht gemeinsam mit seinem Frauchen stundenweise in die Infrarotkabine. Einer der Einträge ist das Klagelied für einen Akita namens Sinbad:

> Offenbar habe ich mir die Krankheit gleichzeitig mit meinem schönen Frauchen geholt. Und nach vielen, vielen Besuchen beim Tierarzt mussten sie mich einschläfern. Ich weiß, es war zu meinem Besten, aber ich vermisse sie trotzdem sehr. Ich kann immer noch das Gesicht meines Herrchens vor mir sehen, ganz nah, als der Arzt mich schlafen schickte. […] Ich konnte seinen Atem riechen und den Schmerz in seinen Augen spüren. Tränen liefen ihm übers Gesicht. Aber es ist richtig so. Mir geht es jetzt gut. Endlich ist dieser Juckreiz weg, der mich in den Wahnsinn getrieben hat. Endlich habe ich Ruhe gefunden.

Der Schlusssatz pinselt Entschlossenheit über den vorhergehenden Gefühlskitsch. Wir lesen »Endlich habe ich Ruhe gefunden« und stellen uns denjenigen vor, der diese Ruhe wahrscheinlich nicht gefunden hat: das Herrchen, das weinte, während sein Hund eingeschläfert wurde. Wer weiß, was mit Sinbad geschehen ist? Vielleicht musste er wirklich eingeschläfert werden, vielleicht war er alt oder hatte irgendeine andere Krankheit. Vielleicht war er auch überhaupt nicht krank, wurde aber Teil einer Krankheitserzählung – wie wunde Hautstellen, Ehescheidungen oder die Fasern selbst. Der Hund Sinbad ist ein unwiderlegbarer Beweis für ein reales Leid, dem etwas zum Opfer fiel.

Zu Beginn des zweiten Konferenztages wird eine japanische TV-Dokumentation über Morgellons gezeigt. In Japan nennt man es »Baumwollexplosionskrankheit«, was eher an einen geräuschvollen Showeffekt denken lässt als an das verborgen-unheilvolle Kräuseln mikroskopisch kleiner Fasern. Die Sendung ist in groben Zügen übersetzt worden. Wir sehen eine Frau in ihrer Küche, die ein für von Fadenwürmern befallenes Nutzvieh hergestelltes Antiparasitikum mit dem Namen Ivermectin in ein Glas Wasser rührt. Der japanische Kommentar klingt besorgt, und die Übersetzung ins Englische ergänzt: Sie weiß, dass dieses Medikament nicht für den menschlichen Verzehr bestimmt ist, aber sie nimmt es trotzdem. Sie ist verzweifelt. Wir sehen eine Landkarte der Vereinigten Staaten, auf der bekannt gewordene Fälle wie fleckige Hautekzeme ausbrechen – eine pervertierte Manifest-Destiny-Doktrin. Krankheit erzeugt Gemeinschaft, sagt diese Karte, sie macht Außenseiter zu einer Sippschaft. So wie Fasern an einer offenen Wunde haften bleiben, deren feuchte Oberfläche wie ein Klebstoff wirkt, so funktioniert die Idee einer Krankheit wie ein Haftmittel: eine Idee, unter der sich alles subsumieren lässt, was wir nicht verstehen, was Schmerzen bereitet und was bereitwillig haften bleibt. *Übertragung durch Internet*, sagen Skeptiker abfällig zum Thema Morgellons. Diskussionsforen als Rattenfänger, die alle Seelen zusammentrommeln. Es stimmt, dass Morgellons erst seit 2001 offiziell existiert. Die Krankheit wurde zeitgleich mit dem Internet groß. Ihre Online-Community ist zu einer eigenständigen Autorität geworden. Und auch wenn ihre Mitglieder nicht notwendigerweise über alle Details ihrer Erkrankung übereinstimmen – sind es Bakterien, Pilze oder Parasiten? –, so ist ihnen allen ein Gefühl der Unentrinnbarkeit gemeinsam: Wohin man auch geht, die Krankheit kommt mit. Was auch immer man dagegen unternimmt, die Krankheit widersteht.

Eine Frau namens Sandra zückt ihr Mobiltelefon und zeigt mir ein Foto von etwas, das sie ausgehustet hat. Es sieht aus wie eine kleine Albino-Krabbe. Sie glaubt, dass es eine Larve ist. Sie hat es durch die Lupe eines Juweliers fotografiert. Sie hätte gern ein Mikroskop. Sie hat die Larve auf ein Buch gelegt, damit man einen Eindruck von den Größenverhältnissen bekommt. Ich versuche, den Buchtitel zu erkennen, weil ich neugierig bin, was sie liest. Meine Gedanken wandern zu ihren freien Stunden, ich versuche mir vorzustellen, was diese Frau jenseits ihres Befallenseins mit ihrem Leben macht – während dieses Jenseits kleiner und kleiner wird.

Sandra hat ihre eigene Theorie über die Fasern. Sie glaubt nicht, dass die Fasern selbst Lebewesen sind, sondern, dass Organismen in ihrem Innern sie sammeln, um sich Kokons zu bauen. Was erklärt, warum sich so viele Fasern letzten Endes als ganz normale Stofffäden, Hundehaare oder Baumwollfasern herausstellen. Die Gefahr liegt also nicht in ihrer Beschaffenheit, sondern in ihrer Bestimmung: Es geht darum, dass Lebewesen in Sandras Körper ein Nest bauen und sich dafür der Dinge ihres Alltags bedienen.

Als ich lange genug mit zusammengekniffenen Augen auf das krabbenartige Ding gestarrt habe, sucht Sandra ein Video von sich selbst in der Badewanne. »Was jetzt kommt, geht weit über Fasern hinaus«, verspricht sie. Eigentlich kann man nur ihre Füße sehen, die aus dem Wasser ragen. Die Auflösung der Bilder ist körnig, aber es sieht so aus, als sei die ganze Wanne voller sich windender Maden. Über deren konkrete Gestalt lässt sich nicht viel sagen, weil das Licht so trüb und verwaschen ist, aber genau danach sieht es aus. Sie sagt, die Maden seien vor ein paar Jahren noch zu Hunderten aus ihrer Haut gekommen. Wenn sie heute bade, seien es nur noch zwei oder drei.

Ich bin wirklich ratlos. Ich habe keine Ahnung, ob das, was ich sehe, wirklich Würmer sind, woher diese Würmer kommen könnten oder was es sein könnte, wenn es *keine* Würmer sind. Ich weiß nicht, ob ich will, dass es Würmer sind, oder nicht, ich weiß nicht, was ich von dieser Frau halten soll, wenn es keine Würmer sind, und was von der Welt, dem menschlichen Körper oder dieser Krankheit, wenn es *doch* welche sind. Das Einzige, was ich weiß, ist, dass ich eine Masse kleiner, sich windender Schatten sehe, und für den Moment bin ich einfach nur froh, keine Ärztin, Wissenschaftlerin oder sonst irgendwer zu sein, der von irgendwas eine Ahnung hat, denn in meiner Unwissenheit kann ich Sandra Glauben schenken, ohne ihr beizupflichten. Ich kann mich – zumindest für einen kleinen Augenblick – zusammen mit ihr in der schieren Möglichkeit dieser Würmer, in diesem Horror, aufhalten. So lange schon lebt sie allein darin.

Ich bemerke, dass Kendra auf Sandras Telefon schaut. Sie fragt sich, ob die Zukunft auch für sie ein solches Szenario bereithält. Ich sage ihr, dass die Krankheit doch bei allen ein bisschen anders verläuft. Aber was weiß ich schon? Vielleicht sieht ihre Zukunft ja tatsächlich genauso aus.

Kendra erzählt mir vom Sushi-Essen am Vorabend. Es hat ihr geschmeckt. Sie hat Spaß gehabt, und zum Schluss hat sie sich sogar noch ein Bild gekauft. Das war dumm, sagt sie. Sie habe doch eigentlich gar nicht das Geld dafür. Aber sie sah es an der Wand hängen und konnte nicht widerstehen. Sie zeigt mir ein Foto davon auf ihrem Mobiltelefon: Ineinander verflochtene Wirbel in satten Ölfarben kringeln sich aus den Ecken eines pergamentfarbenen Quadrats. Die Farbzöpfe haben den Ton von Juwelen, Violett und Lavendel und Türkis.

Fasern, denke ich, sage aber nichts.

»Weißt du«, meint Kendra mit gedämpfter Stimme, »es erinnert mich ein bisschen an diese Dinger.«

Mir wird bang. Es ist wie der Moment in einem Katastrophenfilm, in dem die Seuche jenseits des Quarantänelagers auftritt. Wenn Kendra das Reich der Kranken hier verlässt, dann wartet auf der anderen Seite wieder nur die Krankheit auf sie. Sie bezahlt dreihundert Dollar, die sie eigentlich gar nicht hat, dafür, um ein Porträt dieser Krankheit mit nach Hause zu nehmen. Der Trost, den ich in ihrem Sushi-Ausflug anfänglich fand, er ist verflogen. Wie gesagt: Die Krankheit zieht alles an sich, das haften bleibt. Selbst Bilder an Restaurantwänden sehen aus wie das, was mit dir nicht stimmt, selbst wenn du es gar nicht sehen kannst. Du siehst es trotzdem überall.

Während des Vormittagsprogramms lassen die Organisatoren der Konferenz ein Blatt mit Witzen herumgehen. Auf den Satzanfang »Sie könnten ein Morgie sein, falls …« folgt eine Liste mit Punchlines: »… Sie sich häufiger jucken als ein Hund«, »… Sie häufiger von einem Arzt als von einem Chef gefeuert worden sind«, »… ein Säurebad und eine Totalrasur sich für Sie nach einem gelungenen Freitagabend anhört«. Manche Pointen zielen auf den Riss zwischen dem heutigen und dem früheren, noch nicht kranken Subjekt: »Sie könnten ein Morgie sein, falls Reinkarnationstherapie für Sie bedeutet, sich an eine Zeit vor Morgellons zu erinnern.« Andere heben auf den Graben zwischen einem selbst und den anderen Menschen ab: »… Ihre Familie beim Abendessen Öl und Essig auf den Salat träufelt, während Sie sich das Zeug über den ganzen Körper kippen«. Manche Witze verstehe ich nicht: »Sie könnten ein

Morgie sein, falls Sie an Ihrem Computer keine externen USB-Geräte benutzen, weil Sie UNTER KEINEN UMSTÄNDEN Ihr QX3 Digital Blue aus dem Port entfernen können.«

Ich schaue nach, was ein QX3 Digital Blue ist. Es handelt sich um ein Mikroskop. Die Website behauptet, es sei dazu da, »Ihre Neugierde auf die Sie umgebende Welt zu befriedigen«. Ich muss an Pauls Laptop und seinen immer und immer wieder fotografierten Körper denken – und daran, wie klein seine Welt geworden ist.

Auf der Konferenz sehe ich keine QX3s, aber die Organisatoren veranstalten eine Lotterie, bei der man einige weniger teure Mikroskope gewinnen kann: ein paar Miniskope, die aussehen wie kleine schwarze Pflaumen, und ihren größeren Cousin, den EyeClops, ein Kinderspielzeug. Bei Amazon sehe ich, dass für den EyeClops mit alchemistischen Formulierungen geworben wird: »Vom Gewöhnlichen zum Außergewöhnlichen«, prahlt die Beschreibung. »Winzige Salzkristalle werden zu Eisblöcken, Haare und Teppiche zu riesigen Nudeln und kleinste Insekten zu angsteinflößenden Geschöpfen.« Der Werbetext macht aus der Alchemie von Morgellons einen Zaubertrick. Von nahem betrachtet werden unsere gewöhnlichsten Körperteile – selbst unsere Hautoberfläche mit ihren Abschürfungen – unberechenbar und erschreckend.

Ich nehme wie alle anderen Konferenzteilnehmer automatisch an der Verlosung teil und gewinne ein Miniskop. Verdruckst gehe ich zur Bühne. Wofür brauche ich schon ein Vergrößerungsinstrument? Ich bin hier, um darüber zu schreiben, dass andere Leute solche Sachen brauchen. Man händigt mir eine quadratische Schachtel aus, die ein bisschen kleiner ist als ein Zauberwürfel. Ich stelle mir vor, wie sich diese Szene später in der abgestandenen Privatheit meines Hotelzimmers fortsetzen wird: wie ich meine Haut absuche, wie mich dieses kleine Ding in meiner Hand direkt an die scharfe Trennlinie zwischen Skepsis und Angst führt.

Der letzte Witz auf dem Blatt lautet: »Sie könnten ein Morgie sein, falls Sie laut gelacht und alle Witze kapiert haben.« Ich erinnere mich an jene E-Mail vom Beginn meiner Recherche – *Thema des offenkundig größten Witzes der Weltgeschichte* – und begreife, warum diese Witze vielleicht so bedeutsam sind: nicht nur, weil sie treffend sind, sondern auch, weil die Betroffenen so selbst wieder Anspruch darauf erheben, Witze zu machen. Hier machen Morgies die Witze, anstatt ihr Angriffsziel zu sein. Jeder dieser Witze verwandelt den verräterischen Körper in eine sauber geschnürte Pointe.

Wir alle haben also unser Blatt mit Witzen, von denen ich einige, aber nicht alle kapiere, Sandra hat ein Publikum für ihre Handy-Diashow, ich habe ein Miniskop, das ich nicht will, und Kendra hat ein Bild – und bekommt schlussendlich noch ihre Mikroskop-Sitzung.

Hinterher frage ich sie, wie es gelaufen sei. Sie erzählt mir, alles sei bestätigt worden: Rita habe Fäden rund um ihre Augen gefunden. Aber als sie das sagt, zuckt sie mit den Schultern – als ob diese Entdeckung ein enttäuschender Abschluss für sie sei, der ihr weder die Aufklärung noch die Eindeutigkeit verschaffe, die sie sich versprochen hat.

»Je mehr ich versuche, die Dinger wegzukriegen«, sagt Kendra zu mir, »desto mehr richte ich mich zugrunde.«

Ich stimme zu. Ich nicke.

»Je mehr ich versuche, sie wegzuknibbeln oder abzuzupfen, desto mehr kommen nach«, fährt sie fort. »Als ob sie mir beweisen wollen, dass ich sie nicht so leicht loswerde.«

DISKUSSION

Am Ende habe ich mein Miniskop weitergegeben.

An Sandra. Ich hab's ihr geschenkt, weil sie die Nase voll davon hatte, immer nur ihre Juwelierlupe zu benutzen, weil sie traurig war, nicht auch eines gewonnen zu haben, und weil es mir peinlich war, eines zu gewinnen, obwohl ich noch nicht einmal nach Fasern suchen wollte.

»Das ist so großzügig von dir«, sagte sie, als ich es ihr gab – und natürlich hatte ich gehofft, dass sie das sagen würde. Ihnen allen wollte ich Gutes tun, aus einem vorauseilenden Gefühl der Schuld darüber, dass ich ihre Krankheit nicht so umfassend denken oder empfinden konnte wie sie, die unter ihr litten. Also sagte ich: *Hier, nimm mein Miniskop* – in der Hoffnung, damit alles andere wettmachen zu können.

Das ist so großzügig von dir. Doch vielleicht stimmt das gar nicht. Vielleicht war es sogar genau das Gegenteil von großzügig. Vielleicht habe ich Sandra einiges ihres Lebens gestohlen und durch andere Stunden ersetzt, die sie vor dem Brennglas des Mikroskops damit verbringen wird, etwas anzustarren, was sie nicht heilen kann.

Ein Geständnis: Ich habe die Konferenz vorzeitig verlassen. Ich habe mich peinlicherweise an den miesen Hotel-Pool gesetzt, weil ich mich emotional ausgelaugt fühlte. So, als hätte ich es mir verdient. Entblättert brutzelte ich unter der texanischen Sonne und sah zu, wie eine Frau von der Konferenz herauskam und vorsichtig ihren eigenen, vollständig bekleideten Körper auf einen Liegestuhl in den Schatten legte.

Ich habe das Reich der Kranken verlassen. Dawn, Kendra, Paul und Rita sind noch dort. Ich liege in der Sonne, sie nicht. Sie trinken Entwurmungskuren für Pferde, ich nicht. Aber noch immer ist da das Unbehagen einer unheimlichen Nähe: Keine ihrer Ängste ist mir fremd, und ich kenne das Grauen angesichts meiner selbst. Meistens habe ich zu ihnen gesagt: *Ich kann mir das nicht vorstellen*, aber manchmal, leiser, habe ich auch gesagt: *Doch, kann ich*.

Ab welchem Punkt verschlimmert Mitgefühl den Schmerz, den es lindern will? Wenn man einem Menschen Raum gibt, um über seine Krankheit zu sprechen – ihr auf den Grund zu gehen, sie zu betrachten, sie mitzuteilen –, hilft man diesem Menschen dann, die Krankheit zu überwinden, oder vergrößert man nur die Macht, die sie über ihn hat? Spendet eine Zusammenkunft wie diese wirklich Trost – oder verstärkt sie nur die Neigung, sich abzukapseln, und das Gefühl des Privilegs, die das Leiden mit sich bringt? Drückt sie nicht auf den Schmerz, bis er nach mehr Tröstung verlangt als zuvor? Die Konferenz scheint denen, die sie besuchen, zu bestätigen, dass sie das, was sie brauchen, ausschließlich hier bekommen. Sie verschärft die Isolation, aus der sie doch eigentlich heraushelfen will.

Nur hier kann ich so sein, wie ich bin – das habe ich mehr als einmal gehört. Aber jedes Mal, wenn ich aus den dämmrigen Räumen der Baptistenkirche von Westoak getreten bin, habe ich mir gewünscht, dass diese Gemeinde auch woanders sie selbst sein könnte, überall – in der verschwenderischen Sonne von Austin zum Beispiel, an einem warmen Abend an einem Picknicktisch mit Gourmet-Donuts. Ich wollte, dass sie sich auch jenseits der Grenzen des Krankseins als fest verfasst und deutlich umrissen wahrnehmen könnten.

Ich muss an Paul denken, der seine Lebensmittel immer erst eine halbe Stunde vor Ladenschluss kauft, um nicht auf Bekannte zu treffen. Ich muss an den glatzköpfigen Mann denken, der am zweiten Konferenztag hinter mir saß und dessen Namen ich nie erfahren habe, der nichts tut, als zwischen einer leeren Wohnung und einem namenlosen Job hin- und herzufahren. Ich muss an die schöne Frau denken, die sich fragt, wie ein Mann sie je lieben soll, so vernarbt, wie sie ist.

Kendra hat Angst vor exakt der Sicherheit, die die Bestätigung ihrer Vermutung ihr bringen würde. Sie hat den Beweis dafür, dass sie Fasern in der Haut hat, aber keine Hoffnung, sie je loszuwerden, dafür aber eine Vorstellung davon, wie es aussehen könnte, von dieser Krankheit komplett beherrscht zu werden: Tausende blutige Fotos auf dem Computer und eine Larvensuppe auf dem Smartphone, die von den verstreichenden Tagen ihres Lebens künden.

Was hatte Kendra noch gesagt? *Es ist, als ob sich einige dieser Dinger, die ich rauskriegen will, von mir wegbewegen.* Geht es uns nicht allen so? Versuchen wir nicht manchmal, etwas zu eliminieren, etwas loszuwerden? Und das, was wir loswerden wollen, widersetzt sich? Der Köder des Teufels: Diese Krankheit beschert einem das dauerhafte Gefühl, gelockt und getäuscht zu werden. Immer baumelt das Versprechen einer Lösung genau da, wo wir gerade nicht hinkommen. Diese Dämonen gehören zu jedem und jeder von uns: Wir sind besessen von unseren Grenzen und sichtbaren Formen, wir haben Angst vor Eindringlingen oder Kontamination, wir fühlen uns missverstanden.

Aber verstellt diese Suche nach Bedeutung nicht den Blick auf die Krankheit selbst? Denn auch die Annahme, dass etwas, wenn wir es nur gut genug begriffen haben, wieder weggeht, ist nichts als eine Art Köder, eine weitere gebundene, bunt bemalte Fliege.

Alle, die ich bei der Konferenz kennengelernt habe, waren nett. Sie haben mir und einander Wärme geschenkt. Ich habe ihrem Reich nur einen Besuch abgestattet, doch ich war selbst schon Bürgerin darin – eine, die sich mit dieser Unruhe des Körpers herumschlägt –, und ich weiß, dass ich dorthin zurückkehren werde. Ich habe meine Zeit zwischen dem einen und dem anderen Austin aufgeteilt, zwischen abgedunkelten Sälen und offenem Himmel.

Einer der Redner zitierte den im 19. Jahrhundert tätigen Biologen Thomas Huxley:

> Setz dich hin vor die Tatsachen wie ein kleines Kind und sei bereit, alle vorgefassten Meinungen aufzugeben, folge demütig der Natur, wohin und zu welchen Abgründen sie dich auch führen mag, denn sonst erfährst du nichts.

Ich möchte mich vor jeden und jede hinsetzen, mit denen ich gesprochen habe – möchte wie ein Kind, wie eine Agnostikerin, wie eine Pluralistin ihren Stimmen auf meinem Tonbandgerät zuhören. Ich wäre gern die teilnahmsvolle Krankenschwester, nicht die skeptische Ärztin. Ich will den Abgrund des Nichtwissens und nicht den Urteilsspruch. Ich will allen glauben. Ich will, dass sie alle recht haben. Aber Anteilnahme ist nicht dasselbe wie Glaube. Eine Lektion, der ich mich verweigern möchte.

Die Wörter »pity« (Mitleid, Erbarmen) und »piety« (Gottesfurcht, Ehrfurcht, Pietät) sind in ihrer Bedeutung erst seit dem 17. Jahrhundert gänzlich voneinander geschieden. Mitgefühl wurde vorher als eine Art Pflicht verstanden, als etwas, das man als ein Mensch anderen Menschen schuldete – und tatsächlich ist das, was ich dieser Erkrankung gegenüber empfinde, eine Art Ehrfurcht. Ich fühle mich verpflichtet, den gesammelten Meinungen dieser Kranken dazu, was die Ursache ihres Leidens ist, meine Ehrerbietung zu erweisen oder ihnen zumindest mit Respekt zu begegnen. Vielleicht ist dieses Bedürfnis nach Einigkeit, nach Beipflichtung, nach zustimmendem Nicken und nach Anerkennung eine ganz eigene Infektion des Mitfühlens.

Paul hat gesagt: »Ich würde nicht jedem von meinen total abgefahrenen Symptomen erzählen.« Mir hat er davon erzählt. Man ist ihm immer mit Unglauben begegnet, etwas, das er als »typisch« bezeichnet. Dieses Wort geht mir nicht aus dem Kopf. Für Paul ist das Leben zu einem Muster geworden, und die Moral dieses Musters lautet: *Das ist dein Schicksal.* Die Skepsis der anderen ist so unausweichlich wie die Einsamkeit. Beides gehört zu dieser Krankheit wie die Fasern, die Flecken, die Kristalle und Parasiten.

Ich bin nach Austin gefahren, weil ich eine andere Zuhörerin sein wollte als die, die diese Kranken schon kennen: Ärzte, die ihren Assistenzärzten zuzwinkern, Freunde, die sich auf die Lippen beißen, Zweifler, die in überheblicher Fassungslosigkeit blöd grinsen. Aber der bloße Wunsch, anders zu sein, lässt einen nicht anders werden. Paul hat mir von seinen total abgefahrenen Symptomen erzählt, und ich habe ihm nicht geglaubt. Beziehungsweise: Ich habe ihm nicht so geglaubt, wie er wollte, dass ihm geglaubt wird. Ich habe nicht geglaubt, dass Parasiten Tausende Eier unter seine Haut gelegt haben, doch ich habe ihm geglaubt, dass es so weh tut, als ob. Was wieder mal typisch war. Ich war typisch. Wie könnte ich diesen Essay schreiben, ohne damit etwas zu tun, das er als Verrat begreifen muss? Ich will ihm sagen: *Ich habe dich gehört.* Will zu ihm sagen: *Ich fälle kein Urteil.* Aber ich kann das nicht zu ihm sagen. Stattdessen sage ich: Ich glaube, dass er gesund werden kann. Ich hoffe es.

La Frontera

SAN YSIDRO

Ich bin an der meistfrequentierten Landgrenze der Welt. Ich komme schnell rüber, denn ich will in die richtige Richtung, will sagen: die falsche Richtung. Ich fahre dorthin, wo niemand bleiben will, zum anderen Abschnitt des Highway 5: ein nach Norden, Richtung Vereinigte Staaten von Amerika weisendes Band, das gespickt ist mit Stellen, an denen der Verkehr zum völligen Erliegen kommt.

Auf jener anderen Seite sind Straßen Supermarktgänge. Man kann vom Auto aus Popcorn kaufen, Kekse, Lutscher und Zigaretten. Oder lieber Kaffee? Können Sie bekommen, von einem Jungen, der kaum groß genug ist, um zu Ihrem Autofenster hinaufzureichen. Eine spanischsprachige Zeitung? Kein Problem. Eine englischsprachige? Vielleicht. Ein Handtuch mit Leopardenmuster? Gibt es hundertfach.

Ich fahre zu einem Autorentreffen, das als *encuentro* angekündigt wurde und in Tijuana und Mexicali stattfindet. Soweit ich das verstanden habe, bedeutet *encuentro* irgendwas zwischen »Festival« und »Konferenz«, doch ich höre darin vor allem die Wörter für »Geschichte« (*cuento*) und »treffen« (*encontrar*) – ein Schnittpunkt, der vorwegnimmt, was uns bei der bevorstehenden Mischung aus Orgie und Podiumsdiskussionen erwartet: Geschichten werden die gängige Währung sein, Leute werden Bücher signieren, Leute werden verwirrt sein, Leute werden Buchverträge schließen, Leute werden Blödsinn über Mexicali erzählen und sich wünschen, in Oaxaca zu sein.

Leute werden Sex haben. Nichts wird pünktlich anfangen. Morgens wird es Kekse zum Kaffee in Styroporbechern geben. Abends wird es Koks in Toilettenkabinen geben.

Wir sind im Jahr 2010. Ich höre, es sei viel besser geworden in Tijuana während der letzten zwei Jahre, was auch die amerikanischen Medien seit neuestem behaupten. Aber wenn wir da oben im Norden uns darüber unterhalten, wie schlimm da unten alles ist, gehen Unterschiede und Schwankungen unweigerlich verloren. Natürlich ist »da unten« nicht nur ein Ort, sondern tausend verschiedene. Und in Wahrheit ist es in Tijuana zwar besser geworden, dafür aber in Tamaulipas viel schlimmer, und in Ciudad Juárez, wo die Menschen mit einer derartigen Dimension von Gewalt leben, dass Abstufungen zwischen »schlimm« und »schlimmer« kaum Sinn ergeben, ist es schlicht und ergreifend so furchtbar wie zuvor.

Eine Frau erzählt mir, wie das Leben während der schlimmsten Monate in Tijuana war, und was sie sagt, handelt weniger davon, wie man mit der ständigen Bedrohung von Gewalt lebt, als davon, wie es ist, darüber zu *sprechen*, dass man mit der ständigen Bedrohung von Gewalt lebt. Solange man mittendrin steckt, sagt sie, ist das Sprechen darüber unmöglich.

Noch vor ein paar Jahren war es so in Tijuana: Nicht mal bei einem Abendessen, irgendwo ganz privat, redeten die Leute darüber, was aus ihrem Leben geworden war – dass sie Angst hatten, einen trinken zu gehen, Angst hatten, zur Arbeit zu fahren, in den Bus einzusteigen, ein Päckchen Zigaretten zu kaufen oder einfach nur die scheiß Straße zu überqueren. Heute können sie wieder sprechen. Das Reden fällt leichter, wenn das Schlimmste außer Hörweite gerückt ist – weit genug weg, um nicht rachedurstig zurückzukehren, wenn man sich gerade mal irrigerweise zu sicher fühlt.

TIJUANA

Die Avenida Revolución ist gesäumt von den entkernten Hüllen des Billigtourismus. Menschenleere Bars stehen herum wie die Überreste einer untergegangenen Kultur, die von ihrem exzessiven Hedonismus zu Fall gebracht wurde: Auf den von strohbeklebten Wänden und grellem Dschungeldekor gerahmten Dancefloors herrscht Stille, an Balkonen stecken noch Tiki-Fackeln aus Bambus, Banner, die für Tequila Happy Hours werben, flappen im Wind und werden von niemandem mehr wahrgenommen. Die Clubs vermitteln den Eindruck von der Zwangsversteigerung harrenden Häusern. Die Touristen sind in die Flucht geschlagen. Ich vermute, dass immer noch einige kommen, aber auf den Straßen sehe ich keine. Das Centro Cultural Tijuana hat eine überraschend schön gewölbte Kuppeldecke, in deren rechteckigen Fenstern sich das Sonnenlicht bricht, purpurrot, orangerot und minzgrün. Aber die einzigen Menschen, denen ich im Innenraum begegne, sind Männer, die Busfahrkarten zu anderen Städten verkaufen.

Entlang der Straßen bietet jeder irgendwelche Waren an, die aber niemand kauft. Wenn ich wollte, könnte ich alles Mögliche haben: einen zebragestreiften Esel, Postkarten mit zehn Paar Titten und dem roten Stumpf einer im Sand steckenden Tecate-Bierdose oder einen kleinen Frosch, den ein alter Mann *direkt vor meinen Augen* schnitzt und dem eine echte Zigarette zwischen die hölzernen Lippen gesteckt wird. Ich könnte mir ein T-Shirt mit dem stoischen Gesicht von Pancho Villa oder eines mit dem ewigen Antlitz von Che kaufen. Oder ein T-Shirt mit einem lustigen Spruch über Bier oder ein T-Shirt mit einem anderen lustigen Spruch über Bier, ein T-Shirt mit einem lustigen Spruch über Tequila, ein T-Shirt mit einem lustigen Spruch über das Mixen von Bier und Tequila oder gleich ein T-Shirt, das zum Kern der Sache mit dem Saufen vorstößt, und zwar auf Englisch: »I Fuck on the First Date.« Praktischerweise ist auf der anderen Straßenseite ein Hotel, das mit Zimmern für neunundneunzig Pesos die Stunde wirbt. Ich sehe niemanden hineingehen oder herauskommen.

Und ununterbrochen denke ich an Tijuana vor zwei Jahren, an die Zeit des Niemals-darüber-Sprechens. Überall entlang der Grenze stecken andere Städte noch immer im Sumpf dieses Nicht-Sprechens. Diejenigen, die Ciudad Juárez als die gefährlichste Stadt der Welt bezeichnen, sind nicht die Menschen, die dort leben.

Vielleicht könnte ich diese Angst besser verstehen, wenn ich durch Straßen liefe, wo die Menschen, wo ganze Städte wirklich in Angst leben. Die große Fiktion des Tourismus: Wir müssen nur unseren Körper an einen Ort bringen, schon kommen wir diesem Ort näher – oder er uns. Empathie als schneller Schuss, wie ein Shot Tequila oder eine Nase Koks vom Schlüssel zum Haus eines Fremden. Wir wollen, dass sich die Tatsache der Verschiedenheit im Rausch der Präsenz auflöst. Manchmal fickt die Stadt gleich beim ersten Date, manchmal nicht. Aber immer, *immer* wachen wir am Morgen auf und stellen fest, dass wir sie eigentlich nicht gekannt haben.

Ich wache am Morgen auf und esse in einem Lokal mit dem Namen Tijuana Tilly's *huevos con jamón*. Ich hätte mir auch eine Waffel bestellen können, oder *pan francés* mit Schlagsahne. Habe ich aber nicht, ich mach's auf die authentische Tour. Ich frühstücke mit einer Pressefrau namens Paola und einem Schriftsteller namens Adán. Die sich beide Waffeln bestellen. Paola erzählt mir, es sei unglaublich, aber wahrscheinlich sei DF (Mexico City) heutzutage die sicherste Stadt in ganz Mexiko. Was früher undenkbar gewesen wäre. Adán erzählt, Mexicali, wo wir die anderen Autorinnen und Autoren im Rahmen dieser Konferenz treffen werden, sei relativ sicher. *Relativ* ist hier in der Gegend ein wichtiges Wort.

Auf jeden Fall liegt Mexicali zwei Stunden Richtung Osten. Ihren ersten Boom erlebte die Stadt während der Prohibitionszeit, genau wie Tijuana, obwohl die beiden Städte ansonsten nicht viel gemein haben. Adán redet schnell, und ich bin mir nicht sicher, ob ich das Wesentliche mitbekomme oder zumindest die ungefähre Richtung dessen, was er sagt, denn es klingt, als spräche er von einer unterirdischen Stadt voller Chinesen. Wie sich herausstellt, ist mein Spanisch nicht so schlecht. Während der 1920er Jahre gab es in Mexicali achtmal so viele chinesische Arbeiter wie Mexikaner, und ein Netz unterirdischer Tunnel verband deren Opiumhöhlen und Bordelle mit den Amerikanern auf der anderen Seite der Grenze, wo die Prohibition die Begierde hochtrieb.

Tijuana verschwimmt vor meinen Augen. Als ich die Stadt verlasse, habe ich das dringende Bedürfnis, über sie zu reden – so wie über einen Traum, der zu verblassen droht, wenn man nicht schnell genug die Details ordnet und Verbindungslinien zwischen den Absurditäten zieht. Ich reise ab und denke: Was *war* diese Stadt? Woran ich mich erinnere: ein unbeleuchteter Korridor vor einem Bürozimmer mit kaputten Fenstern (mein Hostel), ein Teller mit zerfetztem, mit Orangen gekochtem Schweinefleisch (mein Abendessen), eine Band junger Männer namens La Sonrisa Vertical (Das senkrechte Lächeln) und eine Band alter Männer, deren Namen ich nicht weiß und die nach immer mehr billigem Rotwein verlangten, während sie wie die Derwische auf ihren E-Gitarren spielten. Auf ihrem Verstärker lagen zwei Eier, vielleicht roh, vielleicht hartgekocht, die keinerlei Sinn oder Zweck hatten, aber genau dort hingehörten, wo sie waren.

So gestopft voll mit Knarren, Autos und Männern in Uniform – dem gesammelten Gepränge amerikanischer Panik – die Straße nach Tijuana hinein ist, so staubig und geisterhaft ist der Highway aus der Stadt raus, wie er sich durch die Barrios an den Rändern in die hügelige Ödnis der Wüste schlängelt. Jenseits der Stadtgrenze kleben kleine, von Mauer- und Zaunresten umstandene Bretterbuden an matschigen Hängen. Viele sind mit Werbeplakaten umwickelt oder gedeckt. Sie sehen aus wie Geschenke, mit riesigen Zahnpastatuben oder einem breiten Werbelächeln an ihren Flanken. Irgendwann bleiben die Slums hinter uns zurück, und vor uns liegt ein berühmt-berüchtigter Highway, die *Rumorosa*, eine Achterbahn, die sich durch die Haarnadelkurven und die Steinschlaghänge sonnengebleichter roter Berge windet.

An einem Aussichtspunkt auf halber Strecke nach Mexicali, wo die Straße abrupt steil nach links abwärtsführt, fahren wir um die Kurve und haben plötzlich einen teilweise geschwärzten, liegengebliebenen Sattelschlepper vor uns. Die Fahrerkabine befindet sich wenige Zentimeter vor dem Abgrund. Ein an der Stirn blutender Mann liegt in Embryonalstellung zusammengekrümmt am Boden. Er sieht nicht aus, als wäre er tot. Ein Krankenwagen ist nicht in Sicht, aber ein Priester steht über ihm, beschirmt den Körper des Mannes vor der Mittagssonne und murmelt Worte des Gebets, wobei er den vorbeifahrenden Autos winkend bedeutet: *Langsam fahren, langsam fahren!* Obwohl Oktober ist, herrschen mindestens dreißig Grad Hitze, und der Priester trägt schwarze Kleidung. Sein Kreuz glänzt silbern. Der Kühlergrill des Trucks hinter ihm glänzt silbern.

Es ist nicht nur so, dass Gewalt hier einfach *passiert* – absichtlich, beiläufig, versehentlich, zufällig –, sondern so, dass ihre Aussicht und Folgen einen hier ständig von allen Seiten bedrängen: Männer mit Maschinenpistolen stehen auf der Avenida Revolución, knurrende Hunde springen in SUVs, um nach Drogen zu schnüffeln, ein bewusstloser Betrunkener liegt vor der *panadería*, ein Fernfahrer ist derart übermüdet oder vom Juckreiz geplagt, dass er mit seinem Sattelschlepper fast in den Abgrund rast. Wir kommen an einem Soldaten vorbei, der in Habtachtstellung mit einer halbautomatischen Waffe in den Händen offenbar einen turmhohen Stapel schrottreifer Autoreifen – nichts anderes ist in Sicht – bewacht. Die Soldaten des Landes bringen sich gegen nicht kontrollierbare Gewalt in Stellung, auf Müll hockend, die Waffen ins Nichts gerichtet.

In einem Kommentar für die *New York Times* berichtete der Schriftsteller Elmer Mendoza 2010, wie ein Trupp *Niños Exploradores* (so was wie die Pfadfinder) in Ciudad Juárez als Willkommenskomitee für Politiker anrückte und der Gruppenleiter mit den Jungs ein Frage-Antwort-Spiel aufführte: »Wie spielen Kinder in Juárez?«, rief er, und alle ließen sich zu Boden fallen.

An einem Drogen-Checkpoint wird unser ganzer Kleinbus auf den Kopf gestellt. Größere Fahrzeuge sind unweigerlich verdächtiger. Die Soldaten leeren unsere Taschen aus. Es fühlt sich pro forma an, und doch schwingt eine Grundstimmung darin mit, ein Motiv, das hier eingeführt und wiederkehren wird. Als wir weiterfahren, blicke ich zurück und sehe, dass ein Soldat die ganze Zeit auf einem Lastwagen gestanden und sein Maschinengewehr auf uns gerichtet hatte.

In Mexicali gibt es keine grell aufgemachten Clubs, keine Zebra-Esel, keine Happy Hour Specials. Ums Verrecken ließe sich hier kein rauchender Frosch auftreiben. Dafür bekommt man Plastiktüten voller kleingeschnipselter Kakteen und billige Zigaretten. Die Erkennungsmelodie eines Clubs namens SlowTime kommt einem Tequila-Glas mit einem blöden Spruch in Spanglish noch am nächsten: die Endlosschleife einer Frauenstimme, die stöhnt »Oh, wenn du mich fickst, werde ich zweisprachig«.

Das Licht ist in dieser Stadt härter, alles ist staubiger. Die Hotels preisen Zimmer für vier Stunden – statt für eine Stunde – an. Ich habe keine Ahnung, was das bedeutet, aber es scheint einen wichtigen Unterschied in der Stadtkultur zu markieren.

Chinatown ist quirlig und überaus oberirdisch. In den Restaurants werden Tofu mit Salsa und Haifischflossen-Tacos serviert. Im Dragón de Oro esse ich zu Mittag. Der Parkplatz des Lokals drängt sich direkt an die Grenze, einen dicken braunen Zaun, der ungefähr fünf oder sechs Meter hoch ist. Die stuckverzierten Einfamilienhäuser und die Baseballfelder von Calexico sind durch die Metallstreben hindurch kaum zu erkennen.

Wir sind fünfzig Leute beim *encuentro*. Oscar ist Dichter und legt mir morgens bei einer Portion Chilaquiles seine Sicht auf Heidegger dar; Kelly ist Simultanübersetzerin und schreibt an einem spanischen Wörterbuch der erotischen Sprache. Marco, ebenfalls Dichter, überquert die Grenze zu Fuß, um sich in Calexico ein Paar Chucks zu kaufen. Er lässt mich wissen, dass er vor ungefähr einem Jahr sein »Dichter-Ich« aufgegeben habe, weil es in seiner Stadt zu derartigen Gewaltexzessen kam, dass er sich nicht mehr traute, das Haus zu verlassen. Jetzt ist er auf der Suche nach einer neuen Poesie. Ihn interessiert Umnutzung im Allgemeinen und eine experimentelle poetische Praxis namens Flarf im Besonderen. Dabei durchstöbert man die Tiefen des Internets, spielt mit Suchbegriffen, konfrontiert merkwürdige Suchergebnisse miteinander, bis etwas absurdes

Heiteres dabei herauskommt. Marco glaubt an Heiterkeit. Er lehrt am College. Alles in allem klingt sein Leben wie meines, nur dass es an einem bestimmten Punkt vollkommen anders ist. In der Nacht vor seiner Abreise nach Mexicali blieb er bis halb zwei auf, um noch einen Stapel Hausarbeiten durchzusehen. Am Morgen belohnte er sich dafür, indem er am Wecker auf die Schlummertaste drückte. Zwei Minuten später wurde der wohlverdiente Extraschlaf von einer Granatenexplosion beendet, gefolgt von einer Maschinengewehrsalve. »Es ist wie ein Gespräch«, erzählt er. »Einer sagt was, der andere antwortet.« Er meint, so was sei nicht ungewöhnlich.

Ich lerne den Gründer von etwas kennen, das sich Conspiración Shandy nennt. Jedes Mal, wenn er mich sieht, fragt er, ob ich bereit sei, mich »shandyisieren« zu lassen. Ich weiß über diesen Vorgang nur, dass er mit Raffinesse und Dunkelheit zu tun hat. Er gibt eine Zeitschrift – das zentrale Objekt seiner Verschwörung – heraus, deren Emblem ein Löwe ist, der ein Zebra angreift. Anstelle von Blut schießt aus dem Hals des Zebras eine regenbogenfarbene Fontäne. Darwin auf Acid. Ich ertappe mich dabei, sämtliche visuelle Zeichen als soziopolitische Fraktale zu lesen: Wie schaffe ich es, in einer Zebra-Illustration den Drogenkrieg verkörpert zu sehen? Spleens und Seltsamkeiten, ausgespien vom Krieg. Ein gutturaler Schrei, geschunden und einschneidend, eine absurde Fontäne aus Regenbogenblut. In meinem Blick formt sich alles nach der Physik des Konflikts.

Genauer gesagt: Alles, was ich irgendwie verstehe, formt sich. Es gibt so viel, das sich mir vollständig entzieht. Mein Spanisch ist in einer Gruppe zweisprachiger Autoren beschämend, und diese Beschämung färbt sich nach und nach zu einem tieferen Empfinden politischer und nationaler Scham.

Ich bin zu befangen, um über den Drogenkrieg zu reden, weil ich mich davor fürchte, irgendetwas falsch verstanden zu haben. US-Amerikaner sind bekannt dafür, alles Mögliche falsch zu verstehen, wenn es um Konflikte in anderen Ländern geht. Also höre ich zu. Stück für Stück bekomme ich ein Gefühl für die räumliche Situation. Das Sinaloa-Kartell kontrolliert den Großteil des Küstenstreifens im Westen, wo das meiste Gras angebaut wird und die Grenzland-Mythen den Drogendealer als Gesetzlosen feiern, während das Golf-Kartell in der Golfregion operiert und vor allem mit Koks und Illegalen aus Mittelamerika handelt, die *pollos* genannt werden, *Hühnchen* – Bauern, die das Kartell entweder schmuggelt oder ausnimmt.

Sich in den Drogenkrieg einzulesen ist, wie ein Knäuel doppelter Verneinungen zu entwirren: Ein Kartell besticht eine Gefängniswärterin, damit sie nachts Gefangene freilässt. Die gerade Freigelassenen ermorden die Strippenzieher eines anderen Kartells, woraufhin das attackierte Kartell einen Polizisten gefangen nimmt, der so lange gefoltert wird, bis er die Bestechung gesteht. Dieses Geständnis wird von dem zweiten Kartell auf Video aufgenommen und im Fernsehen gesendet. Die Behörden greifen ein, die Wärterin wird aus dem Dienst genommen, und die Gefangenen proben den Aufstand, weil sie sie zurückhaben wollen. Die Reporter, die über den Gefangenenaufstand berichten, werden von den Rivalen desjenigen Kartells entführt, das das Videoband mit dem gefolterten Polizisten in Umlauf gebracht hat. Sie bringen ihre eigenen Videobänder in Umlauf, auf denen andere Gefolterte andere Bestechungsfälle gestehen.

Alles verstanden?

Den Details auf die Spur zu kommen ist wie einem schauderhaft geistreichen Geplänkel zuzuhören, das in einer für die Zungen anderer gemachten Sprache geführt wird – als sei man in ein Gespräch verstrickt, bei dem man überhaupt nicht mitreden kann. Das Wort »Gespräch« bekommt eine neue Bedeutung: Es ist eine Flut von Worten, deren Sinn ich nicht verstehe, ein nie gehörtes Call-and-Response halbautomatischer Waffen.

Wieder höre ich Dutzende Namen, doch es sind nicht die Teilnehmer eines Schriftstellertreffens, sondern Killer. Da gibt es El Teo, der die Herrschaft über das Tijuana-Kartell anstrebt und der mit Vorliebe auf Partys tötet, weil das seine Botschaft sichtbarer werden lässt. Dann gibt es El Pozolero (»Der Suppenkoch«), der die Opfer von El Teo in Säure auflöst, wenn die Botschaft lange genug sichtbar war. Der berühmteste Drogenbaron in Mexiko ist El Chapo (»Der Kleine«), Kopf des Sinaloa-Kartells und zum Zeitpunkt meiner Reise auf Platz sechzig der Forbes-Liste der mächtigsten Menschen der Welt. Damit landet er zwar hinter Barack Obama (2), Osama bin Laden (57) und dem Dalai Lama (39), aber noch vor Oprah Winfrey (64) und Julian Assange (68). Der mexikanische Präsident ist gar nicht erst auf der Liste. In Mexicali lerne ich die Rahmendaten zweier Wirtschaftssysteme kennen – Autoren bekommen keine Vorschüsse für ihre Bücher, Auftragskiller in Ciudad Juárez bekommen zweitausend Pesos pro Kopf – sowie die Umrisse zweier Landkarten: der des Drogenkrieges und der der literarischen Produktion. Die erste liegt wie ein Schleier des Grauens über der zweiten. Im Bundesstaat Durango hat El Chapo seine minderjährige Braut gefunden, doch dort ist auch ein Dichter beheimatet, der Kampfstiefel trägt und beim Vortrag seiner Gedichte, die hauptsächlich von Titten handeln, ständig ausspuckt. Sinaloa ist die Heimat des gleichnamigen Kartells und die von Oscar und seinem Heidegger-Lesekreis. In Culiacán, der Hauptstadt von Sinaloa, gibt es einen Friedhof voller zweistöckiger, komplett möblierter und klimatisierter Palastmausoleen für Drogenbosse und ihre trauernden Familien. Auf der anderen Seite der Stadt steht das Haus, in dem Oscar mit seinem Kätzchen Heidie wohnt. Ich stelle mir eine ganze Tiermenagerie vor: einen Hund namens Dasein und zwei Vögel namens Tiempo und Ser, Sein und Zeit. Ich stelle mir eine Klimaanlage vor, die leise neben der Asche eines Menschen summt. Ich versuche, die beiden Sinaloas in Übereinstimmung zu bringen, sie zu ein und demselben Ort zu verschmelzen.

Die Geographiestunde führt weiter nach Osten: Der Bundesstaat Tamaulipas ist berühmt für das August-Massaker, bei dem zweiundsiebzig illegale Migranten ermordet wurden, die nicht bezahlen wollten, als das Golf-Kartell sie dazu aufforderte. *Die nicht wollten?* Die nicht konnten! Aber Tamaulipas ist auch die Heimat von Marco, dem Dichter, der sich für Flarf interessiert. Wenn ich an Flarf denke, fallen mir Gedichte ein, die Blogbeiträge über irakisches Erdöl und Justin Timberlakes Sexleben dekonstruieren und collagieren. Es stimmt zwar, dass Marco so was in der Art macht, aber seine Materialien sind andere, und die Ironie ist vielleicht nicht ganz so ausgeprägt. Marco eignet sich die Sprache des Drogenkriegs an und macht daraus Gedichte. Die Funde, mit denen er arbeitet, stammen aus Internetforen von Menschen, die ihre Häuser nicht verlassen können, und von den Körpern der Toten, auf denen die Kartelle ihre Botschaften hinterlassen. Er zerstückelt die Zitate und setzt sie als Puzzle der Angst neu zusammen. Er führt die Idee von Flarf noch weiter: Es ist Flarf, der vom Drogenkrieg *handelt*, aus Drogenkrieg *besteht* und sich an den Drogenkrieg *richtet*. Narco-Flarf. Ich frage mich, wie darin ein Aspekt von Flarf bewahrt bleibt, der ihm besonders wichtig ist: der Humor. Spielt das überhaupt eine Rolle? Wenn man danach geht, wie oft Marco lacht (sehr oft), spielt es eine große Rolle.

Der ganze *encuentro* ist eine schräge Mischung aus Traumfängerei und Ernsthaftigkeit. Alle reden unablässig und schmerzerfüllt über den Drogenkrieg, und währenddessen wird ständig gekokst. Die Leute schniefen das Koks von ihren Hausschlüsseln, genauso wie ich es mir vorgestellt hatte, und ich merke, dass diese Schlüssel und die Schlösser, die sie öffnen, mich beschäftigen. Wie viele Schlösser haben die Menschen hier an ihren Türen? Mehr als früher? Wie oft gehen sie furchtsam ins Bett?

Ein paar Wochen zuvor hat Marco eine Arbeit mit dem Titel »SPAM« in einer Galerie in Los Angeles gezeigt: ein Wandbehang mit einem Gedicht, in diesem Fall bestehend aus Bruchstücken von Einträgen, die Bewohner von Comales gepostet hatten, einer Siedlung in Tamaulipas, die im Grunde zu einer Ansammlung von Versteckbunkern geworden war.

Marco nennt die Siedlung *zona cero*. Ground Zero.

Im Internet und in Marcos Arbeit bekommen die Stimmen der *zona cero* eine Beweglichkeit, die ihren Körpern verwehrt ist: *»no se trabaja, no hay escuela, tiendas cerradas [...] estamos muriendo poco a poco.«* (»Es wird nicht gearbeitet, die Schule ist zu, die Geschäfte sind geschlossen [...] wir sterben Stück für Stück.«) Die Sprache ist nicht »poetisch«, denn so war sie nie gedacht – sie war zuerst ein Aufschrei, jetzt ist sie etwas anderes. Sein Dichter-Ich hat Marco aufgegeben, und an seine Stelle ist ein Chor gewöhnlicher Stimmen getreten, der diese verzweifelten, durch Marcos gebundene Hände in einen Takt gebrachten Worte spricht.

»SPAM« ist in Tamaulipas entstanden und in Los Angeles gezeigt worden, doch sein Material entstammt einem immateriellen Netz (dem Internet), das als unendlicher Kontrapunkt zwischen all diesen Orten in der Schwebe hängt. Die Arbeit bewahrt sich ihren Glauben an das Internet und ist doch durchdrungen von der Erkenntnis, dass konkrete Erfahrung sich im abstrakten Netz in Ungereimtes und Unentzifferbares (Spam!) verwandelt. Die Arbeit macht sich lustig über Grenzen, adressiert diese gleichzeitig aber auch ganz direkt: »*La pieza intentará crear diálogo más allá de las fronteras* …« Sie will keine Nachricht sein, sondern Teil eines Gesprächs – desselben Gesprächs, muss ich unweigerlich denken, wie explodierende Granaten vor seiner Haustür.

CALEXICO

Es liegt unmittelbar vor uns, Calexico – direkt hinter dem braunen Zaun. Die umgekippten Recyclingtonnen in den asphaltierten Garagenauffahrten sind zum Greifen nah. Trotzdem dauert es länger als eine Stunde, die Grenze zu überqueren, obwohl es halb fünf Uhr morgens ist und wir nicht in Tijuana sind. In San Ysidro wartet man zur falschen Zeit auch mal fünf Stunden.

Es gibt Mexikaner, für die die Grenze keine große Sache ist. Einige haben eine Art E-ZPass. Für Marco ist nichts dabei, eben mal für ein Paar Sneakers rüberzugehen, allerdings lieber nicht in seiner Heimatgegend, denn in der Golfregion ist die Grenze gefährlicher.

Für andere ist *la frontera* das Ende der Welt. Manuel, ein Keyboarder, erzählt mir, dass er gerne mal ein Konzert in Kalifornien spielen würde – aber er weiß, dass das nie passieren wird. Er hat nicht mal das Geld für den Anruf, um einen Termin für ein Visum-Interview zu machen, geschweige denn ein Bankkonto mit ausreichend Guthaben, um tatsächlich eines zu bekommen.

Wir sind zu dritt in einem eingestaubten roten Jeep: Marco,

ein peruanischer Schriftsteller und ich. Auf unseren Nationalitäten-Mix reagiert der Grenzbeamte gereizt. Unsere Erklärung scheint ihn nicht zu überzeugen. Ein *encuentro*? Interessant. Er nimmt mich in die Mangel, auch das ist interessant. Ich bin schon oft aus dem Ausland in die USA zurückgekehrt und bin noch nie in die Mangel genommen worden. Das unvermeidliche Profiling hat mich immer gut dastehen lassen. Aber jetzt bin ich nicht alleine. Ich habe vergessen, den Nachweis über eine Gelbfieberimpfung aus meinem Pass zu entfernen, was offensichtlich ein Problem darstellt. Der Grenzbeamte hält mir das Dokument vors Gesicht. »Was ist das?«, fragt er. »Haben Sie einen Hund?« Ich habe keine Ahnung, was er meint, aber einen Hund habe ich nicht, und das sage ich ihm auch. »Aber Sie sind aus den Staaten?«, fragt er, als ob ich mich in einen Widerspruch verwickelt hätte. Ich bejahe, doch ich merke, dass meine Stimme fast klingt, als wäre es eine Frage, als sei ich mir selbst gar nicht mehr sicher. Vielleicht habe ich etwas falsch gemacht. Marco meint: »Sie versuchen, einen zu verunsichern.«

Und die Wahrheit ist nicht unbedingt hilfreich. Wenn Sie eine Mexikanerin sind und erwachsene Kinder in den Vereinigten Staaten haben, sollten Sie diese Kinder beim Visum-Interview lieber nicht erwähnen. Anders, als Sie vielleicht meinen, sind sie nämlich kein guter Grund, Ihnen Einlass zu gewähren, sondern genau das Gegenteil. Diese Frau gab es tatsächlich, erzählt mir Marco. In der Schlange im Konsulat stand sie direkt vor ihm. Entlang der Grenze gibt es wahrscheinlich sechs oder zehn oder tausend Frauen wie sie. Sie ist schon dreimal abgewiesen worden, hat jedes Mal erneut hundert Dollar für den Antrag bezahlt und wieder über ihre Kinder gesprochen. Sie hat keine Wange mehr, die sie noch hinhalten könnte, und Geld hat sie auch keines mehr.

Calexico ist eine kleine Stadt mit einer hässlichen Hauptstraße voller *casas de cambio* (Wechselstuben), aber am Stadtrand liegen satt smaragdgrüne Felder in der Morgendämmerung. Um Mexicali herum war alles trocken, trocken, trocken. »The grass is always greener«, sagt Marco, und ich lache. Ist es in Ordnung, dass ich lache? Ich glaube schon.

Wir passieren eine Extra-Passkontrolle auf amerikanischem Boden, eine zweite Abwehrreihe in Ermangelung einer Einwanderungspolitik, die ihren Namen verdient. Wie der Punktestand bei einem Sportereignis prangt die aktuelle Statistik an einer Tafel: 3567 Verhaftungen wegen illegalem Grenzübertritt, 370 Verhaftungen wegen sonstiger Straftaten, 9952 Pfund sichergestellte Drogen. Marco fragt: Was genau *bedeuten* diese Zahlen? Zeitliche Angaben fehlen. Es sind Spielzeugnummern, kontextfrei und sinnlos. Wahrscheinlich sollen sie ungebildete *pollos* osmotisch das Fürchten lehren und die Herzen aufrechter Amerikaner mit dem so herbeigesehnten und so flüchtigen Gefühl nationaler Sicherheit erfüllen.

Mir kommt der Gedanke, dass diese Zahlentafel auch eine Art von Gedicht ist. Sie will Angst machen und Trost spenden, sie will Menschen das Gefühl vermitteln, dass um sie herum etwas Größeres und Mächtigeres im Gange ist, als sie je begreifen könnten – dieser Grenzverkehr der Drogen und der Menschen, dieses nicht zu bändigende, ruhelose Ding, *Gefahr* schlechthin, so ungreifbar und ungewiss. Wir stellen uns vor, dass auf 3567 gefasste Illegale zehntausend kommen, die nicht erwischt werden. Angst, die einem nicht genommen wird, kann sehr nützlich sein. Jede offizielle Verlautbarung ist voll von vielsagenden Lücken, schwärenden Zeilenumbrüchen und Seitenrändern, auf denen unausgesprochene Drohungen und Versprechen pulsieren.

Und so geht das Gespräch immer weiter. Drogenbosse schreiben Botschaften auf Leichen, ein lautes *Fickt euch* an die

Grenzkontrolleure und ihre 370 Verhaftungen. Dichter haben Ideen und bekommen Visa und Flüge nach Los Angeles. Sie erzählen Amerikanern von Mexikanern in einer Siedlung namens Comales. Sie fahren heim, und vor ihrer Tür lassen die Kartelle Granaten explodieren, die ihnen sagen: *Bleibt zu Hause und seid still.* Jeder versucht, am lautesten zu reden. Jeder hungert nach einer Möglichkeit, überhaupt den Mund aufzumachen.

Als wir mit der Morgendämmerung im Rücken in Richtung San Diego fahren, erzählt Marco mir von einer anderen Arbeit, die er kurz nach dem Massaker von Tamaulipas gemacht hat: ein Buch, das aussieht wie sein örtliches Telefonbuch und sämtliche nach dem Golf von Mexiko benannte Geschäfte und Dienstleister auflistet: Siderúrgica del Golfo, El Restaurán del Golfo, Transportes Línea del Golfo. An der Stelle, wo El Cártel del Golfo stehen würde, steht nur: *Puede Anunciarse Aquí.* Hier könnte Ihre Anzeige stehen. Gerichtet an das Kartell, seine Gegner und seine Opfer.

Morphologie des Überfalls

Fangen wir mit der ersten Funktion an.

I. *Ein Familienmitglied verlässt das Haus für eine Zeit.*

Es stimmt nicht ganz, dass ich von zu Hause weggegangen bin, um nach Nicaragua zu gehen. Ich war schon seit Jahren dabei, von zu Hause wegzugehen. Ich bin nur nie weiter als bis nach Nicaragua gekommen.

In der Nähe einer Stadt namens Granada brachte ich Kindern Spanisch bei, die ihre Sprache besser beherrschten, als ich das jemals tun würde. Ich arbeitete an einer Schule mit zwei betonierten Klassenzimmern, in die ab und zu Ziegen und streunende Hunde eindrangen. Die Hunde waren abgemagert. Das waren auch manche der Kinder, obwohl sie ständig Süßigkeiten bei einer alten Frau kauften, die in großen Strohkörben alte Tüten mit alten Kartoffelchips und knallpinkfarbenen Keksen feilbot. Sie hockte neben den rostigen Schaukeln der Kinder im Schatten.

Ich mochte die Kinder. Sie haben mich mehr angerührt als irgendjemand zuvor. Wortwörtlich. Im Sinne von angefasst. Meine Arme, meine Beine, meinen ganzen Körper. Ihre Familien kannte ich vom Sehen und manchmal auch beim Namen. Viele ihrer Mütter verkauften im *parque central* neben der Bushaltestelle Kaugummis und Cashewkerne. Wenn ich vorbeikam, riefen ihre Väter und Brüder mir »¡Guapa chica!« zu. Ich hätte mich blöd angemacht fühlen sollen. Tat ich aber nicht.

In einer Bar mit dem Namen *Café Bohemia* feierte ich meinen vierundzwanzigsten Geburtstag. Ich machte Sangria mit Obst aus der Region und schrieb aus dem Internetcafé Mitteilungen, in denen stand: *Ich habe mit Obst aus der Region Sangria gemacht!* Ich erzählte allen, wie sehr ich die Unbeschwertheit genoss, eine Ausländerin unter Ausländern zu sein. *Keiner von uns ist da, wo er normalerweise ist!*, schrieb ich. *Wir sind gemeinsam orientierungslos!* Die Tastatur unter meinen Fingern war ungewohnt, ich hatte mich noch nicht daran gewöhnt. Bei einigen Satzzeichen vertippte ich mich immer wieder. *Obst vom Markt?* steht in meinen Aufzeichnungen. *Wir sind gemeinsam orientierungslos?*

Ich weiß nie, wie ich diese Geschichte anfangen soll. Ich weiß es einfach nicht. Deswegen brauche ich Funktionen. Deswegen müssen wir vielleicht noch ein Stück weiter zurückgehen. Vladimir Propp war ein Russe, der die Revolution und beide Weltkriege erlebt hat. Er schrieb ein Buch mit dem Titel *Morphologie des Märchens*, über das heute so gut wie niemand mehr spricht, es sei denn, um Einwände dagegen zu erheben. Im Grunde ist dieses Buch eine Anleitung zum Geschichtenerzählen, ein Katalog narrativer Versatzstücke, geordnet in einunddreißig Funktionen: Anfänge, Momente des Verrats, Auflösungen.

Propps ausgeklügeltes Klassifizierungssystem aus Buchstaben, Ziffern, Überschriften und Unterüberschriften nadelt diese Handlungselemente – *Betrugsmanöver, Empfang des Zaubermittels, Rettung* – fest wie eine Schmetterlingssammlung. Nach jedem dieser Momente schlägt die Handlung eine andere Richtung ein. Propp behauptet, man könne jede Geschichte auf ein immer wieder angepasstes, anders kombiniertes Arrangement dieser Elemente herunterbrechen. Im Kern geht es ihm um Brüche. Seine These: Alles beginnt damit, dass wir unseren Platz verlieren und ortlos werden.

III. *Das Verbot wird verletzt.*

Jetzt sind wir schon aus dem Tritt, dabei haben wir noch gar nicht so richtig angefangen. Propp passt nur bedingt auf diese Geschichte. Ich komme trotzdem immer wieder auf seine Funktionen zurück. Das hier ist die dritte. Und das betreffende Verbot ist uralt: Mädchen sollten im Dunkeln nicht alleine sein. Eine Weisheit aus dem Märchen.

Hinterher haben sie gesagt, ich hätte abends nicht zu Fuß unterwegs sein sollen. Noch dazu in dieser Gegend. Allein auf einer menschenleeren Straße. Mit »allein« meinten sie natürlich eigentlich: ohne einen Mann.

Es waren vor allem Männer, die das so gesagt haben.

Manche haben es freundlich gesagt. Andere klangen genervt. Der Punkt ist: Vorher hatte es keiner von ihnen gesagt. Und das bedeutet: Wir müssen die Funktionen neu anordnen. Nach der Verletzung der dritten kommen wir jetzt also auf die zweite zurück.

II. *Dem Helden wird ein Verbot erteilt.*

Mir hatte niemand gesagt, dass ich besser nicht alleine durch die Gegend laufe. Man hatte mir nur gesagt, dass ich keine Angst haben solle. Granada sei sicher. In Nicaragua gebe es ja nicht nur Gewalt. Was sowieso nur Amerikaner denken würden, die es nicht besser wüssten.

Mit dieser Funktion empfängt der Held die Taufe. Die beiden Eckpunkte der Funktion – die Regel und ihre Überschreitung – machen den Helden überhaupt erst zum Helden.

Mir war die Angst verboten worden. Man hatte mir gesagt, ich solle meine Ängste kontrollieren. Oder sie zumindest für mich behalten. Mein Freund Omar hatte gesagt: »Ihr habt alle so viel Angst hier.«

Ihr alle: Frauen, Amerikaner, Touristen. Ich war all das, aber ich würde lernen, es nicht zu sein. Ich würde lernen, anders zu sein, ich würde alles geben und durch die Straßen gehen, ohne ständig nach Fremden in dunklen Ecken Ausschau zu halten. Ich war dort angekommen, wohin ich nie eingeladen worden war.

Da war zum Beispiel die Sache mit der Geschichte. Natürlich hatte ich an der Geschichte nicht wirklich Schuld, aber ich konnte auch nicht behaupten, dass sie gar nichts mit mir zu tun hätte. Eine Geschichte, gespickt mit Absurditäten: der Contra-Krieg, der Waffenskandal. Reagan. Bush. Omar zitierte die besten Stellen aus Bushs Diskussionen mit Hugo Chavez – Chavez: in diesem Land immer noch so was wie ein Held –, und ich lachte lauter als alle anderen. Auch ich hasste Bush. Und es war mir wichtig, dass sie das wussten.

Vielleicht hatte ich nicht das Recht, etwas von diesem Ort zu wollen. Vielleicht hatte niemand das Recht, mir deswegen die Faust ins Gesicht zu schlagen. Und vielleicht war ich dennoch nicht vollkommen unschuldig.

Jetzt habe ich das Ende verraten. Ich bin geschlagen worden.

Für diese Stelle suche ich immer noch die passende Funktion. Was ist Morphologie überhaupt? Ich habe nachgeschlagen und das hier gefunden: Morphologie ist die Lehre von der Struktur und Form der Dinge.

So sorgen wir dafür, dass immer alles schön an seinem Platz bleibt: Wir geben ihm eine Form.

Vielleicht VI. *Der Gegenspieler versucht, sein Opfer zu überlisten, um sich seiner selbst oder seines Besitzes zu bemächtigen.*

Ein Betrugsmanöver gab es nicht. Es gab nur einen Mann, der sich mir von hinten näherte, mich herumdrehte und mir hart die Faust ins Gesicht schlug. Keinerlei List. Es war eine der ehrlichsten Gesten, die ich je gesehen habe.

Vielleicht V. *Der Gegenspieler erhält Informationen über sein Opfer.*

Propp nennt Beispiele. Die vielen verschiedenen Arten des Ausspähens: Spione werden entsandt. Verstecke werden entdeckt. Ein niederträchtiger Bär bedient sich eines sprechenden Meißels, um versteckten Kindern auf die Spur zu kommen.

Auf dieser Straße in Nicaragua war es nicht so kompliziert. Ein Mann saß neben einer leeren *lavandería* auf dem Bordstein. Er sah mich, er musterte mich von Kopf bis Fuß, und das war's: *Gringa. Chica.* Touristin.

Guapa chica hatten sie gesagt, die anderen Männer auf der Straße. Dieser aber sagte nichts.

Wer weiß, was er dachte? Ich weiß nur, ihm reichte das, was er sah oder zu sehen glaubte.

Und damit wären wir angelangt.

Funktion VIII. *Der böse Gegenspieler fügt einem Familienmitglied einen Schaden oder Verlust zu.*

Ich bekam eine Faust ins Gesicht. Blut lief mir über die Arme, die Beine, den Rock, die Schuhe. Ich weinte nicht. Ich redete. Was sagte ich?

Ich sagte: »Mir geht's gut mir geht's gut mir geht's gut.«

Ich sagte: »So viel Blut.«

Propp schreibt: »Diese Funktion ist überaus wichtig.« Er schreibt: »Die Formen der Schädigung sind äußerst vielfältig.«

Hier kommen ein paar: *Der Schädling stiehlt oder verwüstet die Saat, er verursacht das plötzliche Verschwinden einer Person oder eines Gegenstandes, er verzaubert eine Person oder einen Gegenstand, der Bösewicht droht mit gewaltsamer Heirat, er droht mit Kannibalismus.*

Und hier zwei weitere: *Er raubt das Tageslicht. Er geht als nächtlicher Blutsauger um.*

»In der Nacht ist die Stadt anders«, hatte Omar gesagt. »Alles ist möglich.«

In manchen Funktionen geht es auch darum, dass Bösewichter Körperteile stehlen. Etwas wird abgebrochen oder zerbrochen, ein früheres Aussehen wird gestohlen. Und kommt dann nie wieder zurück.

»Hat er dein Portemonnaie geklaut?«, wurde ich gefragt. »Und deine Kamera?«

Ich nickte. Und wollte ergänzen: *Und mein Gesicht.*

Jetzt kommen ein paar Funktionen, die in meiner Geschichte fehlen: *Der Sucher ist bereit bzw. entschließt sich zur Gegenhandlung. Der Held reagiert auf die Handlungen des künftigen Schenkers. Der Held und sein Gegner treten in einen direkten Zweikampf.*

Diese Funktionen treffen auf mich nicht zu.

Diese aber schon: XVII. *Der Held wird gekennzeichnet.*

Mir wurde die Nase gebrochen. Die Knochen des Nasensattels wurden verschoben. Das Fleisch schwoll an, als wollte es den Bruch darunter kaschieren. So wie die Sprache um die Erinnerung herum anschwillt. Und der Intellekt um die Verletztheit.

XIV. *Der Held gelangt in den Besitz eines Zaubermittels.*

Was genau soll hier das Zaubermittel sein? Die nicaraguanische Polizei? Der Schnaps, den ich getrunken habe – noch einen Shot und noch einen Shot –, um mich wieder okay zu fühlen, um mit dem Zittern aufzuhören?

Nach dem Überfall ging ich in eine Kneipe an der Calle Calzada. Ich kannte die Jungs, die dort arbeiteten. Als sie mich sahen, wussten sie sofort, was ich brauchte. Sie hatten sich alle schon mal geprügelt. Für sie war diese Art der Verletzung nichts Neues. Sie gaben mir feuchte Lappen, Eis und ein Bier. Ich drückte alles an mein Gesicht, übervorsichtig, für den Fall, dass meine Nase so locker saß, dass sie sich verschieben ließ. Ich konnte niemandem in die Augen sehen. Ich schämte mich. Später würde ich nicht in der Lage sein, irgendjemandem diese Scham richtig zu erklären. Es hatte etwas damit zu tun, gesehen zu werden. Alles war sichtbar – das geschwollene Gesicht, die blutigen Arme, die blutigen Beine, die blutigen Klamotten. Ich bestand nur daraus, und jeder sah es und begriff es so klar wie ich selbst. Es war eine Art Nacktheit, ein Gefühl von im Wind flatternden Nervenenden.

Ein Polizist tauchte auf, in einem Pick-up, auf dessen Ladefläche ein großer Käfig geschnallt war. In dem Käfig befand sich ein Mann. Ich hockte mit meinen Lappen und meinem Bier auf dem Bordstein. Der Polizist rauchte eine Zigarette und zeigte auf den Mann in dem Käfig: »*¿Es el hombre?*«

Es war aber nur *ein* Mann, nicht *der* Mann. Ich hatte ihnen ja noch nicht mal eine Beschreibung gegeben.

Ich schüttelte den Kopf. Der Polizist zuckte mit den Schultern und ließ den Mann laufen. Dieser wirkte wütend. Verständlicherweise.

Der Polizist war freundlich, doch er rechnete nicht damit, dass irgendetwas anderes geschehen würde als das, was eben geschah. Er zeigte mir dicke, in Leder gebundene Mappen mit Verbrecherfotos: sepiagetönte Porträts hiesiger Straßengangster, darunter in krakeliger Handschrift deren Spitznamen: *el toro, el caballero, el serpiente*.

Keiner von ihnen war *er*. Ich sagte nur: »Nein, nein, nein.«

Am nächsten Morgen ging ich zur Wache, einem schäbigen Gebäude mit braunen Flecken an den Wänden und einer nicht funktionierenden Toilette, die man in allen Zimmern riechen konnte. Wenn man denn riechen konnte. Ich roch gar nichts. Auf den meisten Schreibtischen standen alte Schreibmaschinen, ein paar kaputte stapelten sich in einer Ecke. Die Wache befand sich in einem Stadtteil, in dem ich noch nie gewesen war. Wer als Tourist nicht vorhatte, hier eine Beschwerde einzureichen, hatte keinerlei Anlass, dieses Viertel zu besuchen. Ich hatte zu diesem Zeitpunkt schon mehrere Monate in Nicaragua gelebt, habe mich jedoch nie mehr als Touristin gefühlt als in diesem Augenblick, als Protagonistin einer Geschichte, die alle schon kannten.

Die Polizisten waren ganz erpicht darauf, mir ihre neue Gesichtserkennungssoftware vorzuführen. Mit einem von ihnen saß ich vor einem Computer – möglicherweise dem einzigen Computer auf der ganzen Wache. Der Polizist befragte mich über das Äußere des Mannes, und ich gab unzureichende Antworten. Möglicherweise habe ich gesagt: »Er hatte Augenbrauen.« Kann das sein? Ich wartete darauf, dass mir Adjektive einfielen. Aber es kamen keine. Die Skizze auf dem Computerbildschirm sah dem Mann nicht im Geringsten ähnlich.

XXIX. *Der Held erhält ein anderes Aussehen.*

Propp wird expliziter: »Das neue Aussehen wird unmittelbar durch übernatürliche Handlungen eines Helfers verliehen.« Als ich wieder in Los Angeles war, ging ich zu einem Chirurgen. Mit meinem Gesicht stimmte irgendwas nicht. Das konnten alle sehen. Ich wollte es wieder in Ordnung gebracht haben. Mir war regelrecht schlecht vor Selbsterhaltungstrieb. Der Chirurg sah mich an und sagte: »Ihnen ist was passiert.«

»Ich weiß«, meinte ich. »Kriegen Sie das hin?«

Er sagte: »Schwer zu beurteilen von außen.«

Also griff er ein. Ich überließ mich dem Eingriff.

Eine Funktion, die wir übersprungen haben, lässt mich nicht los: XIX. *Das anfängliche Unglück wird gutgemacht bzw. der Mangel behoben.*

Propp schreibt: »Mit ihr erreicht die Erzählung ihren Höhepunkt.«

Was für ein Gefühl mit dieser Funktion wohl verbunden ist? Ich warte noch immer darauf.

Die Operation richtete den Bruch. Sie behob dessen Offensichtlichkeit. Aber wenn ich genau hinsehe, kann ich die Kerbe noch erkennen, eine diagonale Erinnerung an das Zusammentreffen von Faust und Knochen.

Im Internet stoße ich auf ein Programm namens »Digital Propp«. Man könnte es ein Spiel nennen. Auf der Homepage steht: »Sie sind beim Propp'schen Märchen-Generator gelandet, einem Experiment im elektronischen (Um-)Schreiben mit dem Ziel der Erprobung modernistischer Theoreme im digitalen Kontext.«

So funktioniert es: Man wählt eine Reihe von Funktionen aus und erhält eine Geschichte. Ich setze Häkchen bei *Abwesenheit, Verbot, Verbotsverletzung, Gegenspieler, Kennzeichnung und Entlarvung*. Ich halte inne, gehe mit der Maus nach oben und setze ein weiteres Häkchen bei *Mangel*.

Keine Häkchen bekommen: *Gegenhandlung, Erkennung, Hochzeit*.

Ich klicke auf »Generieren«, und das Programm spuckt eine Geschichte aus, irgendwas über eine verbotene Birne, einen Kampf mit einem Vogel und einen Sieg, der irgendwie mit Fliegen zu tun hat. Ich erkenne die Spuren einer ganzen Reihe von Funktionen, die ich nicht ausgewählt habe: Kampf, Herausforderung, Sieg. Es wird gekämpft und schließlich gesiegt: »Der Schmutz auf meiner Haut ist zu Goldstaub geworden. Das Volk huldigt mir als einer Gottheit.«

Der von Erinnerung bewahrte und verformte Stoff meines Lebens wird *ihn* immer enthalten: den Fremden. Vielleicht ersetzt unsere Verbindung die letzte, von mir missachtete Funktion: XXXI. *Der Held vermählt sich und besteigt den Thron.* Ich habe mir gewünscht, dass ein Mann sich in mich verliebt, damit er wütend darüber werden könnte, dass ich geschlagen wurde. Ich sollte das nicht wollen. Ich wollte es dennoch.

Monate später war ich mit einem Exfreund in Williamsburg verabredet. Er legte mir eine Line Koks auf einem Überseekoffer. Ich stellte mir vor, wie sich meine Nase auflöste.

Ich schüttelte den Kopf.

Er fragte: »Warum nicht?«

Ich erzählte ihm, warum. Er hörte auf zu lächeln. Er regte

sich richtig auf. Ich hatte das Gefühl, er wollte etwas von mir. Aber was? Ich wusste nicht, was ich ihm hätte geben können.

Als ich aus Nicaragua zurück war und zu erklären versuchte, was mir passiert war, kam es mir so vor, als würde ich Teile eines komplizierten Puzzles zusammenfügen, ohne ein Bild zu erkennen: Gewalt, Zufall, Unpersönlichkeit, ein geschwollenes Gesicht, Bargeld, die Schuld der Touristin. Obwohl »Schuld« immer falsch klang – als wollte ich etwas entschuldigen oder nahelegen, dass mein Status als Touristin das Geschehene irgendwie rechtfertigte. Ich wollte nichts entschuldigen, ich wollte nur einem Gefühl der Schuldhaftigkeit Ausdruck verleihen, das mit den anderen emotionalen Rückständen verquickt war: der Wut, der Angst, der Zwanghaftigkeit, mit der ich mich im Spiegel betrachtete, um zu sehen, ob mir nicht Teile meiner selbst entglitten. Ich begann mein Studium an der Graduate School und schrieb über die Praxis der Re-Lektüre. Ich las Propp. Ich begann, die Ereignisse meines Lebens als Text zu betrachten.

Es gibt keine auf diesen letzten Teil zugeschnittene Funktion. Diese erzählerische Gegenwart, in der die Heldin zu einem Werk des frühen russischen Formalismus greift, um zu verstehen, wie ihr Gesicht verletzt wurde und wie dann in aller Stille auch mit dem Rest von ihr etwas geschah.

Es gibt keine passende Funktion, mit der dieser Essay dazu beitragen könnte, das Unglück wiedergutzumachen oder den Mangel zu beheben – eine Funktion, die Augen, Herz und Tageslicht ersetzen könnte. Ein Rückstand ist geblieben: das ganze Blut. Er befleckt alles, was ich finde. Mein Gesicht wird mich für immer an einen Fremden erinnern. Und ich werde nie seinen Namen kennen.

Reisen in den Schmerz (I)

LA PLATA PERDIDA

Ein Besuch in den Silberminen von Potosí, der höchstgelegenen Stadt der Welt, läuft folgendermaßen ab: Sie nehmen den Flieger nach El Alto, wo bei manchen schon das Herz aufgibt, sobald sie in 4061 Metern Höhe die Kabine verlassen. Potosí liegt höher. Von El Alto fahren Sie mit dem Bus nach Ororu und von dort mit einem anderen Bus weiter. Eventuell sitzt neben Ihnen ein Tier. Eventuell sehen Sie einen Film mit Jean-Claude Van Damme, diese Filme sind beliebt bei Übernachtfahrten: Van Damme, wie er gegen Terroristen kämpft, Bösewichter umlegt und ein nicht lippensynchrones Spanisch spricht.

Wenn Sie aus dem Bus steigen, sieht Potosí erst mal aus wie jede andere bolivianische Stadt: Alte Frauen rösten Maiskolben über offenem Feuer, und die Gehwege sind voll von dürren Hunden und kaputten Geratschaften. Kurz darauf wird der gewohnte Anblick gebrochen: Rund um den Marktplatz stehen pastellfarbene Häuser mit eleganten Balkonen und hochherrschaftlichen Innenhöfen. Vielleicht finden Sie das hübsch, vielleicht aber auch etwas drüber, zu sehr Kolonialstil, ein bisschen geschmacklos. Hinterher wird Sie die Erinnerung an diese Häuser vielleicht traurig stimmen.

Nach Potosí fährt man wegen der berühmten Silberminen von Cerro Rico – auch Sie werden die Minen besuchen wollen. Buchen Sie eine Führung. Lächeln Sie höflich, wenn der Mann am Kartenschalter Ihnen sagt, dass ein Teil des Eintrittsgeldes an die Bergleute geht. Sagen Sie ihm in Ihrem flehenden Spanisch, wie schön Sie das finden. Legen Sie Ihre Ausstattung an: Stiefel und Overall, einen Schal vor den Mund. Fahren Sie mit einem Minibus zum Markt der Minenarbeiter. Hier liegen abgetrennte Ziegenköpfe neben Che-Guevara-Skimützen. *¡Viva la Revolución!* Betrachten Sie die geglätteten, glänzenden weißen Häute, die eigentlich Innereien und Gedärme von Tieren sind.

Aber Sie sind ja hier, um für die Männer unter Tage Geschenke zu kaufen: knallbunte Limonaden, die nicht nach Obst, sondern nach Farbe schmecken; Dynamitstangen; Kokablätter in kleinen blauen Säckchen. So was schenkt man den Bergarbeitern hier und in Wirklichkeit natürlich sich selbst als Schenkendem: Sie *geben etwas zurück*, wie man so schön sagt, und das ist beglückend. Sie verwischen Ihre unterirdischen Spuren.

Hören Sie Ihrem Fremdenführer Favio, einem wütenden Mann in Ihrem Alter, aufmerksam zu. Er ist gerade mal fünfundzwanzig, hat aber drei Brüder in den Minen und zwei kleine Söhne, die eines Tages ebenfalls hier arbeiten werden, es sei denn, er kann ihnen den Weg hinaus erkaufen. Dann lächelt er leise und sagt: »Aber Sie sind ja nicht hier, um etwas über mein Leben zu hören.« Natürlich sind Sie – immer begierig auf anderer Leute Leben – genau deshalb hier. Trotzdem müssen Sie sich erst den ganzen Rest anhören, aber schließlich ist auch Zuhören ein Geschenk. Zumindest würden Sie das gerne glauben: dass Ihr Wissen irgendetwas ändert.

Also: *¡Oye!* Hören Sie zu! Man nennt den Cerro Rico den Berg, der Menschen frisst, denn das tut er: sechs Millionen bis jetzt. Die *conquistadores*, die Potosí erobert haben, sind durch sein Silber reich geworden und haben in der Stadt lauter hübsche Innenhöfe gebaut. Aber sechs Millionen. Mein Gott.

Sie werfen einen befangenen Blick auf Ihre Geschenke: Ihr Glücksbringerdynamit, Ihre Traubenlimo.

Der Berg hat viele Stollen, aber Sie besuchen nur den einen: ein schwarzes Loch an einem Hang, zugemüllt mit schmutzverkrusteten, vor langer Zeit weggeworfenen Jeans, dreckigen Bierflaschen und Toilettenpapier, kleinen Häufchen menschlicher Exkremente. Hier, bekommen Sie zu hören, essen, trinken und scheißen die Minenarbeiter zwischen ihren übergangslos aufeinanderfolgenden Zwölfstundenschichten. *Ach so, aha; ja, ja, natürlich.*

Zunächst finden Sie den Minenschacht, einen kühlen, dunklen Gang, noch halbwegs erträglich, bis er das plötzlich überhaupt nicht mehr ist: Zwei-Tonnen-Loren, die auf dünnen Schienen abwärtsrattern; steil abfallende Tunnel voll übelriechendem Staub, die sich auf ein unglaublich heißes Zentrum zuwinden. Manchmal müssen Sie knien. Manchmal müssen Sie kriechen. Manchmal kommen Sie an Minenarbeitern vorbei, die Wangen dick gebläht von Bündeln halbzerkauter Kokablätter, und irgendjemand gibt ihnen Flaschen mit Limonade, während der Fremdenführer fragt: »Wie geht's so?«

Favio bringt Sie auf den neuesten Stand, was Präsident Evo anbelangt. Alle hatten gedacht, Evo würde es besser machen, aber so kam es nicht. Evo bezeichnet die Minenarbeiter zwar als Brüder, hebt aber trotzdem ständig ihren Steuersatz. Es wurde gestreikt. Gestreikt wurde schon immer. In La Paz wird debattiert. Sie nicken. Sie wissen, es muss Fragen geben, die es wert sind, gestellt zu werden, aber die Frage, die Ihnen einfällt, lautet: »Wie lange brauchen wir noch bis zu Ebene drei?« Das Atmen fällt Ihnen ein wenig schwer. Das Tuch vor Ihrem Mund ist mit grauem Staub verklebt.

Auf Ebene drei, am Ende der Belüftungsrohre, sehen Sie am Grund eines dunklen Lochs zwei Männer stehen. »Wie wir es schaffen, durch den Tag zu kommen? Das kann ich Ihnen sagen«, meint Favio. »Wir erzählen uns Witze. Die Männer da unten haben sich wahrscheinlich auch gerade Witze erzählt.« Sie sind seit fünf Stunden unten, sieben Stunden haben sie noch vor sich. Ob sie Dynamit wollen, als Geschenk? Ja, wollen sie.

Auf dem Weg nach draußen kommen Sie an der Figur eines Dämons vorbei. Der Dämon heißt *Tío*. Der Onkelteufel. Er hat eine Zigarette im Mund, ein Bier in der Hand und eine große hölzerne Erektion im Schritt. Die Minenarbeiter sind zwar fast alle katholisch, aber hier unten huldigen sie dem Teufel. Wer sonst sollte hier Macht haben? Sie huldigen ihm, bis sie fünfunddreißig sind, vielleicht vierzig, und dann sterben sie. Sie sterben bei Unfällen oder an der Silikose, einer Krankheit, die jemand als »die Vereinigung von Staub und Lunge« bezeichnet. Sie hinterlassen Söhne, die in einem Berg arbeiten werden, der etwas weniger Silber enthält als zu Zeiten ihrer Väter und deren Väter.

Am Ausgang wartet Sonnenlicht und saubere Luft. Das ist besser. Bis Sie in der abgetönten Scheibe Ihres Minivans Ihr Spiegelbild erblicken: Ihre Wangen sind schwarz, Ihr Hals ist schwarz, Ihre Lippen sind schwarz. Die Wahrheit ist, auch Sie sehen aus wie ein Teufel.

DAS ERHABENE, REVIDIERT

Wie immer ist die Warnung zugleich ein Versprechen: *Inhalt und Sprache dieser Sendung könnten auf manche Zuschauerinnen und Zuschauer verstörend wirken.* Ein Versprechen wie ein Krankenwagen, eine Narbe oder ein Stau infolge eines Unfalls.

Die Sendung heißt *Intervention*, und jede Folge ist nach dem Drogenabhängigen benannt, um den es diesmal geht:

Jimbo, Cassie, Benny, Jenna. Danielle stellt zwölf verschreibungspflichtige Fläschchen auf den Wohnzimmertisch, und ihre achtjährige Tochter sagt: »Ich weiß, dass die echte Mama in ihr drin ist und bald rauskommt.« Sonia und Julia sind magersüchtige Zwillinge, die einander durchs Haus folgen, damit keine mehr Kalorien verbrennt als die andere. Alle haben Wunden: Gloria trinkt, weil sie Brustkrebs hat. Danielle schluckt die Schmerztabletten ihrer Mutter, weil ihr Vater trinkt. Marci ist Alkoholikerin, weil sie das Sorgerecht für ihre Kinder verloren hat, weil sie Alkoholikerin ist.

Andrea ist neunundzwanzig. Seit neun Monaten lebt sie nicht mehr mit ihrem Mann und ihren Kindern zusammen. Sie bringt ihre Tage damit zu, Rum zu trinken, den ihre Mutter sorgfältig rationiert. Sie nimmt einen Schluck und sagt zu ihrer Mutter: »Der ist dafür, dass du mich nie zum Therapeuten geschickt hast.« Mit der einen Hand umklammert sie eine Flasche Captain Morgan, mit der anderen eine Literflasche Pepsi. Überall am Körper hat sie blaue Flecken, weil sie über Stühle gestolpert, gegen Türrahmen gerannt oder auf den Boden gefallen ist. Erhöhte Anfälligkeit für Blutergüsse kann ein Anzeichen für eingeschränkte Leberfunktion sein, klärt uns die Sendung auf. Wir nehmen die Perspektive von Wissenschaftlern ein. Durch ihre Augen blicken wir auf die violett geschwollenen Stellen.

Die Kamera versucht, Monotonie in etwas Interessantes zu verwandeln. Die ausdauernde Gleichförmigkeit der Sucht wird durch Verdichtung prickelnder: Der Pegel einer Whiskey-Flasche fällt im Zeitraffer, leere Flaschen liegen wie ein Krebsgeschwür in der Ecke, eine Abfolge von Fotos zeigt eine Frau an den Stationen ihres Kreuzwegs – Sünderin, Märtyrerin, Leiche. Ein lächelndes Baby, ein pockennarbiger Crystal-Meth-Zombie, ein düsteres Fahndungsfoto.

Die nüchterne Andrea redet über ihre Verantwortung. Die betrunkene Andrea redet über ihr Elend. Sie bringt einen Toast aus auf den traumatischen Doppelknoten, aus dem ihr Leben besteht: der abwesende, alkoholsüchtige Vater, die Vergewaltigung mit vierzehn. Wenn sie betrunken ist, glaubt sie nicht, dass ihr Leben etwas anderes sein kann als Leiden.

Die Gliederung der Sendung stützt implizit Andreas Opfernarrativ. Sie muss schließlich eine Geschichte erzählen, und Andrea hat eine parat, die nach dem gnädigen, befriedigenden Prinzip von Ursache und Wirkung gestrickt ist: vergewaltigt worden, nicht angehört worden, verlassen worden, abhängig geworden. Das Fernsehformat muss eine Genealogie ihrer Dysfunktionalität entwerfen. Trunksucht ist interessanter, wenn sie als Bestandsaufnahme von Traumata gelesen werden kann, nicht als deren Grund. Ehemalige Alkoholiker sprechen manchmal von dem Gefühl, das Handbuch des Lebens, über das alle anderen verfügen, nicht bekommen zu haben. Hier sind ein paar Ersatzanweisungen: Verlier deinen Job und betrink dich. Verlier dein Kind und betrink dich noch mehr. Verlier alles, so wie Andrea. Hör auf zu trinken. Vielleicht schafft sie es.

Jason, der Vater ihrer Kinder, grüßt sie kaum, wenn sie einmal im Monat die Kinder besuchen kommt. Sie spricht von ihm immer noch als ihrer großen Liebe. Er nuschelt »Alles klar« und kocht weiter Mittagessen. Ein Interview lehnt er ab. Das pädagogische Programm der Sendung muss ohne ihn auskommen. Er hat aufgegeben. Er weint nicht auf der anderen Seite der Badezimmertür, er windet ihr nicht die Flasche aus den Händen. Er ist einfach weg.

Wir Zuschauer aber, wir sind nicht weg. Wir bleiben bei Andrea, nachdem sie sich von ihren Kindern verabschiedet hat. Wir sehen ihr dabei zu, wie sie sich wieder betrinkt. Wir bekommen eine Ahnung davon, warum es für Jason so schwierig war, bei ihr zu bleiben.

Der Sendung ist es ein großes Anliegen, wieder und wieder zu betonen, dass die Beteiligten ihrer Teilnahme an einer Reality-Show über Sucht zugestimmt haben, aber nicht wissen, dass in ihr Leben eingegriffen werden soll. Das zu glauben fällt schwer, wenn man weiß, dass *Intervention* die meistgesehene Reality-Show über Abhängigkeit in den USA ist. Aber die Leute wollen es glauben, darum geht es. Sie wollen etwas wissen, was der oder die Abhängige noch nicht weiß. Sie wollen, dass die Intervention überraschend kommt, dass sie kathartisch und überwältigend ist. Sie wollen wissend nicken können. *Wirf dein Leben nicht weg, Andrea*, würden sie sagen, wenn sie wirklich dabei wären. *Du kannst es schaffen, glaub mir.*

In seiner Theorie über das Erhabene führt der Philosoph Edmund Burke im 18. Jahrhundert den Begriff des negativen Schmerzes ein: Er geht davon aus, dass eine Empfindung des Schreckens – gepaart mit dem Gefühl von Sicherheit und der Möglichkeit, nicht hinsehen zu müssen – ein Gefühl des Wohlgefallens auslösen kann. Eine Frau kann mit einem Glas Chardonnay in der Hand auf dem Sofa sitzen und einer anderen Frau dabei zusehen, wie sie ihr Leben versäuft. Das Fernsehen ist ein Portal, das sich zum Schrecken hin öffnet, und ein Bildschirm, der ihn auf Distanz hält. Es legt Burkes Erhabenes neu auf, als sublimen Voyeurismus, der nicht mehr von ehrfürchtigem Erstaunen angesichts der Schrecken der Natur handelt, sondern von Faszination für die Abgründe menschlicher Schwäche.

Die Fachleute, denen die Intervention obliegt, werden »Interventionisten« genannt, was wie der Titel eines Blockbusters über die Apokalypse klingt. In mir entsteht das Bild einer Truppe aalglatter, schwarzgewandeter Helden, die der Welt wegen ihrer krankhaften Abhängigkeit von Kapitalismus und Öl ein Ultimatum stellt. Die Interventionisten hier sind freundliche, ältere Leute in informeller Geschäftskleidung. Fast immer betonen sie die Einmaligkeit der Situation: »Eine solche Chance bekommen Sie nie wieder«, sagen sie. Sie meinen, was sie hoffen: dass dieser Moment das Leben des oder der Abhängigen säuberlich scheidet in ein Davor und ein Danach.

Es stimmt natürlich: Für die Abhängigen wird es wahrscheinlich die einzige Intervention dieser Art – also im Reality-TV – bleiben. Anders als für uns, das Publikum: Wir erleben die einmalige Intervention jeden Montagabend um neun. Das Unwiederholbare wird wiederholt. Jede Woche ein Rückfall und am Ende erneut der Schwur, ab jetzt clean zu bleiben. Auf die Epiphanie folgt der nächste Rausch. Wieder erbricht eine erwachsene Frau auf das Sofa ihrer Mutter. Wieder wird eine Nadel in eine längst zerstochene Vene gerammt. Das Verstörende wird versprochen, vorgezeigt, aufgelöst – und dann abermals zum Leben erweckt, um ein weiteres Mal geheilt zu werden.

SOUTH CENTRAL SIGHTSEEING

Kommen Sie für die Gang-Tour zum Treffpunkt vor einem Gebäude namens Dream Center in Silver Lake, einem angesagten Stadtteil von L.A. Davor scharen sich schon erwachsene Menschen um einen Bus wie Schulkinder vor einem Ausflug. Zahlen Sie fünfundsechzig Dollar. Eine Flasche Wasser ist im Preis inbegriffen. Beachten Sie die Kirchengemeindegruppe aus Missouri, zwanzig Mann stark und blond und ausgestattet mit prall gefüllten Einkaufstüten voller Snacks: Teddy Grahams, Pringles, Paprika-Sticks. Beachten Sie auch die erstaunliche Anzahl von Australiern, die ruhelos umhertigern. Einer von ihnen heißt Tiny, ist aber alles andere als klein. Er scheint mit seinem Sohn da zu sein, einem Teenager mit kurzen Baggy Pants und Zahnspange.

Der Erfinder und Guide der Gang-Tour heißt Alfred. Er war US-Marine, dann Gangmitglied, jetzt ist er Unternehmer. Er macht Inner-City-Witze wie »Wir lassen die Fenster geschlossen, die Tour ist heute ohne *drive-bys*«. Außerdem hat der Bus eine Klimaanlage. Alfred hat drei weitere Jungs angeheuert, die ihm bei der Stadtführung helfen – alles ehemalige Gangmitglieder, die wegen ihrer Vorstrafenregister nur schwer Jobs bekommen und aus ihren Erfahrungen jetzt Geschichten für Touristen machen. Sie sind Kuratoren und Ausstellungsstücke in einem. Wenn sie nicht gerade mit einer Tour unterwegs sind, arbeiten sie in den Vierteln, die bei diesen Touren besichtigt werden, als Konfliktmediatoren. Die fünfundsechzig Dollar, die Sie bezahlt haben, dienen der Finanzierung dieser Projekte.

Ihr Freund, der Drehbuchautor, trifft ein, mit einem halb getrunkenen Chai in der Hand, der nicht geschmeckt hat. Er macht Ihnen ein Kompliment für das taktvolle Gelb Ihres Kleides – weder Crips-Blau noch Bloods-Rot. Sie erinnern sich an Grundschulausflüge nach Downtown, vor denen Sie und die anderen Westside-Kinder ausführliche Belehrungen über innenstädtische Gang-Farben bekommen haben. Ihr Unterbewusstsein hält sich bis heute daran. Der Gruppenleiter aus Missouri, den Alfred liebevoll »Pastor« nennt, ist ein Typ mit Igel-Frisur. »Wo ist Pastor?«, fragt Alfred, wenn er etwas erzählt, was Pastor eventuell interessieren könnte.

Im Bus geht es mit den Witzen weiter (»Für den Notfall finden Sie kugelsichere Westen unter Ihren Sitzen.«), während sich draußen die Gegend ändert. Die Bungalows von Silver

Lake bleiben hinter Ihnen zurück, und Sie sehen die Lagerhäuser von Downtown und die Zeichen einer hybridisierten Stadt, die *papuserías* und vietnamesischen Suppenläden, das Spanglish der Werbeschilder: *Thrift Store y Café*. Unter 1-800-72-DADDY können Väter garantiert Sorgerecht oder zumindest Besuchsrecht bekommen.

Die Guides stehen abwechselnd vorne im Bus und erzählen ihre Geschichte. Einer von ihnen – nennen wir ihn Capricorn – zeigt auf den Sozialwohnungsblock, in dem seine erste Freundin lebt. »Die geht bis heute nicht ran, wenn ich anrufe«, sagt er. Ein anderer fährt Statistiken auf: jede Straftat, jedes Urteil, jedes Gefängnis und die genaue Menge Koks, für die er jeweils eingesessen hat. Der Dritte schildert einen brutalen Revierkampf am ersten Tag in der Highschool, als Kids aus drei verschiedenen Grundschulen – und damit Anhänger dreier verschiedener Gangs – zusammengepfercht wurden und aufeinander losgingen, bis die Polizei kam. Er benutzt den Slang-Begriff *clapping*, und Sie denken, damit sei eine Art Handzeichen gemeint. Sie werden eines Besseren belehrt. Sie erfahren, dass Kids ihre erste Schusswaffe mit elf oder zwölf bekommen.

Sie hören in dem, was diese Jungs heute über ihr damaliges Leben erzählen – über die Waffen und die Verhaftungen, über die monströsen Mengen an Geld, die im Umlauf waren –, nostalgische Untertöne. Hochmut kommt vor dem Fall und danach auch wieder. Aber Sie hören auch ihre zutiefst aufrichtige Klage über die Bedingungen in diesen Straßen: Mit welcher Deutlichkeit die gangbaren Pfade vorgegeben sind, mit welcher Unerbittlichkeit jeder Versuch bestraft wird, andere Wege zu gehen. Doch jetzt liegen die Dinge anders. Diese Männer sind aus dem Gefängnis gekommen mit dem Willen, ihr Leben zu ändern. Wenn Alfred sagt: »Ich bin ein spiritueller Mann«, vergewissert er sich, dass Pastor auch zuhört. Seine

Läuterung betrifft alle Aspekte seines Lebens. Er erzählt von dem Ringen um einen größeren Wortschatz: »Das Wort *Gentrifizierung* habe ich in der Einzelhaft gelernt.« Oder: »Unter der Dusche übe ich Wörter wie *Rückfallkriminalität*.« Die Lebensgeschichte von Capricorn bezeichnet er als »Ghetto-Parabel«.

Der Wissenschaftler Graham Huggan definiert Exotismus als eine Erfahrung, »die auf der angenommenen Verführungskraft von Differenz beruht, dabei aber vor echter Involviertheit schützt«. Man ist im Ghetto, aber nicht wirklich: Das Ghetto rollt als perfektes Panorama seiner selbst vor dem Fenster vorbei. *Die Tour ist heute ohne drive-bys.* Wir fahren einfach nur vorbei.

Wir passieren das alte Bezirksgefängnis von Los Angeles, das überraschend schön ist. Es hat eine hübsche steinerne Fassade und prächtige Säulen. Das neue Gefängnis – die sogenannten »Twin Towers« – ist das Gegenteil von schön, ein ungesund fleischfarbenes Stuckpanoptikum. Alfred schnappt sich das Mikro und redet über die Zeit, die er darin abgesessen hat: zehn Mann in einer für sechs ausgelegten Zelle, bei behördlichen Inspektionen wurden die Überzähligen in Schränken und Küchen versteckt. Er erzählt von den Ratten, die er »Freeway Freddies« nennt. Es war ein komplettes Ökosystem da drinnen, genau wie hier draußen: Ein ganzes Viertel, das nichts anderes tut als Kautionsscheine verticken. Es gibt Abba Bail Bonds, Jimmie Dright Jr. Bail Bonds, Big Dog Bail Bonds (die Werbebotschaft: *Ich bin trotzdem der Härteste*) und Aladdin Bail Bonds (*jeder hat einen dritten Wunsch frei*). Die Kautionsbüros erinnern Sie daran, dass jeder Typ im Knast eine Mutter hat und dass wahrscheinlich jede dieser Mütter eine Geschichte darüber erzählen könnte, wie sie zu der Straße mit den Kautionsbüros gegangen ist und nicht wusste, für welches der Büros sie sich entscheiden sollte.

Von Downtown aus geht es nach South Central, dann weiter nach Watts. Die zerklüftet in den blauen Himmel ragenden Watts Towers wirken unheimlich und verwunschen, wie von einer Hexe errichtet. Capricorn erzählt Ihnen, dass er da schon hochgeklettert ist. Wie die meisten Kids in Watts. Viele Männer hier lassen sich das markante, skelettartige Kegelprofil der Türme auf den Rücken oder den Bizeps tätowieren. Eines der Mädchen aus Missouri fragt: »Woraus sind die gemacht?« Und Capricorn antwortet: »Wonach sieht's denn aus?«

Sie mögen diese Art Stadtführung, bei der es so etwas wie eine dumme Frage doch gibt, obwohl Ihnen diese Frage gar nicht so dumm vorkommt. Woraus sind sie denn gemacht? Schließlich grummelt Capricorn: »Aus Muscheln und so Zeug.« Später erfahren Sie, dass er recht hat. Sie bestehen aus Muscheln, Stahl, Mörtel, Glas und Keramik. Ein Einwanderer namens Simon Rodia hat aus italienischer Volkskunst eine Vorlage für Generationen von Gang-Tattoos werden lassen.

Capricorn erzählt, dass er sich für seinen Namen entschieden hat, bevor er sein Sternzeichen kannte. Dann stellte sich heraus: Er ist tatsächlich Steinbock. Er wird von einem Typen namens Puppet angerufen, geht aber nicht ran. Er sagt: »Damit will ich jetzt grade nichts zu tun haben.« Er sagt, dass er bis heute davon ausgeht, dass sein Telefon abgehört wird – von wem, sagt er nicht –, weswegen er fast jede Woche ein neues kauft und die alten seinen Nichten und Neffen schenkt. Ihr Freund, der Drehbuchautor, fragt: »Dann werden jetzt also die Telefone Ihrer Nichten und Neffen abgehört?« Capricorn lacht nicht. Ihr Freund verrät ihm, dass Sie von hier sind, aus Santa Monica, und Sie schämen sich, denn Sie wissen, dass Santa Monica nicht *hier* ist.

Hier, Watts, heißt: pastellfarbene Häuser mit verschnörkelten Fenstergittern. *Hier* heißt Garagenflohmärkte mit Containern voller Plüschtiere und gebrauchter Wasserpistolen. *Hier heißt: Crips-Territorium.* »Zuschauer bei Katastrophen sein, die sich in einem anderen Land ereignen«, schreibt Susan Sontag, »ist eine durch und durch moderne Erfahrung.« Diese Stadtführung fühlt sich unter anderem deswegen so merkwürdig an, weil Sie die Haltung einer Touristin einnehmen – *Wie viele Menschen sind hier schon erschossen worden? Wie ist es, hier als Junge groß zu werden?* –, aber selbst nur ein paar Kilometer entfernt aufgewachsen sind.

Alfred sagt, dass bei Gangkriegen in Los Angeles mehr Menschen gestorben sind als im Nordirlandkonflikt. So haben Sie darüber noch nie nachgedacht, und genau das ist der Punkt: Niemand denkt so darüber nach. Eigentlich sieht alles ganz normal aus hier. Die South Central Avenue ist eine etwas heruntergekommene Aneinanderreihung von Ladenzeilen und Autolackierereien. Watts besteht aus vertrockneten Rasenflächen, die früher mal gebrannt haben. 1965 stand Watts in Flammen. Schwarze Jugendliche, die nicht bei den Pfadfindern aufgenommen worden waren, hatten die Schnauze voll. Sie gründeten eigene Vereine. Fünfunddreißigtausend Menschen probten den Aufstand. 1992, als Rodney King von Polizisten zusammengeschlagen worden war, hatten Tausende Menschen, die 1965 noch Kinder gewesen waren, erneut die Schnauze voll. Den Leuten reichte es. Reginald Denny reichte es, dem weißen Lastwagenfahrer, dem der Kopf mit einem Ziegelstein zertrümmert wurde.

Sie versuchen, sich daran zu erinnern, was Sie zu der Zeit über Rodney King dachten, aber Sie erinnern sich nicht. Kann das sein? Es fällt Ihnen einfach nicht mehr ein. Sie waren neun Jahre alt. Es gibt eine schwache Erinnerung daran, dass irgendetwas in Ihnen trotzig reagierte: *Aber die Polizisten hätten ihn doch nur geschlagen, wenn er auch wirklich was gemacht hat.* Sie wollten noch an Uniformen und ein Ordnungssystem glauben, das Ihnen immer gute Dienste geleistet hatte. An O.J. Simpson erinnern Sie sich besser als an Rodney King. O.J. Simpsons Exfrau wurde in Brentwood ermordet, dort sind Sie zur Schule gegangen.

Rodney King wurde eingekreist und dann zusammengeschlagen. Sechsundfünfzig Mal wurde mit Schlagstöcken auf ihn eingedroschen. Zwei Polizisten haben ihm das Gesicht zertreten. Wo waren Sie damals? Sie waren noch ein Kind. Sie lebten an der Küste. Andere Kinder lebten weiter östlich, dort, wo Menschen von Wut gepackt wurden und an der Ecke Florence und Normandie einen Lastwagenfahrer zum Opfer dieser Wut machten – Wut über den Freispruch der Polizeibeamten Koon und Powell, Wut über Ventura County, wo kein einziger Schwarzer in der Jury saß. Dort, wo die Wut weiterkochte und die Feuer tagelang brannten.

Der tiefgekühlte Bus überquert den in seine Betonkorsage geschnürten L. A. River, trauriges Sinnbild und Kondensat innerstädtischer Wüstenei. Die graue Uferbefestigung trägt Flecken von hellerem Grau, da, wo Graffiti mit Farbe überpinselt worden ist. Alfred zeigt auf ein langes Stück übermalten Uferbetons – drei Stockwerke hoch und mehr als einen Kilometer lang. Hier stand früher das größte Graffiti-Piece der Welt, »MTA« für Metro Transit Assassins. Es war auf Google Earth zu erkennen. Jetzt wirkt der graue Beton wie ein überdimensionierter Grabstein – eine von vielen Narben des Kampfes zweier Machtsysteme, zweier städtischer Strukturen, die Anspruch auf denselben Raum erheben.

Alfred erteilt eine Lektion in Graffiti-Taxonomie: Er erklärt uns den Unterschied zwischen einem *Tag*, einem *Flare* und einem *Roller*, zwischen einem *Masterpiece* und einem *Throw-up*.

Ein Masterpiece hat mehr als drei Farben. Ein Throw-up bedeutet normalerweise blasenförmige Buchstaben, klingt aber, als würde man die Farben erbrechen. Auf einer Hauswand in Downtown sehen Sie ein gemaltes Gesicht, das Regenbogen ausspeit. Auf der gegenüberliegenden Straßenseite ist ein Piece, das aussieht wie ein vom Sonnenuntergang beleuchteter Eisbär. »Schau das Throw-up da an«, sagen Sie zu Ihrem Freund, dem Drehbuchautor. »Das ist ein Masterpiece«, korrigiert er und weist Sie auf die fünf Farben hin. Sie erfahren, dass Graffiti-Sprayen in Kalifornien grundsätzlich strafbar ist. Sie erfahren, dass sexy Mädchen mit Totenköpfen *Sugar Skulls* heißen. Sie erfahren, dass drei unters Auge tätowierte Punkte für *la vida loca* stehen. Was wiederum dafür steht, dass der Träger des Tattoos vorhat, diesem Leben treu zu bleiben. Sie finden, dass die Punkte wie der Schwerkraft enthobene Tränen aussehen. Sie haben nicht die geringste Ahnung, um welches Leben es geht, und wenn es Tränen sind, ob sie für ein Bekenntnis oder eine Lossagung stehen oder für irgendwas dazwischen. Tinys Sohn fragt Alfred eifrig: »Hast du früher viel getaggt?« Von Capricorn will er wissen, ob seine Familie noch in Watts lebt und ob wir sie – falls ja – im Laufe der Tour noch zu Gesicht bekommen.

Der Ausflug endet unter einem sinnlichen Sugar Skull, Teil eines riesigen Wandbildes, in dessen Zentrum in leuchtend blauen Buchstaben »Big Los Angeles« steht. Davor posieren Sie alle und machen »Gang-Fotos«. Oder vielleicht posieren Sie nicht, weil Sie befangen sind, es fühlt sich nicht richtig an. Aber die Australier sind mit Feuereifer bei der Sache, formen Gang-Symbole mit den Fingern und grimassieren wie harte Jungs. Ein Mädchen aus Missouri bekommt von ihren Freundinnen Tipps für ihre Posen – »Du musst abgebrühter schauen!« –, verbockt es aber, weil sie nicht aufhören kann zu grinsen. Pastor lässt sich zusammen mit dem Busfahrer fotografieren, der sein

Hemd ausgezogen hat und eine tintenschwarze Brust vorführt, auf der für jedes Jahr im Gefängnis eine Rose zu sehen ist.

Auf seltsame Weise sind diese Fotos als Abschluss der Tour passend. Sie begreifen Gang-Gewalt immer mehr als Symptom eines größeren zivilen Konflikts, dessen Dimension wir erst zu erahnen beginnen, und jetzt schauen Sie zu, wie Kirchengemeinde-Kids ihre Finger verbiegen, um die Zeichen für *Eastside* und *Killaz* zu formen. Vielleicht wird Pastor sein Profilbild auf Facebook ändern und das Foto von sich und Capricorn beim Händedruck echter Männer reinstellen. »Fotos objektivieren«, schreibt Sontag, »sie machen aus einem Geschehen oder einer Person etwas, das man besitzen kann.« Pastor gehört jetzt eine kleine Ecke des Ghettos – oder, vielleicht präziser: Ihm gehört ein Augenblick seiner eigenen Erfahrung. Er kann sein gesteigertes Bewusstsein wie ein Mitbringsel einpacken. Seine geöffneten Augen sind ein Talisman, den er mit nach Hause nimmt. Sie hoffen, dass die Tour Ihnen und den anderen eine andere Version Ihrer selbst schenkt – dass sie als aufgeklärtere, bessere Menschen daraus hervorgehen.

Sie stellen sich die Predigt in Branson, Missouri, am nächsten Sonntag vor: Capricorn und Alfred, von Pastor mit auf die Kanzel beschworen als Geister einer wunderbaren Läuterung. Vielleicht sagt er: *Sie glauben nicht, was diese Männer für eine Kehrtwendung hingelegt haben.* Vielleicht durchbricht die Gemeinde die Stille mit ihrem Beifall.

Auch Sie würden dieser Predigt Beifall spenden. Diese Männer sind inmitten von Gewalt aufgewachsen, sie sind *von* der Gewalt erzogen worden, und jetzt leben sie anders. Lässt sich mit tief empfundener Aufrichtigkeit und ohne irgendwelche Einschränkungen sagen, dass es nicht möglich ist, den Blick von dem abzuwenden, was diese Tour Ihnen gezeigt hat? Dass es wichtig ist, sich an sie zu erinnern?

Sie fühlen sich unwohl. Um genau dieses Unwohlsein geht es. Reibung entsteht durch die Asymmetrie, die diese Tour so anschaulich macht: Der Stoff Ihres anregenden Vormittags ist der Stoff, aus dem anderer Leute Leben – und Sterben – besteht. Das Unbehagen, das Sie empfinden, rührt nicht von Ihrer problematischen Anwesenheit in South Central, das durch die Lüftungsschlitze der Klimaanlage gefiltert wird, sondern von Ihrer immerwährenden Abwesenheit, diesem ständigen Woanders-Sein, Weit-weg-Sein, Außer-Hör-, Sicht- und Schussweite-Sein, irgendwo zwischen Strand und Bistro entlang des Pacific Coast Highway.

Wofür ist diese Stadtrundfahrt gut, wenn nicht dafür, dass etwas aus ihr folgt? Sie sind so lange nur Tourist im Innern des Leidens anderer, bis Sie dieses Leiden nicht mehr aus dem Kopf kriegen. Bis Sie es mit nach Hause nehmen – auf die andere Seite des Freeway, einmal quer durchs Land, übers Meer. Keine Kaution, kein Freikaufen. Puppet klingt in Ihnen nach. Die Siebtklässler, die sich mit Waffen bekriegen und das *clapping* nennen, klingen nach. Ihre Beschämung klingt nach. Vielleicht ist moralische Empörung nichts anderes als die Kulmination eines Nachklingens, das nicht mehr aufhört. Bereiten Sie sich darauf vor, eine Weile damit zu leben. Trinken Sie genug Wasser, bevor Sie losfahren. Ihre peinliche Privilegiertheit wird Ihnen beständig die Hitze ins Gesicht treiben. Die Wahrheit dieses Ortes ist grenzenlos und nicht kleinzureden, und es kann sein, dass Sie im Gegenzug nichts als selbstreflexive Seelenpein anzubieten haben. Es kann sein, dass Sie wegen der laut klappernden Maschine Ihrer Schuldgefühle nicht viel verstehen. Versuchen Sie trotzdem zuzuhören.

Der ewige Horizont

Am westlichen Rand des Frozen Head State Park bläst ein Mann in einem rostbraunen Trenchcoat kurz vor Sonnenaufgang in ein riesenhaftes Muschelhorn. In den Zelten regen sich die Läufer. Sie füllen ihre Wasserbeutel. Sie tapen ihre Blasen. Sie nehmen ein Frühstück von tausend Kalorien zu sich: Pop-Tarts, Schokoriegel, für Senioren entwickelte Energiedrinks. Manche beten. Andere bestücken ihre Gürteltaschen. Der Mann mit dem Trenchcoat sitzt, eine Zigarette zwischen den Fingern, in einem ergonomisch geformten Gartenstuhl neben dem berühmten gelben Gatter und bläst ein weiteres Mal in sein Muschelhorn. Noch zwei Minuten.

Vor ihm versammeln sich die Läufer und machen Dehnübungen. Sie werden gleich einhundertsechzig Kilometer durch die Wildnis laufen – gesetzt den Fall, sie haben genug Kraft und Glück, um so weit zu kommen, was nicht sehr wahrscheinlich ist. Sie warten angespannt. Wir, die Zuschauer, warten angespannt. Blasses Licht färbt zaghaft den Himmel. Neben mir hat ein mageres Mädchen ein mageres Hündchen auf dem Arm. Sie ist tausend Kilometer aus Iowa gekommen, um ihren Vater in der grauen Morgendämmerung verschwinden zu sehen.

Aller Augen ruhen auf dem Mann mit dem Trenchcoat. Exakt um sieben Uhr zwölf erhebt er sich aus seinem Gartenstuhl und zündet seine Zigarette an. Sobald deren Spitze rot glüht, hat das Rennen, das als Barkley-Marathon bekannt ist, begonnen.

Das erste Rennen war ein Gefängnisausbruch. Am 11. Juni 1977 entkam James Earl Ray, der Mann, der Martin Luther King erschossen hat, aus dem Brushy Mountain State Penitentiary in Morgan County und floh über die mit Dornengestrüpp bewachsenen Hügel im Norden von Tennessee. Mehr als einundfünfzig Stunden später wurde er gefasst. Er war gut dreizehn Kilometer weit gekommen. Mancher, der das hört, mag sich fragen, wie Ray es geschafft hat, seinen Ausbruch zu versemmeln. Einer hörte es und dachte nur: *Dieses Gelände muss ich mir ansehen!*

1986 verwandelte dieser Mann – der Mann im Trenchcoat, der bürgerlich Gary Cantrell heißt, sich selbst aber Lazarus Lake nennt – jenes Gelände in die Bühne für ein mittlerweile legendäres Ritual: den Barkley-Marathon, der jedes Jahr (traditionell entweder am »Lazarus Friday«, zwei Tage vor Palmsonntag, oder am 1. April) in der Nähe von Wartburg, Tennessee, abgehalten wird. Lake (den man hier Laz nennt) betitelt ihn »Das Rennen, das seine Kinder frisst«. Auf den Lätzchen der Läufer steht jedes Jahr etwas anderes: *Leiden ohne Grund* oder *Für manchen Fleiß gibt's keinen Preis.* Vor dem Rennen in diesem Jahr – 2010 – haben es nur acht Männer je ins Ziel geschafft. Den Barkley-Marathon finden sogar Menschen extrem, die sich aufs Extreme spezialisiert haben.

Was ist so krass daran? Man läuft querfeldein. Aufs Ganze gesehen muss ein Höhenunterschied überwunden werden, in den der Mount Everest fast zweimal hineinpassen würde. Endemische Gewächse namens Sägedornsträucher schaffen es ohne weiteres, ein menschliches Bein innerhalb weniger Meter in rohes Fleisch zu verwandeln. Die steilen Anhöhen tragen Namen wie *Rat Jaw* (Rattenkiefer), *Little Hell*, *Big Hell* oder *Testicle Spectacle* (Hodenspektakel) – Letzterer heißt so, weil er die meisten Läufer dazu inspiriert, sich zu bekreuzigen (vom Schritt zur Brille und von einer Schulter zur anderen). Dann gibt es noch den *Stallion Mountain* (Hengstberg), den *Bird Mountain* (Vogelberg), *Coffin Springs* (Sargquelle), die *Zipline* (Seilrutsche) und einen zerklüfteten Abschnitt auf einem Bergkamm, der dieses Jahr neu ist und unter dem schlichten Namen *The Bad Thing* firmiert.

Das Rennen besteht aus fünf Runden auf einem Kurs, der offiziell zweiunddreißig, in Wirklichkeit aber wahrscheinlich über vierzig Kilometer lang ist. Die Moral dieser verqueren Wahrheit ist, dass Standardmaße hier keine Rolle spielen. Beim Barkley's ist das die Moral einer ganzen Menge verquerer Wahrheiten. Die Gesetze der Physik und der menschlichen Erträglichkeitsgrenzen sind hier ersetzt worden von Laz' sehr eigenen Launen. Auch wenn das Rennen tatsächlich »nur« hundert Meilen, also hundertsechzig Kilometer, lang wäre – es wären immer noch »Barkley-Meilen«. Männer, die ihre hundert Meilen eigentlich in zwanzig Stunden laufen, schaffen hier vielleicht keine einzige Runde. Wenn Sie drei Runden schaffen, haben Sie vollbracht, was man hier als den *Fun Run* bezeichnet. Wenn Sie den allerdings *nicht* schaffen – und seien wir ehrlich: dass Sie ihn schaffen, ist unwahrscheinlich –, dann spielt Laz im Gedenken an Ihr Aufgeben den Zapfenstreich auf der Trompete. Das ganze Lager, wie dreckig und müde auch immer, rührt sich und hört zu – außer denen, die schlafen oder zu entkräftet sind, um es überhaupt mitzubekommen.

Hier dabei zu sein ist alles andere als einfach. Die Teilnahmebedingungen und das Auswahlverfahren werden nicht öffentlich gemacht. Es hilft, wenn man jemanden kennt. Die Zulassung liegt vollständig in Laz' persönlichem Ermessen, und sein Bewerbungsformular ist nicht gerade das, was man Standard nennen würde. Es enthält Fragen wie: »Was ist dein Lieblingsparasit?« Man muss einen Aufsatz schreiben zum Thema: »Warum es mir gestattet werden sollte, den Barkley zu laufen.« Fünfunddreißig Teilnehmer werden zugelassen. In diesem Jahr ist einer davon mein Bruder.

Julian ist eine »Jungfrau«, einer der fünfzehn Neulinge, die sich den Arsch aufreißen werden, um zumindest eine Runde zu Ende zu laufen. Julian hat es geschafft, nicht als »Menschenopfer« designiert zu werden, wie in jedem Jahr offiziell diejenige Jungfrau getauft wird, von der Laz glaubt, dass sie am wahrscheinlichsten spektakulär scheitert (üblicherweise der unerfahrenste Ultramarathonläufer). Spektakulär scheitern heißt, sich so lange zu verlaufen, dass man möglicherweise Dan Bagliones Rekord der geringsten Geschwindigkeit bricht: Dem fünfundsiebzigjährigen Baglione ist es im Jahr 2006 gelungen, in zweiunddreißig Stunden ganze zwei Meilen weit zu kommen. Was irgendwas mit einer defekten Lampenmütze und einem unerwarteten Bach zu tun hatte.

Es ist sicherlich irreführend, beim Barkley überhaupt von »verlaufen« zu sprechen. Näher an der Wahrheit dran ist es wahrscheinlich, wenn man sagt, man fängt schon vollkommen orientierungslos an, irrt mehrere Tage und Nächte verloren durch den Wald und braucht eigentlich ständig seinen Kompass, die Karte, die Anleitung, die Mitläufer und verbleibende Bruchstücke geistiger Gesundheit, um sich immer und immer wieder zu *ent*-verlaufen. Novizen versuchen üblicherweise, sich an einen Veteranen zu hängen, der den Streckenverlauf bereits kennt, werden aber meistens weggekratzt. »Wegkratzen« bedeutet, eine Jungfrau loszuwerden. Sie bückt sich kurz, um sich den Schnürsenkel zu binden, und wenn sie wieder hochschaut, ist der Veteran weg.

Am Tag vor dem Rennen trudeln die Läufer im Camp ein; in ihren regenbogenfarben schimmernden Ganzkörperanzügen gleiten sie durch die Luft wie Seehunde durchs Wasser. Sie kommen in Pick-ups und in Mietautos, in verrosteten Minibussen und in Wohnwagen. Auf ihren Nummernschildern steht »100Runnr« oder »Ult Man« oder »Crzy Run«. Sie haben Zelte in Camouflage-Optik und orangefarbene Jagdwesten dabei, skeptische Freundinnen und an alles gewöhnte Ehefrauen, winzige Reisehandtücher und winzige Hündchen. Auch Laz hat einen kleinen Hund (namens »Little Dog«) mit einem schwarzen Fleck um ein Auge, wie die Augenklappe eines Piraten. Little Dog verliert in diesem Jahr fast seinen Namen, nachdem er einen noch kleineren Hund trifft und zu fressen versucht – diesen mageren aus Iowa, von dem es in Wirklichkeit, wie sich herausstellt, zwei gibt.

Die Szene ist sehr männlich. Ich erfahre, dass es ein paar regelmäßig teilnehmende Frauen gibt, aber die schaffen selten mehr als eine Runde. Die meisten sichtbaren Frauen gehören wie ich zum Unterstützerteam von jemandem. Ich helfe Julian dabei, seinen Proviant und seine Ausstattung im Kofferraum zu sortieren.

Er braucht einen Kompass. Er braucht Schmerztabletten, Wachhaltetabletten und Elektrolyttabletten, er braucht Ingwerstücke zum Kauen gegen die Müdigkeit und ein »Verbandspäckchen« zum Blasen-Aufstechen, in dem sich eigentlich nur eine Nadel und ein paar Pflaster befinden. Er braucht Tape für den Zeitpunkt, an dem seine Zehennägel anfangen sich abzulösen. Er braucht Batterien. Den Batterien schenken wir besondere Aufmerksamkeit. Keine Batterien mehr zu haben ist das *Unter-allen-Umständen-zu-vermeidende-Allerschlimmste-was-überhaupt-passieren-kann*. Es ist aber schon passiert. Und zwar Rich Limacher, der eine Nacht unter einer großen Kastanie verbringen musste, was dem Baum den Namen »Limacher's Hilton« eingebracht hat. Unsere Killerapplikation ist eine Überhose aus dickem Klebeband, die wir den Chaps der Cowboys nachempfunden haben. Die Idee dabei: Sie sollen die Sägedornbüsche abhalten und Julian den Neid der anderen Läufer eintragen.

Traditionellerweise ist das Epizentrum des Camps ein am Tag vor dem Beginn des Rennens entfachtes Lagerfeuer, auf dem Hähnchen gegrillt werden. Um vier Uhr nachmittags lodert es bereits lichterloh. Ein Mann namens Doc Joe kümmert sich darum. Julian erzählt mir, dass Doc Joe schon seit Jahren auf der Warteliste des Rennens steht und sich (spekuliert Julian) in diesem Jahr als Helfer angeboten hat, um im kommenden Jahr einen Platz sicher zu haben. Wir treffen ein, als er gerade die ersten Hähnchenschlegel vom Grill spießt. Direkt im Feuer steht eine halbmeterhohe, bereits blubbernde Bohnenkonserve, aber die Stars dieser Vorführung sind eindeutig die kross geschwärzten und dick mit roter Sauce bestrichenen Vögel. Die Legende will es, dass die Hähnchen hier halbgetaut serviert werden und lediglich die Haut und »noch ein bisschen« wirklich durchgebraten sind.

Ich frage Doc Joe, wie er es anstellen will, den heiklen Punkt zwischen »gebraten« und »gefroren« exakt zu treffen. Er sieht mich an, als sei ich bescheuert. Die gefrorenen Hähnchen sind nur ein Gerücht, sagt er dann. Ich vermute, das ist nicht das letzte Mal, dass ich Barkley dabei erwische, seinen eigenen Mythos zu verfertigen.

An diesem Feuer bleiben die Gespräche selten lange banal. Ich komme mit John Price ins Gespräch, einem bärtigen Veteranen, der mir erzählt, dass er in diesem Jahr nur auf der Warteliste steht und deshalb aussetzt, aber trotzdem Hunderte von Kilometern gefahren ist, einfach um wenigstens »Teil des Ge-

schehens« zu sein. Unser Gespräch nimmt zunächst vorherseh-
bare Bahnen. Er fragt mich, wo ich herkomme. Ich sage: Los
Angeles. Er sagt, er liebt Venice Beach. Ich sage, ich liebe Venice
Beach auch. Dann sagt er: »Im nächsten Herbst gehe ich in
Rente, dann laufe ich zur Feier von Venice Beach nach Virginia
Beach.«

Ich habe schon gelernt, bei einer derartigen Verkündung
nicht erstaunt zu schweigen, sondern direkt mit praktischen
Fragen weiterzumachen. Ich erkundige mich: »Wo werden Sie
schlafen?«

»Hauptsächlich im Zelt«, sagt er. »Ein paar Mal im Motel.«

»Wollen Sie das Zelt im Rucksack mitschleppen?«

»O Gott, nein«, lacht er. »Ich werde einen kleinen Anhänger
ziehen, den ich mir um die Taille schnalle.«

Ich finde mich am Picknicktisch wieder, der mittlerweile
einem veritablen Bulimiker-Buffet gleicht, so beladen ist er mit
Supermarkt-Kuchen, buntstreuseligen Cookies und Brownies.
Dieser Tisch ist dafür bestimmt, Männern Nahrung zu geben,
die in den Folgetagen nicht viel mehr tun werden als eine unfassbare Menge an Kalorien zu verbrennen.

Der große Mann neben mir schlägt seine Zähne in einen
gigantischen Hähnchenschlegel. Seinen dritten – ich habe ihn
beobachtet. Weich steigt der Dampf des Hühnerbeins hinauf
ins Dämmerlicht.

»Wie ist es denn jetzt mit den gefrorenen Hühnchen?«, frage
ich ihn. »Wirklich nur ein Mythos?«

»In einem Jahr war's tatsächlich mal so«, erzählt er. »Gefroren, die Vögel, ungelogen.« Er hält inne. »Mann! Was war das
für ein tolles Rennen damals.«

Der Typ stellt sich als Carl vor – er ist breitschultrig, gutaus-
sehend und etwas weniger sehnig als die meisten seiner Mit-
streiter. Er erzählt mir, dass er in Atlanta eine Maschinenwerk-

statt betreibt. Wenn ich ihn richtig verstanden habe, bedeutet das, dass er mit seinen Maschinen andere Maschinen baut – oder eben Sachen, die keine Maschinen sind, Fahrradteile zum Beispiel oder Fliegenklatschen. Er arbeitet auf Bestellung. »Die Leute, die sich für verrückte Erfindungen interessieren«, seufzt er, »sind leider nie diejenigen, die sich das leisten können.«

Carl erzählt mir, dass er dieses Mal noch eine Rechnung offen hat. Als einer der wenigen Läufer, die den Fun Run in weniger als der offiziellen Zeit geschafft haben, blickt er bereits auf eine beachtliche Barkley-Geschichte zurück. Aber seine Leistung im letzten Jahr war armselig. »Ich bin kaum aus dem Camp rausgekommen«, meint er. Übersetzt heißt das, dass er knapp sechzig Kilometer gelaufen ist. Eine Riesenenttäuschung: Er hat noch nicht mal die zweite Runde geschafft. Er erzählt mir, dass er einfach nur todmüde war. Und todunglücklich, weil kurz davor seine Beziehung unschön zerbrochen war.

Aber jetzt ist er wieder da. Er strotzt vor Kraft. Ich frage ihn, wer aus seiner Sicht die hundert Meilen schaffen kann.

»Na ja«, meint er, »Mit Blake und AT ist immer zu rechnen.«

Die Genannten sind zwei »Alumni« (Leute, die schon mal die gesamte Distanz geschafft haben), die auch in diesem Jahr mitlaufen: Blake Wood, »Finisher« von 2001, und Andrew Thompson, »Finisher« von 2009. Die hundert Meilen zweimal zu schaffen wäre geschichtsträchtig. Sie in zwei aufeinanderfolgenden Jahren zu schaffen – das ist der Stoff, aus dem hier die Träume sind.

Blake ist Nukleartechniker in Los Alamos. Er hat seinen Doktor in Berkeley gemacht und eine schier unglaubliche Barkley-Bilanz: Sechs Mal den Fun Run vollendet, ein Mal ein komplettes Finish hingelegt und dann noch ein Fast-Finish, das lediglich von einem über die Ufer getretenen Fluss verhindert wurde. Wenn er vor einem steht, ist er einfach ein freundlicher, graumeliert schnurrbärtiger Papa mittleren Alters, der gern über seine Tochter redet, die sich für den olympischen Marathon qualifizieren will, und über die karierten Clownshosen, die er in diesem Jahr anziehen will, um sich auf der Strecke bei Laune zu halten.

Andrew Thompson alias AT ist ein jüngerer Typ aus New Hampshire, der mit einem Fast-Finish 2005 Berühmtheit erlangt hat, als er stark in die fünfte Runde ging, aber dann, geschafft von fünfzig Stunden Schlafentzug und körperlicher Extremanstrengung, buchstäblich den Verstand verlor. Er vergaß, dass er sich in einem Rennen befand, und brachte eine geschlagene Stunde damit zu, in den Schuhen Matsch zwischen den Zehen hindurchzuquetschen. Er ist danach jedes Jahr wiedergekommen, bis er es dann 2009 endlich schaffte.

Dann ist da Jonathan Basham, der Beste von ATs Helfern, der diesmal selbst an den Start geht. Ein starker Läufer, aber eigentlich wird über ihn nur im Zusammenhang mit AT geredet, der ihn »Jonboy« nennt.

Auch wenn Carl selbst das nicht sagt, erfahre ich doch von anderen, dass er ebenfalls ein aussichtsreicher Kandidat ist, einer der zähsten Läufer der diesjährigen Gruppe, ein DNF-Veteran (*did not finish*), der hungrig ist auf einen Sieg.

Es sind auch ein paar durchaus starke Jungfrauen im Starterfeld, darunter Charlie Engle, ein gestählter Ultraläufer, der schon quer durch die Sahara gelaufen ist. Wie viele Ultraläufer war er früher drogenabhängig. Mittlerweile ist er seit fast zwanzig Jahren clean, und sein neues Leben ist schon als Wechsel von einer Sucht zur anderen beschrieben worden: Adrenalin statt Drogen, von einem Extrem ins andere.

Wenn es so etwas geben sollte wie das Gegenteil einer Jungfrau, dann ist das wahrscheinlich John DeWitt: Er ist dreiundsiebzig Jahre alt und runzelig, trägt eine schwarze Skimütze, und seine raue Stimme klingt, als gehörte sie eigentlich zu einem Raucher oder einem Grizzlybären aus dem Zeichentrickfilm. Er erzählt mir, sein neun Jahre alter Enkelsohn habe ihn letztens bei einem Fünf-Kilometer-Lauf geschlagen. Irgendjemand bezeichnet ihn später als Tier. Er läuft dieses Rennen jetzt seit zwanzig Jahren – und hat noch kein einziges Mal ein Finish oder auch nur einen Fun Run geschafft.

Über das Lagerfeuer hinweg beobachte ich Laz. Wie er sich in seinem Trenchcoat die Hände über den Flammen wärmt, hat er etwas düster Majestätisches. Ich würde ihn gern kennenlernen, habe aber noch nicht genug Mut zusammen, um mich vorzustellen. Wenn ich ihn ansehe, muss ich an *Herz der Finsternis* denken. Wie Kurtz ist Laz ein kahlköpfiger Charismatiker, ein Regent in einem abgelegenen Reich, ein Händler mit menschlichem Schmerz. Er ist wie eine Kreuzung aus dem Colonel und meinem Großvater. Ohne Frage hat seine Orchestrierung dieser Hormon-Extravaganza, bei der Testosteron wie Dünger über viele Quadratkilometer mit Dorngestrüpp bestandener Wildnis verteilt wird, die Herrlichkeit der »Äußersten Station«.

Zu den Läufern spricht er mit einer nachsichtigen Zärtlichkeit, so als seien sie eine Horde launischer Söhne, die jedes Jahr beim Aufflammen seines Feuerzeugs außer Rand und Band geraten. Die meisten laufen seit Jahren »für ihn«. Alle haben Geschenke dabei. Jeder zahlt seine Startgebühr von einem Dollar sechzig. Alumni bringen Laz ein Päckchen seiner Lieblingszigaretten mit (Camel mit Filter), Veteranen schenken ihm neue Socken, und die Jungfrauen sind verantwortlich für die Nummernschilder. Wie Wäschestücke werden diese Nummernschilder am Rand des Camps aufgehängt, eine Wand aus schepperndem Blech. Julian hat eines aus Liberia mitgebracht, wo er – in seiner nichtsuperheldischen Inkarnation als Entwicklungsökonom – bei einem Mikrofinanzierungsprojekt mitarbeitet. Ich frage ihn, wie man in Liberia an ein überzähliges Nummernschild kommt. Er sagt, er habe jemanden auf der Straße angesprochen, der habe »zehn Dollar« gesagt, Julian habe ihm fünf gegeben, und dann war das Schild da. Laz bindet es sofort an einem Ehrenplatz fest, direkt in der Mitte, und ich sehe, wie Julian sich freut.

Während des gemeinsamen Essens brüten die Läufer über ihrer Streckenbeschreibung, fünf einzeilig bedruckten Blättern, auf denen steht, »wo genau es langgeht«. Trotzdem wird sich jeder Läufer – auch diejenigen, die die Strecke seit Jahren kennen – höchstwahrscheinlich mindestens einmal verlaufen, manchmal mehrere Stunden lang. Zuerst verstehe ich nicht, warum – *kann man nicht einfach der Beschreibung folgen?* –, doch dann lese ich selbst: Da steht Überraschendes (»die Biber am Kohlenteich waren dieses Jahr sehr fleißig, pass auf, dass du nicht auf einen der angespitzten Baumstümpfe fällst«) neben Offensichtlichem (»folge einfach dem steilsten Pfad hoch zum Gipfel«). Aber die genannten Orientierungspunkte wie »der Bergkamm« oder »der Fels« scheinen in Anbetracht der Gegebenheiten nur bedingt nützlich zu sein. Hinzu kommt die Schwierigkeit, den Weg in der Nacht zu bewältigen.

Die offiziellen Barkley-Anforderungen lesen sich wie eine Schatzsuche: Entlang der Strecke sind zehn Bücher deponiert, und die Läufer müssen die Seite mit ihrer Trikotnummer herausreißen. Bei der Buchauswahl merkt man Laz' Augenzwinkern: *Das grausamste Spiel*, *Testament mit Trauerrand*, *Heller Mond, dunkler Schatten* und tatsächlich *Herz der Finsternis*, eine Wahl, die all meine spontanen Assoziationen bestätigt.

Das große Thema dieses Jahr ist Laz' neueste Streckenergänzung: ein Zementtunnel, der direkt unter dem alten Gefängnis verläuft und in dem offenbar »eine Menge« Brackwasser ist. Um hineinzukommen, muss man über vier Meter tief springen, hinaus kommt man durch einen engen Betonschacht. Gerüchteweise leben in dem Tunnel Ratten von der Größe eines Opossums sowie – in der wärmeren Jahreszeit – Schlangen so dick wie Arme. Wessen Arme?, frage ich mich. Die meisten Männer hier sind eher drahtig.

Das siebte Buch an der Strecke hängt zwischen zwei Pfählen direkt neben der alten Gefängnismauer. In der Beschreibung steht: »Fast genau an der Stelle, wo James Earl Ray hinübergesprungen ist.« Und dann steht da noch: »Vielen Dank, James.«

Vielen Dank, James – dafür, dass du die Sache ins Rollen gebracht hast.

Laz nimmt sich heraus, das Rennen zu starten, wann es ihm beliebt. Er gibt nur das Datum bekannt und zwei Garantien dazu: dass es »irgendwann« zwischen Mitternacht und Mittag losgeht (*schönen Dank auch, Laz!*) und dass er eine Stunde vorher auf seinem Muschelhorn das erste Warnsignal bläst. Üblicherweise lässt Laz gern kurz vor der Morgendämmerung beginnen.

Julian trägt am Startgatter eine leichte, silberne Jacke, eine hellgraue, enganliegende Kappe und seine selbstgebastelten Beinschoner aus Klebeband. Er sieht aus wie ein Roboter. Im Blitzlichtgewitter verschwindet er hangaufwärts.

Direkt nachdem die Läufer weg sind, fangen Doc Joe und ich an, Waffeln zu grillen. Mit seiner glühenden Zigarette, deren nicht abgeaschte Spitze zwischen seinen dicken Fingern zittert, kommt Laz zu uns geschlendert. Ich stelle mich vor. Er stellt sich vor. Er fragt uns, ob wohl jemandem aufgefallen sei, dass er gar nicht richtig rauche. »Ich darf in diesem Jahr nicht«, erklärt er. »Wegen meinem Bein.« Er ist vor kurzem an den Venen operiert worden, sein Kreislauf ist noch nicht wieder stabil. Trotzdem wird Laz wie in jedem Jahr einen Gartenstuhl neben die Ziellinie stellen und so lange wach bleiben, bis jeder Teilnehmer entweder aufgegeben hat oder im Ziel ist. »Aufgeben« bedeutet: fünf oder sechs Stunden zurück ins Camp marschieren, nachts länger, vor allem, wenn man sich vorher verlaufen hat. Alles in allem ist »aufgeben« beim Barkley-Marathon anstrengender, als einen herkömmlichen Marathon zu beenden.

Ich sage, dass die Zigarette als Accessoire ganz schön was hermacht. Doc Joe sagt, dass ein bis zwei Päckchen okay sind. Doc Joe ist übrigens tatsächlich Arzt.

»Na dann«, meint Laz lächelnd. »Kann ich ja das letzte Viertel von der hier noch rauchen.« Danach wirft er die Kippe in unser Feuer, wo sie in unser Frühstück qualmt. Mir ist bewusst, dass Laz längst ein Mythos ist und dass ich wahrscheinlich nur die Nächste bin, die diesen Mythos fortspinnt. In seiner Person spiegeln sich unterschiedliche Männertypen – die coole Sau, der Teenager, der Vater, der Dämon, der Gefängniswärter –, und um genau diesen Zauberwürfel aus kantigen Charakteren geht es beim Barkley.

Mir wird klar, dass Laz und ich etliche Stunden miteinander verbringen werden. Die Läufer brauchen zwischen acht und zweiunddreißig Stunden pro Runde. Dazwischen legen sie – falls sie überhaupt weitermachen – einen kleinen Zwischenstopp im Camp ein, essen etwas und ruhen sich kurz aus. Was Wohltat und Sadismus zugleich ist: Atempause und Versuchung. Es ist das Dilemma der Lotosesser: Etwas Angenehmes abzubrechen fällt schwer.

Die läuferlosen Stunden nutze ich, um Laz jede Frage über das Rennen zu stellen, die mir einfällt. Ich beginne mit dem

Start: Wie wählt er den genauen Zeitpunkt? Von ihm kommt ein unbehagliches Lachen. Ich entschuldige mich und rudere zurück: Würde es das Geheimnis zerstören, wenn er es mir sagte?

»Einmal habe ich den Start auf drei Uhr morgens gelegt«, sagt er, als wäre meine Frage damit beantwortet. »Das hat Spaß gemacht.«

»Letztes Jahr haben Sie erst mittags angefangen, oder? Die Läufer sollen ziemlich unruhig gewesen sein.«

»Und ob.« Er schüttelt den Kopf und lächelt, als er daran zurückdenkt. »Die standen rum und wurden immer zappeliger.«

»Hat es Spaß gemacht, dabei zuzusehen, wie sie sich quälten?«, frage ich.

»Es war eher beängstigend«, sagt er. »Wie ein Mob, der außer Kontrolle gerät.«

Während unserer Unterhaltung spricht er über einzelne Streckenabschnitte so, als müsste ich sie kennen – *Dave's Danger Climb* (Daves gefährlicher Anstieg), *Raw Dog Falls* (Raw-Dog-Wasserfälle), *Pussy Ridge* (Muschi-Kamm). Ich frage ihn, ob Rat Jaw so heißt, weil die Dornensträucher dort Nagetierzähnen ähneln. Er sagt: Nein, das hat mit dem topographischen Profil auf der Karte zu tun, das sah eben aus wie der Kiefer einer Ratte. Ich denke: Es gibt sicher viele Dinge, die einen an den Kiefer einer Ratte erinnern können. Die von den Dornbüschen verursachten Schrammen firmieren als »Rattenbisse«. Laz hat mal gesagt, dass man auch nicht übel zerfetzt würde, wenn man versuchte, eine Katze zu taufen.

Ich frage nach *Meth Lab Hill*. Woran dessen Form wohl erinnert?

»Das ist einfach«, sagt er. »Als wir den Hügel zum ersten Mal hochgelaufen sind, haben wir ein Crystal-Meth-Labor gesehen.«

»Das noch in Betrieb war?«

»Ja«, lacht er. »Dass sie dort gefunden werden, damit hätten die Wichser nicht gerechnet. Ich wette, die haben sich gedacht: Wer bitte sollte über diesen scheiß Hügel kommen?«

Ich fange an zu begreifen, warum Laz so gern über seine Streckenabschnitte redet, die Schwierigkeiten von The Bad Thing, die Neuerung mit dem Gefängnistunnel: Sie stehen für seine Macht über das Gelände.

Im Laufe der Jahre hatte Laz einige Scherereien mit der Verwaltung des Naturschutzgebiets. Ein Mann namens Jim Fyke, der sich über Bodenerosion und gefährdete Pflanzen echauffierte, hätte dem Rennen beinahe die Lichter ausgeknipst. Woraufhin Laz einen Teil der Strecke um die Kernzonen des Schutzgebiets herumlegte und den Umweg *Fyke's Folly* nannte – Fykes Spinnerei.

Laz' nostalgische Gefühle für wildere Zeiten sind deutlich zu spüren – die Sehnsucht nach den Tagen, als der Frozen Head noch bevölkert war von den Phantomen entflohener Verbrecher und Gesetzloser, von abgetauchten Junkies mit gehamsterten Vorräten an Erkältungsmedizin. Heute ist alles gemäßigter, zahmer. Im vorigen Jahr haben die Ranger eine Woche vor dem Rennen die Dornsträucher auf Rat Jaw zurückgeschnitten. Laz war stinksauer. In diesem Jahr hat er ihnen das Versprechen abgenommen, bis nach dem Rennen zu warten.

Sein ultimativer Wunsch scheint darin zu bestehen, ein Rennen zu entwerfen, das niemand je zu Ende bringen kann: der ewige, uneinholbare Horizont einer nicht zu meisternden Herausforderung, die immer wieder neue Konturen erhält. Nach dem ersten Jahr, als niemand auch nur in die Nähe des Ziels kam, schrieb Laz einen Artikel mit der Überschrift: »Gewinner des Barkley-Marathons ist der Weg selbst«. Es fällt nicht schwer, sich vorzustellen, wie Laz es sich auf seinem Gartenstuhl bequem macht und den Streckenverlauf als seinen Avatar entwirft: sein Rennen als Herausforderer der Läufer, stark und triumphierend – selbst wenn er, Laz, zurzeit kaum aufrecht stehen kann.

Früher, als es ihm gesundheitlich besser ging, ist er das Rennen auch selbst gelaufen, hat aber nie geschafft, die Strecke zu vollenden. Stattdessen hat er sich Respekt verdient als ein Mann des Prinzips – ein Mann, der sich der Idee des Schmerzes so radikal verschrieben hat, dass er andere dafür rekrutiert, nach ihm, dem Schmerz, zu streben.

Es gibt nur einen Punkt, an dem Zaungäste Zugang zur Laufstrecke haben: Lookout Tower am Ende des South Mac Trail. Laz will nicht, das die Läufer während des Rennens jemandem begegnen. »Schon der Anblick anderer Menschen ist eine Art Hilfe«, meint er. »Wir wollen, dass sie das ganze Gewicht ihres Alleinseins spüren.«

Kaum hat er das gesagt, gibt eine Frau namens Cathie – die aussieht wie eine stinknormale Hausfrau, aber eine der wenigen Eine-Runde-Veteraninnen ist – eine Empfehlung ab für die Wanderwege in der Gegend.

»Ich hab mir dort im Januar den Arm gebrochen«, sagt sie, »aber es ist wunderschön.«

»Klingt gut«, meine ich.

»War's dieses alte Stück Stamm über dem Fluss?«, fragt Laz so wehmütig, als ob er eines alten Freundes gedenken würde.

Sie schüttelt den Kopf.

»War Raw Dog denn bei dir, als es passiert ist?«

»Ja.«

»Und, hat er gelacht?«

Ein Mann, der anscheinend ihr Ehemann ist – Raw Dog wahrscheinlich –, meldet sich zu Wort: »Laz, ihr Arm war s-förmig, da hab ich nicht mehr gelacht.«

Laz denkt einen Moment nach. Dann fragt er sie: »Tat es weh?«

»Ich glaube, ich habe den Schmerz ausgeblendet«, sagt sie lachend. »Aber wie ich höre, habe ich den ganzen Weg den Berg runter geflucht.«

Ich sehe zu, wie Laz fließend den Modus wechselt, mal den gefühllosen Maestro und mal den Jugendherbergsvater gibt. »Nach Anbruch der Dunkelheit«, versichert er Doc Joe, »geht das Gemetzel los.« Dann bückt er sich und streichelt sein Piratenhündchen: »Hast du Hunger, Little? Du bist heute wahrscheinlich viel gestreichelt worden, aber du musst trotzdem etwas fressen.« Jedes Mal, wenn ich ihm im Camp über den Weg laufe, fragt er mich: »Und, was glaubst du? Hat Julian Spaß da draußen?« Bis ich dann irgendwann, endlich, zurückgebe: »Ich hoffe doch nicht!« Er lächelt: *Das Mädchen hat's kapiert.*

Ich frage mich allerdings, ob er mit seiner Frage nicht genau die Form von Einsamkeit auflöst, die er offenkundig herstellen möchte – und um die es seinen Läufern zu gehen scheint. Die Vorstellung, dass jemand im Camp daran denkt, wie du da draußen allein umherirrst, während du da draußen allein umherirrst, stellt natürlich doch wieder eine Art Verbundenheit her. Aber wahrscheinlich geht es genau darum: Die Schinderei erzeugt eine geteilte Einsamkeit, eine extreme Isolation, die andere schon erlebt haben und wieder andere noch erleben werden. Und diese anderen sind im Geiste anwesend, auch wenn ihre Körper von der Wildnis gezähmt, gealtert, verroht oder anderweitig zum Verschwinden gebracht worden sind.

Als Julian von seiner ersten Runde zurückkommt, ist es fast dunkel. Er war zwölf Stunden lang draußen. Ich habe das Gefühl, diesen Augenblick des Triumphs in gewisser Weise mit

Laz zu teilen, weiß aber auch, dass Laz bei dieser Art des Teilens grundsätzlich promisk ist. In seinem Herzen ist für jeden ein Plätzchen, der bei seinem Spießrutenlauf mitmacht oder blöd genug ist, ganze Tage im Wald zu verbringen, nur um jemanden ein gelbes Gatter berühren zu sehen.

Julian ist frohen Mutes. Er gibt seine Buchseiten ab, um sie zählen zu lassen. Er hat zehn Mal eine Seite 61, unter anderem aus *Die Kraft des positiven Denkens*, das kam zu Beginn der Strecke, und eine aus einem Roman über alkoholsüchtige Jugendliche, der gegen Ende der Runde kam. Ich bemerke, dass das Klebeband von seiner Hose abgerissen ist. »Hast du's abgemacht?«, frage ich.

»Nein«, sagt er, »das war die Strecke.«

Im Camp isst er Hummus-Sandwiches und Kekse, kriegt aber seinen Protein/Vitamin-Shake kaum runter. Er überlegt, ob er in eine weitere Runde gehen soll. »Ich bin mir sicher, dass ich nicht alles schaffe«, meint er. »Wahrscheinlich laufe ich ein paar Stunden lang draußen rum, gebe dann auf und muss im Dunkeln zurückfinden.«

Julian schweigt einen Moment. Ich nehme mir einen von seinen Keksen.

Er sagt: »Ich glaube, ich mach's.«

Er nimmt den letzten Keks, bevor ich ihn mir schnappen kann. Er holt sich eine neue Trikotnummer, damit er auch in der zweiten Runde wieder Buchseiten mitnehmen kann, und dann schicken Laz und ich ihn los in den Wald. Silbern leuchtet seine Regenjacke in der Dunkelheit: Bruder Roboter, der die nächste Runde dreht.

Julian ist fünf Hundert-Meilen-Rennen komplett gelaufen, dazu unzählige »kurze«, und einmal habe ich ihn gefragt, warum er das eigentlich macht. Er hat es mir so erklärt: Er strebt nach einem komplett abgeschlossenen System der Verantwortlichkeit, das unabhängig ist von Feedback von außen. Er will hundert Meilen laufen, wenn niemand weiß, dass er sie gerade läuft, damit das Bedürfnis, andere Leute zu beeindrucken, genauso wenig zur Motivationsquelle wird wie die Scham des Aufgebens. Vielleicht liegt es an dieser Art zu denken, dass er schon mit fünfundzwanzig seinen Doktortitel hatte. Schwer zu sagen. Barkley verschafft einem diesen isolierten Antrieb zwar nicht in Reinform, aber es fehlt nicht viel: Wenn es Mitternacht ist, und man ist seit vielen Stunden allein, und es regnet und man befindet sich am steilsten Hang, den man je hochgeklettert ist, und blutet aus Dornbuschschrammen, dann ist wirklich niemand außer einem selbst Zeuge der Entscheidung, ob man aufgibt oder weitermacht.

Um vier Uhr morgens lodert das Feuer. Die ersten Läufer sind wieder im Camp und bereiten sich auf den Aufbruch in die dritte Runde vor, kippen Kaffee in sich hinein oder machen viertelstündige Nickerchen in ihrem Zelt. Es ist, als ob der Gedanke an »das ganze Gewicht ihres Alleinseins« für die kurze Zeit hier im Camp das Bedürfnis nach Gemeinsamkeit verstärkt. So wie Julians Hunger während seiner Pause auch mir das Gefühl gab, hungrig zu sein, obwohl ich eigentlich nichts getan habe, um mir diesen Hunger zu verdienen. Das Leiden eines anderen kommt beim Außenstehenden als eigene Erfahrung an: Empathie als erzwungene Symmetrie, als körperliches Echo.

»Stell dir vor«, sagt Laz zu mir, »Julian ist jetzt irgendwo *da draußen.*«

Da draußen ist eine Formulierung, die im Camp ständig fällt. Einer der Stammteilnehmer – ein sehniger älterer Mann namens »Frozen Ed« Furtaw (in Anlehnung an Frozen Head, kapiert?), der in sonnenuntergangsorangen Strumpfhosen mit Camouflage-Optik läuft – hat im Eigenverlag sogar ein Buch mit dem Titel *Tales from Out There* (Geschichten von da draußen) herausgebracht. Detailliert führt dieses Buch den Kometenschweif der alljährlichen DNFs auf. Im umfangreichen Anhang werden andere absurd schwere Geländeläufe aufgelistet, dazu die Gründe, warum sie nicht so schwer sind wie Barkley.

»Ich bin stolz auf Julian«, sage ich zu Laz. »Es war dunkel und kalt, und er hat seine Trinknahrung kaum runterbekommen, aber trotzdem hat er nur den Kopf in die Hände gelegt und gesagt: *Weiter geht's.*«

Laz lacht. »Wie er sich mit dieser Entscheidung jetzt wohl fühlt?«

Es fängt an zu regnen. Ich mummele mich auf dem Rücksitz meines Autos ein und mache mir Notizen für diesen Essay. Ich gucke eine Folge von *The Real World: Vegas*, aber nicht bis zu Ende, obwohl Steven und Trishelle gerade kurz davor sind, miteinander rumzumachen. Aber ich will Kraft sparen für den kommenden Tag, und außerdem mag ich gar nicht sehen, wie Steven und Trishelle miteinander rummachen. Ich wollte, dass sie was mit Frank anfängt. Ich versuche zu schlafen. Ich träume vom Gefängnistunnel: Er läuft voll mit Wasser, und ich habe gerade einen Strafzettel wegen Geschwindigkeitsüberschreitung bekommen, und ich weiß, diese beiden Dinge stehen in einem wichtigen Zusammenhang, den ich nicht zu fassen bekomme. Hin und wieder werde ich vom klagenden Zapfenstreich der Trompete geweckt. Es ist, als ob die Laute eines wilden Tieres durch die Nacht hallen.

Gegen acht Uhr morgens ist Julian zurück im Camp. Er war erneut zwölf Stunden lang unterwegs, hat es aber nur bis zu zwei Büchern geschafft. Ein paar Stunden ist er durch die Gegend geirrt, dann hat er sich zwei Stunden hingelegt, mitten im Regen, und auf das erste Licht gewartet. Er ist stolz auf sich, dass er noch mal losgelaufen ist, obwohl er sich von Anfang an gedacht hat, dass er nicht allzu weit kommen würde, und ich bin auch stolz auf ihn.

Wir gesellen uns zu den anderen, die im Regenzelt versammelt sind. Charlie Engle erzählt, was ihn während der dritten Runde zum Rückweg gezwungen hat: »Den Rat Jaw runter auf den Arsch gefallen. Dann aufgestanden und wieder hingefallen, und dann noch mal. Das war's dann.«

Seine Geschichte hat eine schöne biblische Logik: Aller guten Dinge sind drei. Beim dritten Mal wird der Sack zugemacht, ist Ende Gelände, Schicht im Schacht.

Laz fragt Charlie, ob ihm der Gefängnisabschnitt gefallen habe. Laz fragt alle nach dem Gefängnisabschnitt, so wie man fragen würde, wenn das eigene Kind ein Gedicht geschrieben hat: *Und, hat's euch gefallen?*

Charlie sagt, der Teil der Strecke habe ihm tatsächlich gefallen, sehr sogar. Er erzählt, die Wärter hätten ihm sogar den Weg gezeigt. »Gute alte Südstaatler, die Jungs«, meint er, und ich höre an der Art, wie er das sagt, dass er sich selbst ebenfalls für einen guten alten Südstaatler hält. »Die meinten: *Einfach den Tobel da hinten hoch …* Ihr hättet die Kalifornier sehen sollen, die bei mir waren: *Was zur Hölle ist ein Tobel?*«

»Du hättest sagen sollen«, meint Laz, »dass man in Tennessee dann in einem Tobel ist, wenn man rauswill, aber nicht rauskann.«

»Genau das habe ich gesagt!«, erzählt Charlie. »Wenn man barfuß auf einem Ameisenhügel steht, dann ist das ein Tobel, hab ich gesagt. Und dieser steile Anstieg, den wir jetzt hochmüssen, ist auch ein Tobel.«

Der Regen fällt unablässig. Laz glaubt nicht, dass es in diesem Jahr einer schafft, die hundert Meilen voll zu machen. Es gab einige ausgezeichnete erste Runden, aber schon jetzt scheint keiner mehr über genügend Kraftreserven zu verfügen. Es wird darüber spekuliert, ob überhaupt jemand den Fun Run schafft. Es sind nur sechs Läufer übrig, die noch die Chance dazu haben. Alle sind sich einig: Wenn es einer schaffen kann, dann Blake. Laz hat noch nie erlebt, dass er aufgibt.

Julian und ich teilen uns einen dick mit Grillsauce beschmierten Hähnchenschlegel. Es liegen nur noch zwei auf dem Grill. Ein Wunder, dass das Feuer noch nicht ausgegangen ist. Das Hähnchen ist gut und durchgebraten, aus unseren Mündern steigt Dampf in die frostige Luft.

Ein Typ namens Zane, mit dem Julian einen Großteil der ersten Runde gelaufen ist, erzählt, ihm seien nachts auf der Strecke Wildschweine begegnet. Hat er Angst gehabt? Hat er. Ein Schwein kam so nah, dass er zur Abwehr mit einem Stock wedelte und dabei rücklings eine Spitzkehre runtergerutscht ist. Ob ein Stock wirklich geholfen hätte? Wir sind uns alle einig: wahrscheinlich nicht.

Eine Frau, die in einem Kleidungsstück steckt, das aussieht wie eine Ganzkörperwindjacke, hat Klamotten in einen Plastikbeutel gepackt. Laz klärt mich darüber auf, dass ihr Ehemann einer der letzten sechs Läufer ist. Sie hat vor, am Lookout Tower auf ihn zu warten. Sollte er sich zum Aufhören entschließen, kann sie ihm trockene Klamotten geben und ihn den leichten, drei Meilen langen Wanderweg zurück ins Camp begleiten. Sollte er sich zum Weiterlaufen entschließen, wird sie ihm, vollgesogen mit Regenwasser und Stolz, Glück wünschen für den nächsten steilen Anstieg. Die trockene Kleidung darf er dann nicht annehmen; wer sich helfen lässt, wird disqualifiziert.

»Ich hoffe, sie zeigt ihm die trockenen Klamotten, *bevor* er sich entscheidet«, sagt Laz. »Damit er sich richtig entscheidet.«

Dann kommt Bewegung in die Menge. Ein Läufer nähert sich auf dem asphaltierten Weg, den Hügel hinauf. Aus dieser Richtung zu kommen ist kein gutes Zeichen, wenn man in der dritten Runde ist, denn es bedeutet Aufgabe und nicht Zieleinlauf. Es wird vermutet, dass es JB ist oder Carl – es muss JB oder Carl sein, denn so viele sind nicht mehr draußen –, aber kurz darauf schnappt Laz nach Luft.

»Das ist Blake«, sagt er. »Ich erkenne seine Walking-Stöcke.«

Blake ist klitschnass und zittert. »Ich bin kurz vor der Unterkühlung«, sagt er. »Es ging nicht mehr.« Den Rat Jaw hoch, das sei gewesen, als wollte man eine Spielplatzrutsche in Rollschuhen hochkriechen, aber das ist die einzige Entschuldigung, die er vorbringt. Er sagt, er sei eine Weile mit JB zusammen gelaufen, habe ihn aber am Rat Jaw verloren. »Klingt nicht gut«, sagt Laz und schüttelt den Kopf. »Wahrscheinlich ist JB auch bald hier.«

Laz gibt die Trompete einem anderen. Es ist, als ertrüge er es nicht, den Zapfenstreich für Blake zu spielen. Er ist sichtlich enttäuscht, dass Blake ausgeschieden ist, aber es liegt auch ein Hauch Schadenfreude in seiner Stimme, als er sagt: »Man weiß einfach nie, was passieren wird.« In der Spannung zwischen Laz' Kontrolle über das Rennen und der Erkenntnis, dass es sich ihm immer widersetzen wird, liegt ein Nervenkitzel, der dem anstrengenden Genuss des Extremlaufens selbst gleicht: Man übt Kraft aus und gibt sie ab; man zwingt dem eigenen Körper seinen Willen zu dieser Strapaze auf und liefert ihn zugleich den unkontrollierbaren Launen des Glücks, der Ausdauer und des Wetters aus.

Doc Joe winkt mich herüber zur Feuerstelle. »Halt das mal«, sagt er und schiebt ein großes Rechteck aus Aluminium in meine Richtung. Von seiner Seite aus lehnt er einen abgebrochenen Ast dagegen, so dass über dem Feuer eine Art Tipi entsteht, unter dem die letzte Hühnerbrust schön knusprig verkohlt vor sich hin bräunt. »Blakes Hühnchen«, erklärt Doc Joe. »Wenn's sein muss, schütze ich es mit meinem ganzen Körper vor dem Regen.«

Woher diese Aufwallung von Einsatzbereitschaft und Heroismus? Ich habe mich natürlich die ganze Zeit gefragt, warum diese Leute das eigentlich machen. Von den Läufern bekommt man, wenn man die Frage direkt stellt, eine ironische Antwort: *Ich bin Masochist. Irgendwo muss ich damit ja hin.* Oder: *Ich bin eben als Typ-A-Persönlichkeit geboren.* Langsam begreife ich, dass die Ironie keine Ausflucht ist, sondern ein wesentlicher Teil der Antwort. Niemand hier muss diese Frage ernsthaft mit Worten beantworten, denn er beantwortet sie schon mit seinem Körper, seiner Willenskraft, seinem Leiden. Körper unterwerfen sich hingebungsvoll einer Sache, über die sich nicht mit der gleichen ernsthaften Hingabe sprechen lässt. Vielleicht ist das der Grund, warum so viele Ultraläufer ehemalige Drogenabhängige sind: Sie wollen ihre Körper, die sie einst bestraft haben, erlösen; das physische Selbst, dessen Bedürfnissen sie früher dienten, überwinden.

Es steckt eine so würdevolle wie frustrierende Tautologie in dieser Bekundung des Körpers: *Warum ich tue, was ich tue? Ich tue es, weil es so weh tut und ich trotzdem entschlossen bin, es weiter zu tun.* Die schiere Grausamkeit der Anstrengung impliziert, dass die Anstrengung es wert ist. Der Zweck liegt in der Sache selbst, nicht in einer ihr äußerlichen Artikulation. Laz formuliert es so: »Niemand muss sie fragen, warum sie hier draußen sind. Sie wissen es alle.«

Es wäre nicht schwer, sich auf eine ganze Reihe möglicher Gründe zu kaprizieren: der Sieg über den eigenen Körper, die Kameradschaft des Leidens etc. Aber eigentlich fühlt es sich eher so an, als würde die Bedeutung irgendwo in der Anstrengung des Kreisens um ein leeres Zentrum liegen – im Bekenntnis zu einem Antrieb, der sich der Festlegung oder Benennung widersetzt. Die ewig drängende und nie zu beantwortende Frage nach dem Warum ist genau der Punkt: Das ist der ewige, nie erreichbare Horizont, das konzeptuelle Äquivalent eines Rennens, das niemand je zu Ende bringen kann.

Aber wie geht's jetzt letztendlich aus?

Am Ende schafft es JB, Jonboy, dieser relative Neuling im Starterfeld und ehemalige beste Helfer des Vorjahreschampions, einen überraschenden Sieg hinzulegen. Was den fünften Absatz dieses Essays zu einer Lüge werden lässt: Das Rennen hat jetzt neun Finisher. Diese Nachricht erhalte ich als SMS von Julian, der davon über Twitter erfahren hat. Wir sind auf unterschiedlichen Autobahnen unterwegs nach Hause. Mein erster Gedanke ist: *Scheiße.* JB war nie als zentrale Figur meines Essays vorgesehen, er hatte nicht den Eindruck einer besonders starken Persönlichkeit oder eines aussichtsreichen Kandidaten gemacht. Doch jetzt brauche ich eine Geschichte für ihn.

Aber ist das nicht typisch Barkley? Es verschlingt die Geschichte, die du im Kopf hattest, und gibt dir dafür eine andere. Blake und Carl, die nach der zweiten Runde noch topfit waren und die ich als Figuren ausgewählt hatte, schafften noch nicht mal den Fun Run.

Jetzt fahren alle nach Hause. Carl wird wieder in seiner Maschinenwerkstatt in Atlanta arbeiten. Blake wird seine Tochter beim Training für die Olympia-Vorauswahl unterstützen. John Price kehrt zurück in seinen Ruhestand und zu seinem menschgezogenen Fahrzeug. Laz wird, wie ich erfahre, weiter seinem Job als Assistenztrainer der Basketballmannschaft an der Cascade High School in Wartrace nachgehen, nur ein Stück den Highway runter.

Eine der fesselndsten Untersuchungen der Frage nach dem *Warum* ist für mein Dafürhalten in Wirklichkeit eine Untersuchung der Natur dieser Frage. Es ist eine Geschichte über vorübergehenden Wahnsinn – ATs erschreckender Bericht über seine »Sinnkrise« während der fünften Runde im Jahr 2005.

Mit »Sinnkrise« meint er »den Verlust des Verstands, und zwar im vollen Wortsinn«, was in Anbetracht der Umstände nicht sonderlich überraschend ist. Er ist auch nicht allein mit dieser Erfahrung. Brett Maune beschreibt, wie er, nachdem er drei Tage auf dem John Muir Trail gelaufen war, eine Gruppe hilfsbereiter Indianer halluzinierte:

> Sie passten auf mich auf, während ich schlief, und jedes Mal, wenn ich aufwachte, plauderte ich kurz mit ihnen. Sie waren überaus achtsam und halfen mir sogar, alles zusammenzupacken, als ich wieder bereit war zum Weiterlaufen. Ich hoffe, das zählt nicht als Inanspruchnahme einer Hilfeleistung!

AT beschreibt, wie er ohne klares Bewusstsein davon, wie er an jenen Ort gekommen oder was überhaupt zu tun ist, durch die Gegend wandert: »Am Ende hatte ich Barkley minutenlang vergessen, aber der Gedanke blieb: Ich MUSSTE den Garden Spot erreichen, weil … *warum noch mal?* Weil dort jemand auf mich wartete?«

Seine Amnesie fasst das Unterfangen denkbar rigoros: Etwas soll erreicht werden, ohne dass man weiß, warum. Mühsal ohne Kontext. Sie ging einher mit Momenten der Verwunderung:

> Ich stand sicher eine Stunde bis zu den Schienbeinen
> in einer Pfütze und quetschte den Schlamm aus meinen
> Schuhen, nur um ihn sofort wieder eindringen zu
> lassen ... Ich lief zur Coffin Spring (der erste Wassertropfen). Ich setzte mich hin und goss literweise frisches
> Wasser in meine Schuhe ... Ich untersuchte die bemalten
> Bäume, die die Grenze des Naturschutzgebiets markieren.
> Manchmal ging ich ein gutes Stück in den Wald hinein,
> nur um die Farbe an einem Baum zu betrachten.

In gewissem Sinne tut das Barkley-Rennen genau das: Es zwingt seine Läufer dazu, etwas wahrzunehmen, was sie anders eventuell weder erfahren noch bemerkt hätten – ein schmerzhaftes Ziehen in den Oberschenkeln, deren Muskulatur weit über ein vernünftiges Maß hinaus strapaziert worden ist; eine Erschöpfung, die die Marionettenfäden des Körpers unerbittlich gen Boden zieht; ein Verstand, der vor Schmerz taub und gläsern geworden ist.

Am Ende von ATs Bericht ist gerade die vermeintlich brutalste Facette des Barkley-Rennens, seine düstere, heilige »Selbstgenügsamkeit«, zu einem unerklärlichen Wunder geworden:

> Als es abkühlte, hatte ich ein langärmeliges Shirt. Als ich
> Hunger bekam, hatte ich etwas zu essen. Als es dunkel
> wurde, hatte ich ein Licht. Ich dachte: *Wow, ist es nicht*
> *merkwürdig, dass ich diese ganzen perfekten Dinge habe, genau*
> *dann, wenn ich sie brauche?*

Mildtätigkeit erscheint hier als Überraschung, als Beleg einer Gunst, die jenseits des Selbst liegt, obwohl sie natürlich auf dieses Selbst zurückgeht – dasselbe Selbst, das Stunden zuvor seine Gürteltasche gepackt hat, dessen Rolle aber aufgrund von Erschöpfung und Wahn verschleiert ist. So ist das. Eines Morgens bläst ein Mann in ein Muschelhorn, und zwei Tage später merkt ein anderer Mann, noch immer dem Ruf des Horns folgend, dass alles, was er braucht, an seinem Körper festgebunden ist, was er weder erwartet hat noch erklären kann.

Verteidigung des Süßlichen

»[…] und die menschliche Sprache ist wie ein
gesprungener Kessel, auf den wir Melodien für
Tanzbären trommeln, erweichen möchten wir
eigentlich die Sterne.«

GUSTAVE FLAUBERT, MADAME BOVARY

Süßlich ist unser wohlschmeckendstes Wort für eine tiefsitzen-
de Angst: die Angst vor zu viel Gefühl und zu viel Geschmack.
Wenn wir *süßlich* hören, denken wir sofort *klebrig* und damit
eigentlich auch: *Krebs.* Zu viele im Körper verklebte Zellen.
Wenn wir *süßlich* hören, denken wir an eine Sprache, die uns
beschämt, weil sie unsere Herzen in banale, abgedroschene Ar-
tikulationsformen verstrickt. Wir denken an Worte, die ihres
billigen Effekts wegen viel zu häufig wiederholt und bis zum
Erbrechen benutzt werden. *Bis zum Erbrechen*: Wir werden
übersättigt mit Süße, bis uns schlecht ist.

Einige erste Gedanken zur Sache selbst: Ich habe in meiner Küche einen ganzen Mülleimer voller leerer Süßstofftütchen. Einen kleinen Mülleimer. Aber so klein auch wieder nicht. Er
steht nah am Herd, wo ihn Leute, die mich besuchen kommen,
nicht sehen können.

Wenn *Sentimentalität* das Wort ist, mit dem üblicherweise
Gefühle geschmäht werden – Gefühle in ihrer allzu schlichten, minderwertigen, maßlosen Form –, dann ist *süßlich* das
Wort, mit dem das Sentimentale, das Rührselige geschmäht
wird. *Süßlich* bedeutet immer auch *zuckrig*, und der Ursprung
des Wortes *Zucker* liegt im altindischen Wort *śarkarā* für »Kies«

oder »Schotter«. Das englische Wort *saccharine* beschrieb im 19. Jahrhundert etwas, das »wie Zucker« war, die Qualität oder den Geschmack von Zucker hatte; erst später kam die übertragene Bedeutung »zu viel« und »überladen« hinzu. Ein Wort, das vom konzeptionellen Begriff zur Gefahr wurde. Wissenschaftler gaben ihren Laborratten große Mengen des synthetischen Süßstoffes Saccharin zu fressen, und die Tiere bekamen Blasentumore.

Am Vorabend einer Physikprüfung im zweiten College-Jahr machte meine Zimmergenossin ein Foto von mir. Ich liege auf meinem Bett, und sie hat leere Dosen und Flaschen auf mich gehäuft, um zu demonstrieren, wie viel Cola light ich an dem Tag schon getrunken habe. Von mir sind auf dem Foto nur noch Gesicht und Hände zu sehen. Der ganze Rest ist bedeckt.

Die Sache selbst: ist nur ein Puder, das so wenig Eigengewicht hat, dass jedes Mal, wenn ich ein neues Päckchen aufreiße, etwas davon auf meine Küchentheke rieselt. Kies oder Schotter – auf jeden Fall etwas, das zu Staub zerstoßen wurde.

Als ich klein war, wohnte ich in einem Haus, das Fenster statt Wände hatte. Während der langen Sommertage saß ich auf unserer Terrasse und sah zu, wie Blauhäher gegen die Scheiben flogen und wie Steine auf die Redwood-Bohlen plumpsten. Meistens wollten sie rein, aber manchmal – und hierbei zuzusehen war noch schlimmer – saßen sie auch drinnen fest und versuchten, wieder rauszukommen. Ich sagte zu meiner Mutter, dass die Vögel unsere Fenster mit dem Himmel verwechselten. Sie nahm mich bei der Hand und zeigte mir einen Busch, der direkt neben unserer Eingangstür wuchs. Sie erklärte mir, dass die Beeren dieses Busches die Vögel betrunken machten. Die Beeren waren orange wie Rostflecken und voller

174

Zucker. Meine Mutter sagte, die Vögel könnten es nicht lassen, davon zu essen. Und dann würde ihnen schummrig. Deswegen flogen sie gegen die Fensterscheiben.

Von Gärungsprozessen hatte ich damals keine Ahnung, aber das Süße und seine schändliche Verführungskraft waren mir ein Begriff. Schon als Kind wusste ich etwas über diese Vögel: Der gläserne Himmel war glatter und härter, als sie dachten, und dahinter konnten sie eine Welt sehen, die er ihnen versperrte.

Als ich acht Jahre alt war, gaben mir meine Eltern, als wir irgendwo zum Abendessen eingeladen waren, ein Glas Wein zu trinken. Es war ein Zweihundert-Dollar-Wein, aber das wusste ich nicht. Ich trapste in die Küche und rührte einen Löffel Zucker hinein, damit er besser schmeckte. Ich schämte mich, wusste aber nicht, warum. Ich wusste nicht, was ich zu meiner Verteidigung hätte vorbringen können oder warum ich mich überhaupt hätte verteidigen sollen.

In *Madame Bovary* ist das Dienstmädchen Félicité ständig damit beschäftigt, sich eilig vor dem nächsten Anschlag ihrer narzisstischen Herrin in Sicherheit zu bringen. Sie braucht das Süße als Trost: »[...] und da Madame immer den Schlüssel am Küchenschrank stecken ließ, nahm Félicité jeden Abend ein Häufchen Zucker und aß ihn allein in ihrem Bett, nachdem sie gebetet hatte.«

Zucker soll noch nötig sein, obwohl längst gebetet wurde? Ja, denn Zucker ist Balsam für den Körper, er verursacht sofortiges Wohlbefinden, das Fleisch kann sich auf ihn verlassen, während der Geist sich noch in Geduld übt. Man denke nur an diese beiden Frauen, die gemeinsam in einem Haus leben und jede für sich nach gestohlenen Häppchen unterschiedlicher Genüsse hungern – Texte und Wollust und Zucker – und ihren Genuss geheim halten, weil sie sich ihres Hungers schämen. Wie traurig.

Ich weiß, dass ich etwas zum Stehlen in Emmas Kommode finden würde. Auch ich verberge meine Schwelgereien vor fremden Blicken. Ich habe Jahre damit zugebracht, mich tief über meinen Latte Macchiato zu beugen, damit niemand mitbekommt, wie viele Tütchen Aspartam ich hineinschüttete.

Als ich sechzehn war, hasste ich *Madame Bovary*. Ich fand Buch und Protagonistin gleichermaßen viel zu gefühlig und viel zu offenherzig in ihren Leidenschaften. Heute allerdings liebe ich sie – das Buch und vielleicht sogar seine Heldin. Es macht mir Spaß, ihr Melodram zu analysieren, auch wenn ich ihr noch nicht verzeihen kann, dass sie so sehr darin schwelgt. Denn eigentlich will ich es selbst genauso melodramatisch. Wollte ich schon immer: diese emotionalen Hochs und Tiefs, jeder Zustand ein Superlativ. Ich habe mir bei Emma emotionale Muster abgeholt, so wie sie selbst die Muster in ihren Büchern findet. Es ist derselbe Hunger, der uns den Weg zum Gebet, zum Zucker, zum Süßstoff und zum Text weist: der rauschhafte Trost des schnellen Geschmacks, der den Körper mit etwas erfüllt, was nicht aus ihm selbst kommt, etwas Fremdem und Verführerischem.

Der Vorwurf des Sentimentalen richtet sich meist gegen unverdiente Emotionen. Oscar Wilde hat die dahinterstehende Entrüstung auf den Punkt gebracht: »Ein Sentimentalist ist schlicht einer, der den Luxus eines Gefühls begehrt, ohne dafür zu bezahlen.« Künstliche Süßstoffe, süßer als Zucker selbst, verschaffen einem genau diese begehrte Intensität, und man bezahlt nicht dafür, Steuern in Form von Kalorien fallen nicht an. Süßstoffe bieten die Hülle des Zuckers ohne dessen Substanz; das fühlt sich wundersam und widerlich zugleich an.

Das soll nicht heißen, dass Süßstoff dasselbe wäre wie Sentimentalität oder auch nur eine stimmige Metapher für alles Rührselige. Was ich meine, ist: In beiden Sphären des Geschmacklichen geht dieselbe Angst um. Etwas Süßes – einmal als Gefühl, einmal als Geschmack – erscheint als hohl, übertrieben und unverdient, letzten Endes also unecht. Intuitiv fühlt man sich sowohl hingezogen als auch abgestoßen, man sucht nach Vokabular, das den Exzess einhegt, ihn benennt, anklagt und schließlich verbannt – den Exzess einer nicht nuancierten Gefühligkeit, einer enthemmten Süße. Der Hunger nach ungedämpfter, unkomplizierter Sinneswahrnehmung trägt eine unausgesprochene Scham auf der Zunge. »Du bist nur eine kleine Seele, die einen Kadaver schleppt«, sagte Epiktet. Der Körper ist ein monströses Ding, das die Seele grotesk erscheinen lässt. Die sentimentale Sehnsucht nach einer schnellen Portion Gefühl, dem schnellen, süßen Rausch, erscheint als emotionales Äquivalent dieses unhandlichen Gepäckstücks, dieser niederen Körperlichkeit, dieser beschämenden Begierden, die unser ätherisches, höheres Selbst mit sich herumzuschleppen hat. Melodrama ist etwas, womit man sich heimlich vollstopft: Cupcakes im geheimen Kämmerchen.

Mit vorwurfsvollen Adjektiven wie *süßlich, gefühlsduselig, sentimental* lassen sich Texte wie mit dem Fallbeil der Guillotine zerlegen. Wir lehnen das Sentimentale ab, um uns zu scharf Richtenden über das Kunstvolle und Subtile aufzuschwingen, sensibel genug, um ein obszönes Übermaß an Gefühl – diese stumpfen Oberflächen und sackartigen Kadaver – abzulehnen. Wir nähren uns vom Zarten, feiner Gewirkten. Wir begnügen uns mit weniger.

In einer Rezension mit der Überschrift »Tides of Treacle« (Sirupfluten) beschreibt der Kritiker James Wood die Textur des Sentimentalen bei einer Romanautorin: »Immer wieder ertappt man sie dabei, wie sie es zu gut meint, wie sie etwas überzuckert, das bereits ausreichend süß ist.« In einem Song namens »Sentimental Movie« singt Axl Rose: »I'm peeking on for some pain« (ich spähe weiter nach ein bisschen Schmerz). Es ist gerichtet an eine Geliebte, die sich einen Schuss setzt, um den Schmerz abzutöten: »Put on a pad on to your veins« (leg dir eine Binde auf deine Venen). Sogar Guns N' Roses – jene Band, der wir Slashs wilde Gitarrensolos in der offenen Prärie zu verdanken haben – teilen die Geringschätzung des Sentimentalen, das »Spähen« nach Gefühlen, die letztlich hohl sind: »This ain't no sentimental movie«, singt Axl Rose, »where dreams collect like dust.« Kein Kitschfilm, in dem Träume sich sammeln wie Staub. Sentimentalität lässt einem Gefühl die Luft ab, bis es kein eigenes Leben mehr hat, nur noch traumartige Hülle ist und schließlich zu Staub, Kies oder Schotter zerfällt, zu nutzlosen Überresten.

In seinem Aufsatz »What is Wrong with Sentimentality?« beschreibt der Philosoph Mark Jefferson eine »emotionale Schwelgerei, die einhergeht mit einer falschen Darstellung der Welt«. Er wird noch präziser, was die Art und Weise dieser fälschlichen Darstellung (»stark vereinfachend«) und deren mögliche Konsequenzen (»unmittelbare Schwächung ihrer moralischen Imagination«) anbelangt. Die Gefahr am Sentimentalen ist, dass es Gefühle bis zu einem Punkt verzerren kann, an dem ein gesellschaftlicher Missstand entschuldigt oder aufrechterhalten wird. Jefferson betont, dass es nichts ist, was »den Menschen einfach so heimsucht«. Er identifiziert »Wirte«, die sich in sentimentaler Manier dem Gefühlsüberschwang hingeben. »Wir wissen allerdings nicht«, schreibt er weiter, »warum bestimmte emotionale Typen mit größerer Wahrscheinlichkeit betroffen sind als andere.« Seine Formulierungen beschwören das Bild von einem in unserem Magen zusammengekringelten Wurm herauf, der darauf wartet, dass wir etwas Rührseliges verschlingen, um ihn damit zu füttern. Ich habe wiederholt Träume von Parasiten und außerirdischen Wesen, die unter meiner Haut aus Eiern schlüpfen, und ich kann mir vorstellen, wie Jefferson in einem dieser Träume auftaucht und sich verschreckt wegduckt, als ich ihn über meinen Zustand aufkläre: *Ich habe Sentimentalität im fortgeschrittenen Stadium.*

Jeffersons Philosophenkollege Michael Tanner fasst das Sentimentale ebenfalls als etwas Infektiöses. Er spricht von einer »Erkrankung der Gefühle«, so als trügen wir ihre unschönen Tumore schon in uns, als metastasierten ihre Zellen wie in Laborratten. Susan Sontag spricht über das Sentimentale wie über einen innerlichen Mechanismus: »Du kannst dir nicht vorstellen, wie ermüdend das ist. Dieses Organ mit doppelter Membran, Sehnsucht genannt, pumpt die Tränen rein, pumpt sie raus.«

In einem 1979 veröffentlichten Kommentar mit dem Titel »In Defense of Sentimentality«, der sich mit dem Erbe von Charles Dickens' »Weihnachtsgeschichte« auseinandersetzt, betont John Irving, wie wichtig das ist, was er »Weihnachtsrisiken« nennt: ernsthafte Versuche, Pathos zu artikulieren, ohne es mit Scharfsinn oder Gewitztheit zu bemänteln.

In einem gleichfalls »In Defense of Sentimentality« überschriebenen Text antwortet der Philosoph Robert Solomon auf Kollegen wie Mark Jefferson und Michael Tanner. Solomon unterscheidet zunächst zwischen verschiedenen Formen der Kritik am Sentimentalen, die oft als uniformer Angriff erscheinen, und fragt: Ist das Problem nun ethischer oder ästhetischer Natur? Solomon paraphrasiert Tanners These, dass »sentimentale Menschen sich ihren Gefühlen hingeben, anstatt zu tun, was zu tun ist«, und führt das Beispiel des KZ-Kommandanten Rudolf Höß an, der bei einer von KZ-Insassen aufgeführten Oper weinte. Vielleicht liegt darin weniger Ironie als ein kausaler Zusammenhang – dann wäre seine Gerührtheit ein Ventil für Gefühle gewesen, die sein Gewissen hätten erschüttern müssen.

Während die moralisch argumentierenden Kritiker das Sentimentale angreifen, weil es Gefühlen eine unzulässige Wichtigkeit zugesteht und uns so von der konzeptuell anspruchsvolleren Frage der Ethik ablenkt, behaupten die ästhetisch argumentierenden Kritiker, das Sentimentale werde unseren Gefühlen nicht gerecht, weil es sie durch Übertreibung beziehungsweise Vereinfachung verflache. Wallace Stevens bezeichnete Sentimentalität als »Versagen der Gefühle«, was allerdings eine uneindeutige Formulierung ist: Versagen wir, weil wir nicht genug fühlen, oder versagen unsere Gefühle?

Diese Doppeldeutigkeit verweist zurück auf Solomons Unterscheidung. Geht es hier um die Annahme, dass Gefühle allein nicht ausreichen, dass sie uns im Stich lassen, wenn wir uns (bei ethischen Entscheidungen) ausschließlich auf sie verlassen, oder, wenn wir (bei ästhetischen Entscheidungen) ihre exzessive Wirkkraft allzu schamlos melken? Oder richtet sich die Kritik darauf, dass Sprache nicht ausreicht, um Gefühle wirklich auszudrücken, die folglich in die künstlichen Gefäße und Grabbeltischschmöker des Sentimentalen gezwungen werden? Gibt es überhaupt richtige und falsche emotionale Reaktionen auf ästhetische Werke? Die allzu schlichte, ethisch zweifelhafte Reaktion auf der einen und die ethisch differenziertere, der Welt außerhalb des Texts gegenüber wachere Reaktion auf der anderen Seite?

Wenn die Bandbreite dieser Anklagepunkte jedes Mal stillschweigend reduziert wird, wann immer jemand das Wort *Sentimentalität* in abwertender Absicht anführt, dann bedürfen sie vermutlich einer begrifflichen Schärfung: Ab welcher Größenordnung wird ein Gefühl sentimental und kitschig? Wie indirekt muss ein Gefühl ausgedrückt werden, um vor sich selbst geschützt zu sein? Wie unterscheiden wir zwischen Pathos und Melodramatik? Ich glaube, viel zu oft wird davon ausgegangen, dass wir das *einfach wissen*. Also, ich tu's nicht.

In Wallace Stevens' Gedicht »The Revolutionists Stop for Orangeade« steht ein Trupp Guerilleros »flachrippig und mit großen Taschen beladen« in der gleißenden Mittagssonne. Ihre Anführer befehlen ihnen, nicht in der Sonne zu singen, aber sie stellen sich trotzdem vor, wie sie singen: »ein Lied über Schlangensippen,/die Hälse zwischen tausend Blättern,/die Zungen um die Früchte gelegt«. Das Gedicht beschwört das Bild trivialer Ästhetik inmitten von Ruinen herauf, den Geschmack von etwas Einfachem und Süßem, das sich in einer komplizierten Geschichte Geltung verschafft. Dieser Geschmack wird von einer Schlange überbracht – der Agentin des Sündenfalls, der allerersten süßen Frucht –, aber man spürt auch etwas Genussvolles, Jubelndes. Erst die Orangenlimo, dann die Revolution. Erst schief singen, dann gut kämpfen. Was aber, wenn der Orangengeschmack nur Tarnung ist? Was, wenn sich die Zungen um falsche Früchte legen? Was, wenn die Worte des Liedes falsch sind? Das Gedicht wagt es, sich für die Flucht in etwas Künstliches auszusprechen: »In Musik ist nichts Wesentliches/nur in etwas Falschem.«

Eine Erinnerung: Ich trinke Jim Beam in einer Bar in New Orleans, drei Häuserblocks von der Bourbon Street entfernt. Ich will mich in eine andere Ausgabe meiner selbst verwandeln, deshalb trinke ich Whiskey. Der Wunsch hat mit einem Dichter zu tun, in den ich frisch verliebt bin und der mit seinem eigenen Glas Jim Beam neben mir sitzt. Der Dichter hat denselben Vornamen wie der Whiskey, und wir witzeln darüber, was das für sein Schicksal bedeutet. Wenn er gerade keine Witze macht, spricht der Dichter über die Rolle des Epos in unserer Zeit. Er will, dass Lyrik wieder die großen menschlichen Ereignisse in Angriff nimmt. Manchmal spricht er auch darüber, dass sein Leben ein Fegefeuer ist, ein Fluch. Er erzählt mir, dass er mal einen Serienmörder gekannt hat.

»Also«, sagt er, »nicht so richtig gut, aber …«

Über meine Beziehung mit Jim muss man ein paar Dinge wissen: Er war die Dunkelheit, ich das Licht. Ich war Unschuld, er Erfahrung. (Er war bekennender Fan von William Blake.) Ich verfasste Belletristik, er Gedichte. Ich lebte in dem, was er »die echte Welt« nannte, er nicht so richtig. Ich war jünger, als ich ihm erzählt hatte. Er war nicht gerade alt, aber er hatte gerade eine Beziehung zu einer Frau hinter sich, deren Gebärmutterhalskrebs er nicht hatte heilen können. Das machte ihn älter. Die Frau war auch eine Art Übermensch, jedenfalls klang das so. Mit ihr hatte er so etwas wie ein »absolutes Gefühl« erlebt, das er seither vergeblich suchte. Einmal hatte sie vor einem Donut-Laden irgendwo in Wyoming den Geist von James Merrill heraufbeschworen. Sie hatte sehr viel, was ich nie haben würde.

Dieser Serienmörder also arbeitete Spätschichten in einer Pizzeria unweit von Jims College. Er war ein hünenhafter Schwarzer, ein wahres Ass mit dem Pizzaroller und immer freundlich. Er arbeitete immer noch dort, als sie eine Leiche auf seinem Grundstück fanden, und dann noch eine, und dann noch eine dritte.

»Zu wissen, dass man schon mal derart nah dran war am absolut Bösen, ist merkwürdig«, sagt Jim.

Ich denke darüber nach: Jims Stolz darüber, dass er die Dunkelheit gestreift hat, mein Stolz darüber, dass ich mit jemandem schlafe, der die Dunkelheit gestreift hat.

Und dann denke ich: wie gerne ich etwas anderes trinken würde als das, was ich gerade trinke. Ich bin eine Revolutionärin, die Durst auf eine Orangenlimo am Straßenrand hat. Ich will einen von diesen bunten Plastikkrügen mit Frozen Daiquiris, die schmecken, als wollten sie das Obst, das sie meist noch im Namen tragen, in den Schatten stellen. Meine Schwägerin nennt diese künstlichen Geschmacksrichtungen »Arschkriecher-Melone«, »Arschkriecher-Apfel« und »Arschkriecher-Banane«. Drinks, die sich vor Eifer überschlagen, um einen in ihren Genuss kommen zu lassen.

Der Versuch, sich einzuschmeicheln, um gemocht zu werden. Ist das nicht das Problem von süßlicher Literatur? Dass sie unser sentimentales Ego streichelt? Dass wir uns geschmeichelt fühlen, wenn wir unsere eigene Fähigkeit, tief zu empfinden, vorgeführt bekommen? Und dass die Befriedigung darüber eine wahrhaftige emotionale Reaktion ersetzt?

Ich wende mich an Jim und schaffe es, meinem Bedürfnis Ausdruck zu verleihen: »Ich möchte etwas Süßes trinken.«

Wir machen uns auf die Suche nach Drinks, die *Twister* und *Hurricane* heißen. Einige Jahre später, als die Dämme brechen und die Stadt überflutet wird, werden sich diese lächerlichen Namen wie Gespenster anfühlen.

Es ist für mich bedeutsam, dass New Orleans nicht mehr als die Stadt existiert, die sie war, als ich sie mit einem Mann erlebte, der für mich auch nicht mehr als der existiert, der er war. Vielleicht ist das nur ein pathetischer Trugschluss: der Verlust der großen Liebe, der die Überschwemmung einer ganzen Stadt verlangt. Aber woher kommt es, dass ich mich an mich selbst in meinen allertrivialsten Momenten erinnere? Warum sehne ich mich nach Gradmessern der Bedeutsamkeit und finde mich immer nur an Banalitäten gekettet?

Ich erinnere mich an mein Verlangen nach einem Hurricane und meine Beschämung über diesen Wunsch. Ich erinnere mich, mehr über Drinks geredet zu haben als über Serienmörder. Ich erinnere mich, dass ich Formulierungen wie »das absolut Böse«, »die großen menschlichen Ereignisse« und »ein absolutes Gefühl« innerlich ablehnte, weil ich sie zu pompös und zu unbestimmt fand. Ich fürchtete mich vor diesen Begriffen. Auch daran erinnere ich mich.

In einem nachgebauten Labor irgendwo im Zentrum von Baltimore streiten sich zwei Puppen: »Es bringt mich wirklich auf die Palme, wenn ich diesen Halunken Fahlberg lügen höre!«, sagt die eine, woraufhin ihr die ihr zugeordnete Tonaufnahme ins Wort fällt: »Entschuldigen Sie bitte meinen Ausbruch. Mein Name ist Dr. Ira Remsen.«

Die steifgliedrige Puppe von Constantin Fahlberg geht schnell zum Gegenangriff über, ihre Stimme vom Band hat einen starken russischen Akzent: »Aber mit dem Herstellungsprozess hatte er eben nichts zu tun!« Seine Arme zucken, um seiner Entrüstung Ausdruck zu verleihen.

Die Puppen liegen im Clinch wegen der Anfänge des Süßstoffherstellers Sweet'N Low. Es passt, dass sie ihre Gefühle mit derart eckigen, roboterhaften Bewegungen ausdrücken, schließlich stellen sie die Entdeckung eines Imitats nach, nämlich Saccharin (das eigentlich Benzoesäuresulfimid heißt). Sie haben es beide entdeckt – zumindest denken sie das. Stattgefunden hat das Ganze im Labor von Remsen, die Tüftelarbeit im Vorfeld allerdings geht aufs Konto von Fahlberg. Remsen hat einen Aufsatz dazu publiziert und den Ruhm eingeheimst. Fahlberg dagegen hat den Profit für das Patent eingestrichen. Das alles kam so:

Eines Tages arbeitete Fahlberg mit Kohlenteer und bekam irgendwelche Chemikalien auf den Ärmelaufschlag. An jenem

Abend schmeckte sein Brot süßer als gewöhnlich. Seine Neugierde war geweckt. Er fuhr zurück ins Labor und fing an, Spritzer auf den Laborkitteln zu probieren und Chemikalien direkt aus den Röhrchen zu verkosten. Was alles andere als eine sichere Laborpraxis war und nur möglich wurde wegen der unhygienischen Zustände damals. Aber Fahlberg gelang es so, eine Zuckerart zu entdecken, die vom Körper nicht verstoffwechselt wurde. Endlich konnten wir bis zur Übersättigung genießen, ohne die Auswirkungen davon an unserem zunehmenden Leibesumfang zu erkennen.

Dass der Genuss keine Konsequenzen hat, trägt dazu bei, dass wir dem Süßstoff mit Verachtung begegnen. Unser kapitalistisches Ethos schätzt eine gewisse Form der Einschreibung sehr: Es besteht darauf, dass sich Faulheit und Diszipliniertheit als eine Art Strichliste in den Körper einschreiben, und diese offensichtliche Lesbarkeit wird von künstlichem Süßstoff bedroht. Er ermöglicht es, die Arithmetik von Charakterschwäche und körperlich sichtbaren Konsequenzen zu umgehen – genau wie Sentimentalität Gefühle ohne den Preis des Komplizierten offeriert. *Der Luxus eines Gefühls, ohne dafür zu bezahlen.* Der Ökonomie unserer Ästhetik wohnt ein Ethos ehrlicher Arbeit inne: Man muss sich seine Reaktionen auf Kunst *verdienen*, es gilt nicht, Empfindungen einfach wie milde Gaben einzusammeln.

Und wie verdienen wir uns die Empfindung? Indem wir verworrene Figurenkonstellationen analysieren, Metaphern einem Close Reading unterziehen, charakterliche Nuancen herausarbeiten und Werke in den Kontext der Geschichte des Buchdrucks, der Sozialgeschichte, der Institutionengeschichte, der transatlantischen Geschichte und jeder anderen denkbaren Geschichte stellen. Wer fühlen will, finden wir, sollte arbeiten müssen. Wir wollen zwar alles haben und am besten sofort – aber wir wollen auch, dass es sich zuerst ein bisschen wehrt.

Wir ekeln uns, wenn wir etwas zu einfach bekommen. Aber wir sind auch gierig. Manche Frauen beschreiben den Himmel als einen Ort, an dem Nahrungsmittel keine Kalorien haben. Frank Bidarts Gedicht »Ellen West« beginnt damit, dass eine magersüchtige Frau bekennt: »Heaven/would be dying on a bed of vanilla ice cream.« Sie hätte die köstliche Freiheit, ohne körperliche Konsequenzen – ohne einen Preis in Fett zu zahlen – schwelgen und genießen zu können, denn sie wäre ja schon tot. Dieser Himmel, dieser Tod im Leben, existiert bereits hier auf Erden: Künstliche Süßstoffe befreien unsere Körper von den Sünden unserer Münder.

Einige wichtige Daten in der Geschichte des Süßstoffs:

1879: In Dr. Remsens Labor in Baltimore vergisst Constantin Fahlberg, sich die Hände zu waschen. Er entdeckt Saccharin.

1937: An der Universität von Illinois schmeckt Michael Sveda etwas Süßes am Ende seiner Zigarette – Zyklamat.

1965: James Schlatter leckt sich Aminosäuren von den Fingerspitzen – Aspartam!

1976: Ein wissenschaftlicher Assistent des Zuckerherstellers Tate & Lyle missversteht einen Arbeitsauftrag – er hört *taste* statt *test* und entdeckt Sucralose.

Die Wissenschaftler hinter unseren wichtigsten Süßstoffen sind ein zusammengewürfelter Haufen Dilettanten, die alles falsch machten, was man im Labor falsch machen kann. Sie sind zufällige – unheroische – Helden. Sie stolperten über Dinge, von denen wir nicht wissen, ob wir sie überhaupt finden wollten. Sie sind es nicht, auf die wir stolz sind.

Seit ich an diesem Essay schreibe, bin ich etliche Male vom Computer aufgestanden, um mir ein kleines blaues Päckchen Equal-Süßstoff in eine frisch gebrühte Tasse Tee zu schütten. Die Reste des Puders überziehen meine Arbeitsfläche wie eine dünne Schicht Silt. Ich bin wie Fahlberg oder Sveda: Ständig schmecke ich Süßes, wo ich es gar nicht erwarte – auf meinen Weingläsern, meinen Gemüsemessern und an meinen Kugelschreibern.

Donald Barthelmes Kurzgeschichte »Wrack« handelt von einem Mann, der alles verleugnet, was er besitzt: einen Morgenmantel, einen Frauenschuh und eine Scheibe Salami, die zwischen zwei dicken Matratzen liegt. »Sie wollen also sagen, Sie glauben, dass ich eine Bonbonniere besitze?«, fragt er einen anonym bleibenden Gutachter. »Eine Bonbonniere aus Sterlingsilber oder so was? Sie sind verrückt.«

Nur den Besitz einer Sache weist er nicht sofort von sich: den eines Hundert-Pfund-Sacks Saccharin. Ich freute mich, als ich das las. Endlich etwas, was er als sein Eigentum anerkennt! Doch fast postwendend distanziert sich der Mann wieder: Er erklärt, dass er den Sack wegen seines Leidens habe, das ihm verbiete, Zucker zu essen. Und dann weicht er noch weiter vor dem Phantom des süßen Sacks zurück: »Ich erinnere mich gerade, dass ich mir beim Frühstück Zucker in den Kaffee getan habe. [...] Ja, es war definitiv Zucker. Feinkörnig. Der Sack Saccharin ist also ganz sicher nicht meiner.« Wir sehen, wie eine Figur sich vollständig über das definiert, auf was sie gerade keinen Anspruch erhebt.

Wenn ich einen Gegenstand aus meiner Wohnung nennen sollte, dessen Besitz ich abstreiten würde, dann wäre das wahrscheinlich mein Mülleimer voller aufgerissener Papiertütchen. Es könnte bedeuten, dass diese Tütchen der ehrlichste Ausdruck meiner selbst sind.

Saccharin schafft es, so ziemlich überall verleugnet und abgestritten zu werden. In einer Kolumne im *New Yorker* aus dem Jahr 1937 geht es um eine Frau, die im Kaufhaus Saks ein winziges Döschen aus Platin entdeckt, dessen Zweck sie sich nicht erklären kann:

> »Das?«, meinte die Verkäuferin. »Nun ja, das nimmt man für Saccharin. Oder für Vogelfutter.« Sie hielt einen Augenblick inne, offenbar von ihrer eigenen Erklärung leicht verdutzt, und wiederholte dann mit Nachdruck: »Oder eben für Vogelfutter.«

Die Vögel zu füttern ist in Ordnung, aber nicht, sich selbst zu übersättigen, zumindest nicht mit etwas so Abgeschmacktem. Man hat ein Bild dieses Schächtelchens als Geheimwerkzeug des genussvollen Schwachwerdens vor Augen: ein Utensil kulinarischen Slummings oder ein Instrument gehobener Übertretung in den Händen einer Debütantin aus gutem Hause, die in köstlicher Heimlichkeit Sweet'N Low schnupft wie Koks. Was wird da umrissen von diesen Linien reinweißen Pulvers? Die beschämend deutlichen Spuren unserer am wenigsten komplizierten Begierden.

Jim und ich ziehen weiter in die Bourbon Street, wo wir keinen Whiskey trinken, sondern pinkfarbene Kurze aus Reagenzgläsern. Aus den Augenwinkeln sehen wir Feierwütige mittleren Alters tanzen. Ich hole eine Praline aus der Tasche, die ich mir am Nachmittag gekauft habe, während Jim alleine am Fluss spazieren ging. Er brauche eine Pause von mir, hat er – nicht unfreundlich – gesagt.

Wir streiten uns regelmäßig darüber, wie man Gefühle ausdrückt. Vordergründig geht es dabei um Ästhetik, eigentlich aber um uns. Es ist die ewig gleiche Auseinandersetzung, die auch Paare, die nicht Gedichte oder Prosa verfassen, tagtäglich über Aspiksalaten austragen: *Ständig redest du nur über deine Gefühle. Nie redest du über deine Gefühle. Ich verstehe dich einfach nicht.*

Jim war es, der zu mir gesagt hat, mein Gefühlsleben zwinge ihn dazu, sein Stethoskop wie ein Schlangenbeschwörer baumeln zu lassen: Meine Stimmungen seien zwar unschwer zu erkennen, aber schwierig zu lesen und noch schwieriger zu diagnostizieren. Das war vordergründig eine Beschwerde, aber ich glaube, ihm gefiel seine Metapher, und ihm gefiel es auch, dass unsere Momente der Distanz so subtil und feingewirkt waren, dass sie solche Formulierungen erforderten.

Was wiederum bedeutete, dass ich ein komplexes Geschöpf war, und er auch. Indem er versuchte, die Kluft zwischen unseren jeweiligen Komplexitäten zu überbrücken, wurde er noch komplexer und war in der Lage, ein kompliziertes Bild zu formulieren, das diesen Komplex der Kompliziertheit in sich trug. So verlieben sich Schriftsteller: Sie fühlen sich gemeinsam kompliziert, und dann reden sie drüber.

Wenn sie sich aus der Grabbelkiste der abgenutzten Phrasen bedient (»eine samtweiche Stimme«, »Haut wie Porzellan«, »ein Sturzbach der Tränen«), liefert uns bildhafte Sprache dem Süßlichen aus; sie kann aber auch ein Ausweg aus der Vorhersehbarkeit des Sentiments sein. Metaphern sind winzige Retter, die aus der Gefühligkeit hinausführen, kleine Ezra-Pound-Jünger, die darauf drängen, die Dinge anders zu sagen, anders zu formulieren. Emotionen, die in hinreichend origineller Sprache und angemessen ambivalent dargestellt sind, wirken weder abgeschmackt noch übertrieben. Metaphern übersetzen Gefühle in überraschende, sublime Sprache, zugleich brechen und zerstreuen sie den allzu strahlenden Glanz der Erkenntnis. Wallace Stevens beschreibt diese Zurückhaltung so: »Das Motiv für Metapher, zurückweichend / Vor dem Gewicht des Ur-Mittags, / Dem A B C des Seins«.

Jim hatte Angst davor, in einfachen Worten zu sprechen – dem A B C des Seins –, weswegen er lieber über Kobras sprach. Nicht aus Feigheit, sondern aus Abneigung gegenüber dem kümmerlichen Register von Beziehungsgesprächen: das, was *jeder* zu seiner Freundin sagen könnte – im Gegensatz zu dem *Besonderen*, was Jim zu mir sagen konnte.

Wovor fliehen wir, wenn wir uns ins Metaphorische flüchten? Was macht uns Angst am Ur-Mittag? Milan Kundera behauptet, dass Kitsch uns »zu Tränen der Rührung über uns selbst [bringt], über die Banalitäten, die wir denken und empfinden«, und ich glaube, dass unsere Fixierung auf das Komplizierte und das verschlüsselt Gestaltete etwas damit zu tun hat, dass wir auf der Hut sind vor diesen Banalitäten, die immerfort von den Rändern her in unser Leben und unsere Sprache dringen. Wenn wir es einfach so sagen, wenn wir unsere Empfindungen ganz unumwunden ausdrücken – dann, so unsere Befürchtung, merken wir womöglich, dass wir einfach nur banal sind.

In diesen Verdacht ist eine ganze Reihe von Ängsten eingeschrieben – nicht nur die Angst vor dem Melodramatischen und dem Unterkomplexen, sondern auch die vor der Gemeinsamkeit, davor, dass unsere Gefühle denen aller Menschen gleichen. Also weisen wir das Sentimentale von uns: um uns zu vergewissern, dass unsere emotionalen Reaktionsmuster komplexer und raffinierter sind als die von anderen Leuten, dass unser ästhetisches Empfindungsvermögen wie die Spitze eines Eisbergs Zeugnis ablegt von einer weiten Landschaft innerer Tiefe.

Als die Firma G.D. Searle & Co. in den 1980er Jahren den Süßstoff NutraSweet auf den Markt brachte, war ihnen klar, dass
sie ein Logo brauchten, das gleichermaßen für Novität *wie* Ver-
trautheit stand. Sie dachten an geometrische Grundformen,
unbestimmte Konnotationen und Wohlfühlfarben. In gewissem Sinne suchten sie nach dem Gegenteil von Stevens' moti-
vierter Metapher. Sie wollten ein Symbol, das zum Grund des
»Primären« hinabreichte, sie wollten nicht Komplexität oder
Geheimnis, sondern Sicherheit.

Searle beauftragte zwei Leute, die laut eigener Aussage zehn
Jahre lang keinen Zucker mehr geschmeckt hatten und ein allzu zuckriges, allzu offensichtlich aus der Grabbelkiste der ab-
gegriffenen Bilder hervorgestöbertes Image unbedingt vermeiden wollten. Im *New Yorker* äußerte sich einer der beiden über
dieses Dilemma:

> »Wir hatten ein Treffen mit den Leuten von der Agentur,
> und jemand meinte: ›Was haltet ihr von Herzen? Herzen
> sind doch nett. Herzen sind süß.‹ [...] Alles, worüber sie
> sprachen, war nichts als süßlich.«

Schon zu ihrer Geburtsstunde leugnet die künstliche Süße also
die Verbindung zum Süßlichen. Sie erhebt Widerspruch gegen
den Vorwurf, zu sehr sie selbst zu sein.

Im Internet wimmelt es von Süßstoff-Experten, die ständig
den Teufel an die Wand malen. Sie wissen Bescheid über
Krebs und die Vertuschungsaktionen der Lebensmittelzulas-
sungsbehörde. In Süßstoff verliebte Bloggerinnen wie Katie
Kinder findet man seltener. Hier ihre Bilanz unserer Gegenwart:

Was wäre das Leben ohne künstliche Süßstoffe? Ob es wohl so leckere Diätgetränke, Fruchtsaftgetränke, Kaugummi etc. geben würde? Auf jeden Fall keine rosa und blauen Tütchen, die man sich in den Eistee schütten kann. Alles würde fade schmecken. Ehrlich gesagt kann man sich eine Gesellschaft ohne künstliche Süßstoffe kaum vorstellen, ich jedenfalls nicht. Sie sind überall! Gott sei Dank, was für ein Glück!

Katie gelingt eine fast perfekte Apotheose aus schlechtem Geschmack und zuckrigem Beiwerk. Würde ihr jemals eine kleine Dose aus Platin in die Hände fallen, wäre sie sicher geschmacklos genug, um sie sofort mit Sweet'N Low zu füllen. Wahrscheinlich liest sie Groschenheftromanzen und weint im Kino über Hunde, die ihre verletzten Herrchen retten. In Reinform ist sie der Gegenstand der Geringschätzung, die ich den gesichtslosen Verächtern des Süßlichen unterstelle: Sie hat zu wenig Geschmackssinn, zu viel Appetit und ein aufgeblähtes Herz.

Ich versuche mich daran zu erinnern, wie ich gelernt habe, dass Sentimentalität etwas ist, wovor man besser Reißaus nimmt. Obwohl sogar das Ende der Welt mit einem süßlichen Text anfängt. In der Offenbarung wird Johannes vor einem apokalyptischen Buch gewarnt und bekommt zu hören: »In deinem Magen wird es bitter sein, in deinem Mund aber süß wie Honig.«

Ich glaube, meine Ängste haben ihren Ursprung beim *Harvard Advocate*, einer Literaturzeitschrift, deren schindelgedecktes Redaktionsgebäude mir für den Großteil meiner College-Zeit ein sicherer Hort war. Unzählige Nächte verbrachte ich Zigaretten rauchend in dem holzvertäfelten Allerheiligsten und machte mich zusammen mit anderen über die scheußlichen Klischees lustig, die wir in den eingereichten, zur Hälfte von uns selbst verfassten Texten entdeckten.

Gestern Abend am Computer habe ich »Harvard Advocate + *melodrama*« gegoogelt, weil ich dachte, ich würde eine Ansammlung von Verrissen finden, mit Ironie durchtränkte Anklagen gegen Werke, die es wagen, etwas ungefiltert zu empfinden. Ich war mir sicher, auf eine Chronik unseres kollektiv geteilten, auf der Ablehnung schamfreier Gefühligkeit beruhenden Geschmäcklertums zu stoßen.

Ich bekam aber nur einen einzigen Treffer: ein Zitat aus einer meiner eigenen Kurzgeschichten:

Sie stellte sich ihn als kindlichen Henker vor. Wahrscheinlich hatte er nur Käfer hingerichtet, möglicherweise ein paar kleinere oder besonders abscheuliche Säugetiere. Vermutlich lag er bis heute manchmal nachts wach und wurde von der Erinnerung an diese Taten heimgesucht. Er selbst würde allerdings nie von Heimsuchung sprechen, dessen war sie sich sicher. Er schien eher der Typ zu sein, der allzu melodramatische Formulierungen unangemessen fand.

Ich war es also, die mit der Unangemessenheit des Melodramatischen beschäftigt war. Ich war genau wie die Frau, über die ich da geschrieben hatte: immer dabei, mir vorzustellen, dass andere ein Problem mit Sentimentalität hatten, weil ich nicht darauf kam, was mein Problem damit war.

Als ich meine Sachen packte, um zwei Jahre lang am Iowa Writers' Workshop zu studieren, hatte ich einige vage Ideen, was ich dort schreiben wollte. Ich wollte Geschichten schreiben, die schlau, witzig und schonungslos waren, aber ich hatte keine Vorstellung davon, wovon genau sie handeln sollten. Ich wusste nur, dass ich keinen Kitsch verfassen wollte. Mein zentraler Antrieb war die krankhafte Angst vor allem Gefühlsbetonten. Also dachte ich mir Protagonisten aus, die sich selbst hassten und so ziemlich alles um sie herum ablehnten. Eine der ersten Geschichten, die ich in Iowa schrieb, handelte von einem Mädchen namens Sophie, dem ich ein unterirdisches Selbstbewusstsein und eine Wagenladung unglücklicher Umstände verpasste.

Ein Mann aus meinem Kurs schrieb als Feedback auf meinen Text:

> Wahrscheinlich wird mir jemand dafür in die Eier treten wollen, aber man hat bei dieser Geschichte manchmal den Eindruck, als ob die Autorin nichts weiter tut, als Sophies Schicksalsschläge aufzulisten: Ihr Gesicht ist entstellt, deswegen hat sie ein verkrüppeltes Selbstbewusstsein, aber außerdem ist sie noch sexuell missbraucht worden, Jungs stehen nicht auf sie, sie hat vielleicht eine Essstörung und ist von der Uni zuerst abgelehnt worden, weswegen sie quer einsteigen musste. Läuft irgendwas jemals gut bei Sophie?

Die Kritik war berechtigt. Sophie hasste sich, weil ich sie ebenfalls hasste. Ich verabscheute sie, weil sie mich dazu brachte, eine derart melodramatische Geschichte zu schreiben. Und ich hasste mich dafür, dass ich ihr so viel Selbsthass mitgab.

Ich war nicht die Einzige, der das so ging. Die Kritik eines anderen Kommilitonen begann so: »Zunächst mal muss ich sagen, dass ich keine der Figuren mochte. […] Ich musste Protagonisten, die mir nicht am Herzen lagen, dabei zusehen, wie sie Dinge taten, die ihnen offenbar ebenfalls nicht am Herzen lagen.« Es stimmte: Ich hatte mich bemüht, Sophie so wenig Handlungsmacht und Antrieb zu geben wie möglich. Ich wusste, die Ereignisse in dieser Geschichte balancierten auf dem schmalen Grat zum Melodramatischen, und befürchtete, dass Sophie über die Kante springen würde, wenn ich sie irgendwie aktiv werden ließe. Ich schrieb ihre Geschichte also in einer Sprache, die als »epidemisches Passiv« bezeichnet wurde – ein Vorwurf, den ich noch im Rückblick lieber im Passiv stehen lasse.

Meine Angst vor zu viel Gefühl und meine dadurch bedingte Angst vor dieser Angst hatten sich verbündet, um einen verbitterten Hybriden in die Welt zu setzen. Irgendwie hatte ich es geschafft, die Schwächen von Sentimentalität und Anti-Sentimentalität in einer einzigen Geschichte zu verweben, eine übertrieben tragische Kette von Ereignissen zu stricken und von ihnen so zu erzählen, dass ganz sicher niemand auch nur das Geringste empfand.

Pathos und Melodrama trennt nur ein Mechanismus: Wenn Bilder zu simpel sind und Handlungsstränge zu vorhersehbar, wenn Empfindungen zum Zweck der emotionalen Manipulation übertrieben werden, wenn Sprache süßlich ist anstatt frisch, dann bekommt das Hervorrufen von Gefühl eine billige Note. Sentimental wird es, wenn Gefühle zum Werkzeug werden, um die affektiven Egos aller Beteiligten aufzupumpen. »Der Kitsch ruft zwei nebeneinander fließende Tränen der Rührung hervor«, schrieb Milan Kundera. »Die erste Träne besagt: wie schön sind doch auf dem Rasen rennende Kinder! Die zweite Träne besagt: wie schön ist es doch, gemeinsam mit der ganzen Menschheit beim Anblick von auf dem Rasen rennenden Kindern gerührt zu sein!«

Das ist sie, die arschkriecherische Frucht der Westentaschen-Pastoralen: ein anbiedernd überschwängliches Bild, dessen Lockungen wir uns gern ergeben, weil es uns so dastehen lässt, wie wir uns selbst gerne sehen möchten. Unsere Tränen werden zu Sinnbildern und Trophäen unseres Mitgefühls.

Aber zielt Anti-Sentimentalität nicht auf den gleichen Ego-Kick, nur eben auf dem gegenläufigen Weg? Weisen wir nicht das Sentimentale von uns, um uns selbst als wahrhaft Fühlende zu erleben, souverän gebietend über die schwierigen und die echten Empfindungen? Auch wenn bei der anti-sentimentalen Haltung mehr Pfeile fliegen als Tränen fließen: Sie ist ebenso ein Modus der Bestärkung der eigenen Identität. Man kann die überlegene Sensibilität seiner Wahrnehmung demonstrieren; anstelle seiner Empathiefähigkeit vergewissert man sich seines Urteilsvermögens. Die Selbstgerechtigkeit beruht hier auf Ablehnung – eine Art masturbatorischer doppelter Verneinung.

Selbst wenn sich aus der konfektionierten zweistufigen Reaktion, die Kundera beschreibt, keine ästhetische Transzendenz ergibt – hat sie vielleicht irgendeinen anderen Wert? Wie lässt sich das Vergnügen beschreiben, das Menschen aus schnulzigen Liebesfilmen ziehen? Wofür könnte das massenhafte Hervorrufen von Gefühlen gut sein? Wenn etwas Vergnügen bereitet, müsste man es dann nicht respektieren – oder muss man auf falsches Bewusstsein pochen und ganz anders argumentieren? Ist es wirklich so, dass bessere Kunst auch bessere – tiefer reichende, geschmeidigere, moralisch redlichere – Gefühle hervorruft?

Auch ein Rührstück kann uns über den Abgrund zwischen unserem eigenen und dem Leben anderer hinwegtragen. Ein fürchterlicher Fernsehfilm über Drogensucht kann immer noch dazu führen, dass jemand Mitgefühl entwickelt. Egal, wie stereotyp der Drogenabhängige gezeichnet ist, egal, wie berechenbar der Plot ist und wie peinlich inszeniert das Marionettentheater, das unsere Herzen an seinen Fäden tanzen lässt. Schlechten Filmen, schlechten Texten und billigen Klischees gelingt es trotzdem, dass wir Gefühle füreinander entwickeln. Einerseits stößt mich das ab. Andererseits finde ich es großartig.

Ich habe mal ein Lied von Buffy Sainte-Marie anderthalb Stunden lang in Endlosschleife gehört: »For better your pain, than be caught on Co'dine. An' it's real, an' it's real, one more time.« Codein betäubt den Schmerz, legt einen Verband darum, und der Song reißt ihn wieder runter. Lieber den Schmerz spüren anstatt ihn unter Mull vergraben. Es ist die altbekannte Spannung zwischen dem Fühlen und dem Unterdrücken des Gefühls, zwischen dem Sich-Aussetzen und der Verweigerung. Doch wenn man den Song in Endlosschleife hört wie ich, mit meinen Zigaretten und meinem parasitären Kummer, dann löst der Gegensatz sich auf. Indem ich mich ganz der Traurigkeit des Songs hingab, wurde er selbst zu einem Betäubungsmittel, zu einer Empfindung, die ich aufsaugte wie eine Droge, zu einer einfachen Note, der ich wieder und wieder nachspüren konnte – während ich das Chaos, das auf mich wartete, sobald die Musik verstummt war, aufschieben konnte.

Jetzt rennen Jim und ich durch die Kopfsteinpflastergassen des French Quarter. Pastellfarbe blättert von den Wänden und legt die pastellfarbene Schlangenhaut noch älterer Wände darunter frei. Jim nimmt mich huckepack. Wir schreien, weil wir am Leben, in New Orleans und unglaublich betrunken sind – und weil wir, auch wenn wir dieses Wissen nicht allzu schwer wiegen lassen, ineinander verliebt sind. Wir mögen unterschiedliche Vorstellungen davon haben, wie wir uns betrinken sollten, aber jetzt gibt es nichts mehr, über das gestritten werden muss. Cool. In diesem Moment stellen sich uns keine Fragen. Und wir stellen auch keine.

Nachdem er mir das Herz gebrochen hatte, schrieb ein Dichter (noch ein Dichter!) in einem seiner Gedichte: »Wir tranken Kaffee mit so viel Sahne, dass wir nur noch die Sahne schmeckten.« Ich fragte mich, ob das unser Verderben war. Vielleicht war das schon immer mein Verderben: zu viel Sahne und zu viel Süßstoff im Kaffee.

Vielleicht habe ich mir erlaubt, zu schnell oder zu sehr an die Oberfläche der Freude zu glauben, ohne mich der Komplexität dessen, was darunter liegt, zu widmen. Vielleicht habe ich deswegen mit so vielen Männern Schluss gemacht, nachdem der anfängliche Liebesrausch verflogen war und etwas anderes hätte kommen müssen. Vielleicht habe ich mich zu sehr in die Flitterwochen meiner Beziehungen gestürzt, um mit dem klarzukommen, was danach folgt. Ich war noch nie jemandes »Süße«, jemandes »Schatz«. Wenn mich ein Freund mal als »süß« bezeichnete, bin ich immer nervös geworden: War ich nicht mehr als das? Süß zu sein schien mir so beschränkt, es schien zu entlarven, dass irgendetwas fehlte oder nicht stimmte.

Die Flitterwochen: *Honeymoon*. Tage, die zu süß sind, um anzudauern. Zu süß, um auf die Weise *wahrhaftig* oder *profund* zu sein, wie wir diese Konzepte üblicherweise verstehen – als etwas, das nuanciert ist und stetig, ein unvermeidliches Chiaroscuro aus Höhen und Tiefen. Der Zustand der Berauschtheit vom Honig – süß, verzehrend – ist das unschuldige Gegenstück zur schwierigen Aufgabe einer dauerhaften Beziehung zwischen zwei Menschen. Aber ist das wirklich die ganze traurige Wahrheit des Süßen? Sein Sättigungspunkt? Seine Obergrenze?

Wie kann ich meinem Glauben daran Ausdruck verschaffen, dass der Honig selbst Tiefe in sich trägt? Dass unsere unkomplizierte Fähigkeit, uns begeistern zu lassen, uns von etwas unendlich Einfachem bewegen zu lassen, etwas Gehaltvolles birgt? Ich weiß nicht, wie ich es formulieren soll, damit es sentimental genug klingt, um den Beweis anzutreten, aber nicht so sentimental, um die Aussage selbst zu widerlegen.

Vielleicht führe ich immer noch ein Gespräch mit dem Dichter, lange nachdem er aufgehört hat, mit mir zu sprechen. Vielleicht schreibe ich, um mich zu rechtfertigen, vielleicht, um zu kapitulieren: *Ich könnte dir noch einen anderen Kaffee machen, wirklich! Ich könnte ihn ohne so viel Sahne drin machen – aber wir könnten auch einfach weiter Sahne trinken, für immer!* Vielleicht ging es in diesem Gedicht auch gar nicht um mich.

»You're so vain«, sang Carly Simon, »you probably think this song is about you.« »Seien wir doch ehrlich«, sagte Warren Beatty. »In dem Song ging es um mich.«

Vielleicht attackieren wir das Rührselige auch aus der Angst heraus, es könnte uns dazu veranlassen, dass wir uns der Texte, die wir lesen, bemächtigen, dass wir uns mit unseren emotionalen Befindlichkeiten aufdringlich in die Geschichten hineindrängen und ihre Szenen und Sätze mit unseren Tränen zukleistern. Vielleicht weinen wir doch meistens nur um uns selbst. Oder weil wir uns weinen spüren wollen.

Mark Jefferson behauptet, dass Sentimentalität eine Frage der Entscheidung sei. Seiner Theorie nach wählen Menschen die verzerrte Wahrnehmung der Wirklichkeit, um in Reaktion darauf etwas zu empfinden. Er beschreibt Sentimentalität als spezifische Ausprägung einer vererbten Verzerrung, einer »Fiktion der Unschuld«, die nach komplementären Fiktionen der Boshaftigkeit verlangt. Diese erzeugten ein »moralisches Klima, das vulgäre Antipathie und deren aktive Bekundung sanktioniert«. Ich stimme zu, dass das Sentimentale solche komplementären Fiktionen auf den Plan ruft, aber ich glaube weder, dass sie zwangsläufig das von ihm befürchtete moralische Klima generieren, noch, dass sie zwangsläufig zu einer eindimensionalen ästhetischen Reaktion (»vulgäre Antipathie«) führen.

Ich glaube, dass Sentimentalität manchmal Antipathie hervorruft und manchmal nicht. Ich glaube, dass diese Antipathie manchmal von Nutzen ist und manchmal nicht. Und dass manchmal keine Antipathie, sondern Mitgefühl hervorgerufen wird. Wenn wir die Wahl haben, wie wir auf sentimentale Fiktionen reagieren, dann haben wir auch die Möglichkeit einer selbstreflexiven Rezeption: Wir können zulassen, dass wir etwas fühlen, und wir können diesen Gefühlen auf den Grund gehen.

In Wahrheit aber wehrt sich auch in mir etwas gegen Sentimentalität. Ich fürchte ihre überspannten Gesten und gebrochenen Versprechen. Aber genauso fürchte ich das, was eintritt, wenn wir vor ihr wegrennen: Ermattung, Ironie, Kühle. Ich bin gegen den Sirenengesang beider Pole nicht immun. Mein eigenes Schreiben ist schon als »kalte Prosa« bezeichnet worden, und es war keine unzutreffende Bezeichnung. Ich habe Sophie leiden lassen, aber ich habe auch dafür gesorgt, dass es ihr egal war. Ich habe mich bereits an sämtlichen Stationen des sentimentalen Zyklus aus Schuldgefühl und Genuss wiedergefunden: ans Tragische geklammert und vor seinen Verästelungen in verflüssigte oder eingefrorene Ersatzgefühle fliehend.

Ich bin nicht die Erste, die in der Folge postmoderner Ironie nach Sentimentalität ruft. Wir sind ein Chor, seit Jahren schon. Früher wurde dieser Chor geleitet von David Foster Wallace. Heute dirigiert ihn sein Geist. »Ein Ironiker bei einem

Treffen der Bostoner AA ist eine Hexe in der Kirche«, schrieb er in *Unendlicher Spaß*. Ernst genommene Klischees der Heilung waren für Wallace ein Vektor literarischer Möglichkeit. Er stellte sie – die wiedergewonnene Empfindsamkeit des eindeutigen Schreibens, die großen, simplen, mit Pastellkreide gezeichneten Gefühle, die uns vielleicht tatsächlich durchlässig füreinander werden lassen – ins Zentrum der unendlich komplexen Landschaft seiner Phantasiewelten. Er war auf der Suche nach einer Literatur, die unsere »Köpfe herzgleich schlagen« lässt, einer Literatur, in der gleichermaßen Platz ist für das Fühlen und dessen Infragestellung.

Ich glaube daran, dass es dieses herzgleiche Pulsieren wirklich gibt. Ich glaube daran, dass sich Weihnachtsrisiken lohnen. Ich glaube an eine immer wieder in Frage gestellte Sentimentalität, die nicht zulässt, dass ihre Verzerrtheit allzu leicht vererbt wird. Ich möchte eine Lanze brechen für den Wert jenes Augenblicks, in dem wir spüren, dass das Sentimentale Risse bekommt und seine Gewöhnlichkeit preisgibt, in dem sich der Blick öffnet auf etwas Größeres. Es ist ein produktiver Moment, denn auf den Rausch des Zuckersüßen folgt immer ein geschärfter Sinn für alles Nichtsüße. Wenn dem Süßlichen ein ungetrübter – stark vereinfachender und ungeniert fiktiver – Zauber des Fühlens innewohnt, dann liegt sein Wert vielleicht in dem Moment, in dem wir seinem Zauber – mit einem Gefühl der Demaskierung und der Schuld – wieder entkommen. Wir möchten die Sterne erweichen, aber wir können die gesprungenen Kessel unserer Versuche nicht vergessen, oder die Tatsache, dass unsere Melodien immer schon brüchig sind.

Ich möchte, dass wir uns prallvoll machen mit Sentimentalität und darunter leiden, dass wir uns betrogen fühlen von ihrer Gewöhnlichkeit und verwundet von der glasharten

Oberfläche ihres Himmels. Das ist ein Weg, um dem Ur-Mittag von Wallace Stevens näher zu kommen. Wir werfen uns in die Arme des Wunders und stürzen ins Einfache, bis wir uns endlich, davon schwer und besinnungslos, auf dem Grund wiederfinden.

Nebelzählung

Es ist früh am Morgen, und ich bin auf der Suche nach Vierteldollars. Die Stadtmitte von Fayetteville ist beschaulich und voller stattlicher Häuser: Bergbau-Geld wahrscheinlich. Wir befinden uns im Herzen des Kohlereviers. Das Diner an der Ecke hat noch nicht geöffnet. »Das einzige kreolische Restaurant in West Virginia« hat noch nicht geöffnet. Das Rathaus hat noch nicht geöffnet. Im Fenster steckt ein Flyer, der zu einer Geldsammelaktion aufruft, damit für ein Mädchen namens Izzy ein Baumhaus gebaut werden kann.

Ich brauche Vierteldollars, weil ich auf dem Weg ins Gefängnis bin und man mir gesagt hat, dass sie dort sehr praktisch seien. Ich will einen Mann namens Charlie Engle besuchen, mit dem ich seit neun Monaten in regem Austausch stehe. Er hat versprochen, dass wir uns mit Junkfood aus dem Automaten die Bäuche vollschlagen können, während wir uns unterhalten – vorausgesetzt, ich bringe Vierteldollars mit. Besuchszeit ist von acht bis drei. Wenn ich mir vorstelle, von acht bis drei zu reden, werde ich nervös. Ich habe Angst, dass ich meine Fragen vergesse oder dass es die falschen Fragen sind. Ich stelle mir schon mal unsere Mahlzeiten vor: Automatenfrühstück, Automatenmittagessen. Ich denke schon jetzt darüber nach, was ich tun werde – was ich essen, wen ich anrufen und wohin ich fahren werde –, wenn ich wieder draußen bin.

Charlie und ich haben uns vor zwei Jahren bei einem Ultramarathon in Tennessee kennengelernt, nur wenige Monate bevor Charlie des Hypothekenbetrugs überführt und zu einundzwanzig Monaten in der Federal Correctional Institution Beckley in Beaver, West Virginia, verurteilt wurde.

Charlie ist eine Katze mit vielen Leben: früher mal cracksüchtig, Vater zweier Kinder, Spezialist für Hagelschäden, Fernsehproduzent, Motivationstrainer, Dokumentarfilmstar und – während der letzten zwanzig Jahre – einer der erfolgreichsten Ultradistanzläufer der Welt. Mit dem Laufen hat Charlie schon in der achten Klasse angefangen: *Ich war ein unbeholfener, total gehemmter Schlaks – nur beim Laufen nicht*, schrieb er mir einmal. *Beim Laufen fühlte ich mich geschmeidig, frei und glücklich.*

Charlies Leistungen sind in der Gemeinde der Ultraläufer legendär: Er ist quer durchs Death Valley gelaufen, er ist quer durch die Wüste Gobi gelaufen – und quer durch die USA. Er ist Hunderte Kilometer querfeldein durch den Dschungel von Borneo gelaufen und noch weiter durchs Amazonasgebiet. Er hat den Mount McKinley bestiegen. 2006 und 2007 lief er sechstausendneunhundert Kilometer durch die Sahara. Dieses Unterfangen wurde filmisch dokumentiert, und der so entstandene Film wurde zum Auslöser eines juristischen Alptraums.

Die Geschichte über Charlies Verhaftung und Verurteilung ist lang und erschütternd. Hier sind die Eckpunkte: Nachdem er den Sahara-Film gesehen hat, fängt ein Steuerbeamter namens Robert Nordlander an, sich Fragen zu Charlies Finanzen zu stellen. Er will wissen: Wie finanziert so ein Typ seine ganzen Abenteuer? Ich habe versucht, Nordlanders Neugierde als den Instinkt der Berufung zu interpretieren. Vielleicht fragt so ein Mann sich ständig, wie Leute, die er nicht kennt, eigentlich ihre Steuern bezahlen – so wie ich mich frage, wie Leute, die ich nicht kenne, mit ihrer Mutter klarkommen und welche Geheimnisse sie vor ihrem Partner haben.

Nordlander strengte eine Untersuchung an – und fand nichts, was nicht korrekt war an Charlies Steuern. Aber statt den Fall wieder zu schließen, blieb er hartnäckig dran. Er holte sich die Erlaubnis, in Charlies Abfall zu wühlen. Er holte sich die Erlaubnis für Methoden, die vor der Verabschiedung des Heimatschutzgesetzes illegal gewesen wären. Er sah sich Charlies Immobilien an. Er schickte eine – vollverkabelte – Undercover-Agentin los, die Charlie zum Abendessen einlud. Charlie war zu diesem Zeitpunkt Single. Er ließ sich einladen. Er wollte Eindruck schinden. Er erzählte, sein Makler habe ihm zu einigen *liar loans* verholfen – das gängige Kürzel für Kredite, die nach der mündlichen Angabe der Einkommenshöhe ungeprüft vergeben werden –, und dieses Geständnis, das keines war, gab letztlich den Ausschlag. Im Oktober 2010 wurde Charlie wegen zwölfmaligen Post-, Bank- und Überweisungsbetrugs verurteilt. Nordlander hatte endlich gewonnen.

Charlies Fall war Teil einer viel größeren Geschichte, nämlich der durch minderwertige Kredite ausgelösten Finanzkrise. Man kann davon ausgehen, dass seine Verurteilung motiviert war von der allgemeinen Erkenntnis, dass etwas ganz entsetzlich schiefgelaufen war, sowie dem Bedürfnis, Menschen zur Verantwortung zu ziehen. Also wurde Charlie zur Verantwortung gezogen für etwas, das Millionen von Menschen getan hatten, noch dazu für etwas, das getan zu haben er – mit stichhaltigen Beweisen – bis heute abstreitet. Er wurde zum Sündenbock für den unausweichlichen Kollaps eines von Rücksichtslosigkeit und Gier bestimmten Systems.

Zum Zeitpunkt der Anklageerhebung war Charlie verlobt. Die Verlobung überstand den Gerichtsprozess nicht. Charlie kam ins Gefängnis – einen Bundesstaat entfernt von seinen in North Carolina lebenden Söhnen im Teenageralter. Er verlor seine Sponsoren. Er verlor zwei Laufjahre. Er verlor seine Bewegungsfreiheit. Er verlor – wie er es ganz nüchtern formulierte – eine Menge.

Den ersten Brief schrieb ich an Charlie, weil mich sein Leben faszinierte. Der Gedanke, dass ich bei unserer ersten Begegnung in den Bergen von Tennessee keine Ahnung hatte, was alles passieren, wie sich alles für ihn verändern würde, löste in mir ein Schwindelgefühl aus. Ich fragte mich, wie es für ihn war, inhaftiert zu sein. *Beim Laufen fühlte ich mich geschmeidig, frei und glücklich.* Er hatte einen Körper, der darin Trost fand, sich durch die Landschaft zu bewegen – durch Wüsten, Regenwälder und ganze Länder. Der Kern seiner Lebensweise verwies sehr direkt auf das, was eine Freiheitsstrafe zuallererst tut: einen Menschen an einen Ort binden. Ich wollte wissen: Was passiert, wenn man einem Mann, dessen ganzes Leben aus Bewegung besteht, die Bewegungsfreiheit nimmt?

Was zunächst passiert: Man macht diesen Mann zu seinem Brieffreund. Charlies Briefe waren klug, witzig und ehrlich. Er machte große Bögen um seine haftbedingte Verzweiflung, aber mit solch spürbarer Willensanstrengung und Ernsthaftigkeit, dass die Wut und die Verzweiflung als eine in die Seitenränder gefräste Negativform hervortraten. Charlie beschrieb sie als eine Klippe, von der er sich immer wieder wegziehen musste. *Meine Wut ist gigantisch, aber ich verabscheue das Gefühl, die Kontrolle zu verlieren, was meistens dann passiert, wenn ich dieser Wut Luft verschaffe.* Er suchte nach etwas, was er der Situation abgewinnen konnte: *Es ist wie mit allen Schwierigkeiten im Leben: Wenn es uns gelingt, offen zu bleiben, wird sich etwas Positives ergeben. Allerdings frage ich mich schon, was das in diesem Fall sein soll. Ich habe eine Menge verloren.*

Er schrieb über seine Mutter, die in die Demenz abglitt: *Ich vermisse sie. Ich könnte sagen, wie unfair es ist, dass ich nicht zu ihr kann, und ich hätte recht.* Er schrieb über Frauen: *Noch nie, seit ich erwachsen bin, habe ich so lange keinen Sex gehabt. Ich glaube nicht, dass ich es da draußen jemals ein ganzes Jahr allein ausgehalten hätte.*

Da draußen: Das war eine Formulierung, die beim Barkley-Marathon häufig fiel, jenem Ultramarathon, bei dem ich Charlie kennengelernt hatte. Ein brutales Rennen von ungefähr hundertsechzig Kilometern Länge (das ändert sich von Jahr zu Jahr), das durch die dornbuschbestandenen Hügel von Tennessee führt. Beim Barkley-Marathon stand *da draußen* dafür, sich in der Wildnis, auf der Strecke, zu verirren, gefunden zu werden oder sich seinen Weg durchs Unterholz zu schlagen. *Da draußen* bedeutete, in Bewegung zu sein, sein Ding zu machen, zu gewinnen oder geschlagen zu werden. *Hier drin* – im Gefängnis – stand für das Gegenteil von alldem. Es bedeutete, nie die Orientierung zu verlieren und nie an einen Ort zu kommen, an dem man noch nie gewesen ist.

Manchmal kamen sehr niedergeschlagene Briefe von Charlie: *Mit meiner Mutter geht es bergab, mit meinem Knie geht es bergab, mit meiner inneren Einstellung geht es bergab.* Oder: *Heute bin ich voller Angst aufgewacht.*

Er musste das Laufen auf der Aschenbahn des Gefängnisses aufgeben, weil aus einer alten Verletzung eine Baker-Zyste geworden war, eine dicke Schwellung in der Kniekehle. Er beschrieb den frustrierenden Versuch, eine Behandlung zu bekommen: *Ich versuche seit mehr als 90 Tagen, einfach nur einen Arzttermin zu kriegen. Die Gleichgültigkeit hier ist fast unvorstellbar.*

Zu Weihnachten schickte er die Fotokopie einer Karikatur: einen bärtigen Weihnachtsmann, der durch Gitterstäbe auf einen kümmerlichen Weihnachtsbaum starrt. Das darunterstehende »Wish You Were Here« war durchgestrichen. Darüber stand: »Wish I Was There.«

Charlie zu schreiben löste oft Schuldgefühle in mir aus. Wenn ich ihm von etwas so Einfachem wie einem Spaziergang durch mein Viertel berichtete – dort die Methadonklinik, da die blühenden Pfirsichbäume –, beschlich mich das Gefühl, dass ich keine Chance hatte, Charlie von meiner Welt zu erzählen, ohne gleichzeitig Salz in die große Wunde seines Lebens zu streuen. Ich schrieb ihm, wie ich im Regen gejoggt und am Ende so pitschnass war, dass ich mich eins mit dem Regen fühlte, und dass mich das Joggen im Regen in New Haven daran erinnerte, dass ich nach dem Tod unseres Großvaters einmal mit meinem Bruder im Regen in Virginia gejoggt war, am Ufer des Chesapeake entlang, an einer Fischfabrik vorbei. *Es ist vielleicht nicht so nett von mir, übers Laufen zu schreiben*, schrieb ich, schickte den Brief aber trotzdem ab. Ich dachte, es sei vielleicht anschlussfähig an etwas, das Charlie mir geschrieben hatte, nachdem er während eines Sturms auf der Gefängnisbahn gelaufen war. Es sei der beste Zeitpunkt gewesen, alle anderen waren reingegangen. Der bislang einzige Moment, in dem er es geschafft habe, ganz allein zu sein.

Die Telefonate mit Charlie waren noch merkwürdiger: In gleichmäßigen Abständen verkündete eine Stimme, *Sie sprechen mit einem Insassen einer Justizvollzugsanstalt*, und ich ging im Licht der Abenddämmerung die Trumbull Street entlang, während er irgendwo hockte. In einer engen Plastikkabine? Ich konnte es mir noch nicht mal vorstellen. Nachdem wir unser Gespräch beendet hatten, aß ich gebratene Forelle im nettesten Restaurant der Stadt – während er sich auf sein oberes Stockbett zurückzog, um bis spät in die Nacht hinein zu lesen.

Ich war froh, wenn er über die Vergangenheit schrieb, denn dann kommunizierten wir auf Augenhöhe – eigentlich hatte er ja sogar mehr Vergangenheit als ich, *mehr Lebenserfahrung unterm Trikot*, wie er es formulierte. Wir schrieben beide übers

Trinken und übers Drogennehmen und übers Aufhören. Charlie schrieb vor dem Hintergrund seiner zwanzigjährigen Abstinenz aus einem Gefängnis, in dem, so vermutete er, bei Haftbeginn außer ihm keiner der mehr als vierhundert Männer clean gewesen war. Als Mittzwanziger hatte Charlie eine Firma für die Beseitigung von Hagelschäden, durch die er im ganzen Land rumkam: den Schlechtwetterlagen und ihrem Kometenschweif aus Schadensfällen hinterher – und der nächsten Dosis Crack in den übelsten Vierteln beschissener Städte im Mittleren Westen. Der Tiefpunkt war erreicht, als in der falschen Gegend von Wichita wütende Dealer auf ihn schossen. Für das, was er damals gemacht hat, hätte er eine deutlich höhere Gefängnisstrafe kriegen können als die, die er jetzt für etwas absitzt, dessen er nicht schuldig ist.

Ich schrieb Charlie von dem einbeinigen reisenden Magier, den ich vor Jahren in Nicaragua kennengelernt hatte und der ein Trinker war. Davon, wie unsagbar traurig seine Trunkenheit mich gemacht hatte und wie ich Jahre später an ihn denken musste, als ich selbst betrunken über meine eigenen Krücken stolperte. Ich schrieb ihm, wie ich mit einem Mädchen, das gerade aufgehört hatte zu trinken, einen Ausflug zu einem Raubvogelgehege in der Nähe von Iowa City machen wollte – *wir schauen uns die verwundeten Eulen an*, hatte ich versprochen, als ob diese Vögel mit ihren gebrochenen Flügeln das siebte Weltwunder seien – und mich dann auf dem Weg verfahren hatte und so lange im Kreis herumgegurkt war, bis wir schließlich zusammen auf einer Bank hockten und Zigaretten rauchten und ich mich wie eine Versagerin fühlte, weil ich das Nüchternsein doch als einen Zustand voller Möglichkeiten präsentieren wollte, es aber zu einer einzigen großen Enttäuschung werden ließ.

Im Frühjahr schrieben Charlie und ich uns eine Woche

lang täglich. Wir teilten uns gegenseitig die Frequenz unserer Korrespondenz mit und machten daraus ein Ritual. Details rückten in den Fokus. Er beschrieb einen Streit wegen nicht zurückgezahlter Schulden, ein größerer Typ, der sich einem kleineren nähert: *Mit Blut am Messer oder Scheiße am Schwanz – ich hole mir, was mir zusteht.* Er schrieb über die Entwicklungsgeschichte der Freitage seines Lebens: billiges Bier vom Fass, als er noch trank, der Ruhetag vor dem Rennen, als er nüchtern war. Im Gefängnis war ein Freitag noch mal anders: *Seit 15 Monaten gibt es jeden Freitag ein quadratisches Stück Fisch unbekannter Herkunft zu Mittag, dazu süßen Krautsalat und Pommes, die ich nicht esse. Freitag bedeutet: sehr laute Mithäftlinge, die bis spät in die Nacht Karten oder Domino spielen. Freitag bedeutet: Es wird ein neuer Film gezeigt, den anzusehen ich mich weigere, denn ich will noch nicht einmal so tun, als fühlte ich mich hier wohl.*

Charlie schrieb, wie man beim Proviantmeister Süßigkeiten und Instantkaffee erstehen konnte und wie ein bestimmter Strafvollzugsbeamter beim Mittagessen immer sofort losbrüllte, wenn ein Insasse sich nicht schnell genug zwischen Keksen und Obst entscheiden konnte. Er beschrieb, wie Beckley sich am Muttertag anfühlte: *Muttertag generiert ein Gefängnis voller Zombies, die benommen durch die Gegend wanken und hoffen, dass der Tag schnell vorbeigeht.* Am Muttertag dachten die Männer an ihr Versagen als Söhne. Jeder Feiertag war eine Erinnerung an das Leben *da draußen*, das keiner von ihnen lebte.

Charlie lud mich ein, ihn besuchen zu kommen. Er setzte mich auf seine Besucherliste und erklärte mir die Regeln: *Du solltest wahrscheinlich keine Hotpants und kein enges Top tragen. Und besser keine Drogen und keinen Alkohol mitbringen.* Einmal kam eine Frau in einem Rock ohne Höschen drunter. Sie besuchte, schrieb Charlie, *einen sehr jungen Mann mit einem sehr langen Strafmaß.*

Im Internet fand ich weitere Richtlinien: Es ist nicht erlaubt, in Camouflage-Kleidung zu kommen, genauso wenig wie in Elastan, einem dem Gefängnis-Khaki zu stark ähnelnden Khaki-Grün oder in Stiefeln, die aussehen wie die Beckley-Stiefel. Wenn es sehr neblig ist, kann es passieren, dass Besucher abgewiesen werden. Bei Nebel werden in Beckley die Zügel angezogen. Die Insassen werden häufiger durchgezählt. Ich stellte mir diesen Nebel – diesen mythischen Nebel von West Virginia – dick und wogend vor und so dicht, dass man auf ihm in die Freiheit reiten kann wie auf einer Welle. Jede Nebelzählung ist ein Akt der Abwehr ungeahnter Möglichkeiten: Beckley nimmt seine Männer fest in den Griff, zählt sie ab, pfercht sie zusammen, schließt sie weg.

Die Verkaufsliste der Proviantstelle fand ich als unscharf gescanntes PDF im Netz. Zu bekommen sind dort: »Berry Blue Typhoon«-Mixgetränke, Dosenmakrelen, Beef Jerky, »German Chocolate«-Kranzkekse, Erdbeershampoo, »Lusti Coconut Oil« sowie etwas, das »Magic Grow« heißt. Es gibt kurze Trainingshosen, Reinigungstabletten für Zahnprothesen, Jalapeño-Ringe, die koscher und halal sind, Magnesiumhydroxid zur Neutralisierung der Magensäure, ein Mittel gegen Akne und Gebetsöl.

Im Netz habe ich auch eine Art Hausordnung gefunden. Sie regelt, wie Insassen sich zu bewegen haben, wie sie sich sauber zu halten haben und was sie besitzen dürfen. Zu viel Besitz stellt eine Brandgefahr dar. Fünf Bücher und ein Fotoalbum sind erlaubt. Bastelmaterial für die Freizeitgestaltung muss sofort nach Benutzung entsorgt werden. Fertiggestellte Bastelerzeugnisse dürfen *ausschließlich* an Menschen verschickt werden, die auf der offiziellen Besucherliste stehen. Die Verschickung der Bastelerzeugnisse darf nicht zur Belästigung ausarten.

Wenn man sich an die Regeln hält, bekommt man nicht nur die ganz normale, offiziell vorgeschriebene Hat-keine-Schei-ße-gebaut-Freizeit (*Statutory Good Time*), sondern zusätzliche Freizeit (*Extra Good Time*), die weiter unterteilt ist in »Werk-stattfreizeit« (*Industrial Good Time*), »Strafvollzugsgemein-schaftsfreizeit« (*Community Corrections Center Good Time*), »Be-lohnungsfreizeit« (*Meritorious Good Time*) und »Lagerfreizeit« (*Camp Good Time*). Camp Good Time! Nicht wirklich.

Auf der Interstate 68 in Richtung Osten spüre ich, wie sich am Übergang von Maryland zu West Virginia der Highway un-ter mir ändert. Die Landschaft ist schön, richtig schön: end-lose, sattgrüne Wälder, vollkommen unberührt, unzählige Grüntöne auf Hügeln, die sich nach hinten in wallende Ne-belbänke hinein staffeln. Mir kommt die Idee, dass die Sache mit dem Kohlebergbau in West Virginia nur eine Vorstellung sein könnte, etwas, worüber im National Public Radio geredet wird. Vielleicht ist Bergbau nur das Motto des Stahl-skulpturengartens zu meiner Linken (Coal Country Minia-ture Golf), vielleicht sind da gar keine Narben in aufgerissener Erde. Die Landschaft wirkt unglaublich *un*vernarbt, unbe-rührt. Die Namen der Ausfahrten versprechen wunderschöne Orte: *Whisper Mountain, Saltlick Creek, Cranberry Glades.*

Ich übernachte bei Cat, einer Freundin aus College-Zeiten, die für eine Regionalzeitung über Fayette County schreibt. Cat wohnt in einer mit mexikanischen Fiesta-Wimpeln zugehäng-ten Bruchbude, die von einem erstaunlich behaglichen Gürtel aus Müll umgeben ist: einem Stapel Altkleider, einem Eimer voller zusammengedrückter Bierdosen, einer leeren Tofu-Ver-packung, deren Plastiklasche in die Erde gedrückt ist. Cat lebt hier mit ihrem Freund Drew, einem Veteranen anarchistisch-kollektivistischer Wohnformen, der sein Geld mit Abrissarbeiten und Wohnungsauflösungen verdient – er reißt Dielen aus leerstehenden Häusern und verkauft sie an Hipsterkneipen in nördlichen Staaten –, und mit Andrew, einem Community Organizer, der zu Bodenreformen arbeitet.

Ihr Haus gibt sich Stück für Stück preis, traumähnlich: ein Stapel verkrustetes Geschirr, ein Knochen auf dem Fußboden, eine riesige Spinne, die in einem weißen Keramiktopf lauert, eine paillettenbesetzte Stoffeule, ein Stück vegane Spanakopita, das im Tischbackofen Feuer fängt, der Hund, zu dem der Knochen gehört, nach hinten raus ein Flüsschen, ein großer Felsbrocken, auf dem man sich sonnen kann, ein Garten voller Roter Beten, Kohl, Spinat (für vegane Spanakopita), blühende Wicken, die sich an einem Drahtgitter emporwinden, und sogar der winzige, gerade erst aus der Erde kommende Schössling eines Pekannussbaums.

In einem gemütlichen Zimmer sitze ich mit Cat und Drew unter einer nackten gelben Glühbirne, die von einer flatternden Wolke aus Fliegen und Motten umschwärmt wird. Ein winziges fliegendes Ding stirbt in meiner Spanakopita. Ich frage Cat, worüber sie in ihrer Zeitung schreibt. Eine ihrer ersten Geschichten sei über Pfadfinder gewesen, sagt sie. Politiker im südlichen West Virginia hatten hart dafür gekämpft, dass die Pfadfinder hier ihr neues Veranstaltungszentrum errichteten. Sie hatten angeboten, Straßen zu bauen. Sie hatten lokale Bauunternehmen mit Steuerbefreiungen gelockt. Sie wollten unbedingt Gewerbe etablieren, das nichts mit der Plünderung des Landes zu tun hatte.

Die Pfadfinder bauten ihr Zentrum über einem ehemaligen Tagebau. Als sie gruppenweise kamen, um Wege anzulegen, interviewte Cat sie und fragte, ob sie denn wüssten, wie das mit Tagebauen funktionierte – dass man ganze Berggipfel wegsprenge, Erde abtrage, Wälder in dreckig braune Einöden verwandele. Die Pfadfinder wussten nichts davon. Sie waren entsetzt. *Aber warum sollte man denn …?* In diesem Augenblick kam ein älterer Pfadfinder hinzu. Ein Pfadfinder, der für die anderen Pfadfinder zuständig war. Er sagte, das Gespräch sei beendet.

Cat und Drew bringen mir bei, wie man Fayetteville richtig ausspricht – wie Fäi-jat-val –, und erzählen mir auch von wichtigeren Dingen, zum Beispiel davon, dass seit 1870 fast jede Waldfläche in West Virginia irgendwann einmal gerodet wurde – wegen Salz, wegen Öl, wegen der Kohle, dem Holz, dem Gas. Aber es ist alles so *grün*, sage ich. Ich erzähle von meiner Fahrt hierher – von den üppigen Hügeln, den lieblichen Kurven der Landschaft.

Drew nickt. Ja, sagt er. Entlang der Highways gibt es keinen Oberflächenbergbau.

Potemkin'sche Wälder! Ich fühle mich wie eine Idiotin. Cat rät mir, Ausschau zu halten nach sogenannten Schönheitslinien – Baumreihen, die entlang von Hügelkuppen gepflanzt werden, um die weitläufigen, vom Bergbau geschundenen Mondlandschaften dahinter zu kaschieren. Ich bin wie die Pfadfinder. Man muss mich über das aufklären, was vor meiner Nase verkehrt ist. Drew erzählt, dass einige Landstriche in der Gegend derart intensiv ausgebeutet wurden, dass sie im Grunde nur noch auf Stelzen stehen und sich kaum noch halten können. Die Leute hier vergleichen sie mit Bienenwaben. West Virginia ist wie ein Entwicklungsland inmitten der USA. Es hat so viele Bodenschätze, dass es immer wieder von neuem verarscht wurde: Die Bewohner wurden als Arbeitskräfte ausgebeutet, dem Land wurde sein Reichtum abgepresst, andere haben den Profit abgesahnt.

Wie kann ich den Zauber dieses Hauses anschaulich machen? Mit seinen Fiesta-Wimpeln und seinem Mottenflattern, der paillettenbesetzten Eule und den winzig kleinen Kürbissen, die sich aus den Resten der ausgehöhlten Erde schoben, war es ein Paradies auf einem zerstörten Land. Und Drew und Cat so voller Güte, ihre Sinne der Welt gegenüber so wach. Wie sie alles geduldig erklärten und ihr kleines Stück geschundenes Land mit vollkommener Anmut bewohnten.

Am nächsten Morgen begegne ich im Flur einem anderen Hund als am Abend. Auch dieser scheint freundlich zu sein. Ich fühle mich nicht ausgeschlafen, aber ich kann mich erinnern, was ich geträumt habe: In einem schmuddeligen Diner führte ich ein Interview mit einem Mann. Als ich mit dem Smalltalk durch war und mich gerade innerlich bereit machte, zum Kern der Sache zu kommen – obwohl ich nicht genau wusste, was »die Sache« überhaupt war –, stand der Mann auf, um die Rechnung zu begleichen. Mit einem Gefühl von Panik wachte ich auf: Ich hatte keine einzige relevante Frage gestellt.

Der Traum ist so eindeutig, dass ich mich von ihm betrogen fühle. Weder bringt er eine alte Angst zum Verschwinden, noch erhellt er eine neue. Er sagt mir nur, dass ich Angst davor habe, dummes Zeug zu reden – und ich habe immer Angst davor, dummes Zeug zu reden – oder Fragen zu stellen, die den Punkt verfehlen, Belege dafür, dass meine Neugierde nichts ist als nutzloser Voyeurismus: ein Mädchen, das kurz die Sonnenbrille anhebt, durch die Gitterstäbe schaut und stottert: *Wie ist es denn hier drin? Was ist am schlimmsten?*

In einem Café, das sich unter den grauen, steinernen Flügel einer Kirche duckt, bekomme ich schließlich meine Vierteldollarmünzen. Ich fahre nach Beaver. Vom Highway aus halte ich Ausschau nach Schönheitslinien. Erkennen kann ich keine, aber das ist wahrscheinlich die Idee. National Public Radio bringt einen Beitrag über Schulen in bitterarmen Bergbau-Regionen. Im Lokalradio laufen Spots von Minen, die Arbeitskräfte suchen.

Bergbau und Strafvollzug haben eine gleichermaßen dräuende Präsenz in der Landschaft West Virginias: Ihre Existenz wird vertuscht und falsch dargestellt, doch ihre Wachstumskurven verlaufen umgekehrt proportional – der Bergbau schrumpft, der Strafvollzug wächst. Seit 1990 hat sich die Zahl der Gefängnisinsassen in West Virginia vervierfacht. Menschen mit politischem Einfluss und ökonomischen Interessen machen es möglich, dass der Staat von neuen Branchen ausgebeutet wird, damit der von der alten Industrie verursachte Schaden repariert werden kann.

In der Vorstellungswelt Restamerikas ist West Virginia wahlweise ein Witz oder ein Fall für Wohltätigkeitsorganisationen. Mehr als alles andere ist es aber unsichtbar, eine ungesehene Architektur aus Arbeit und Klassenkampf. Der Strafvollzug ist ebenso unsichtbar, verborgen inmitten des Landes. Gefängnisse, vernachlässigte Allheilmittel gegen unsere Dauerängste. Gefahr, die an menschlichen Körpern festgemacht und dann in Stockbetten in Gebäuden gesteckt wird, die man vom Highway aus nicht sieht.

Charlie gehört einer dieser Körper. Seine Geschichte ist die Geschichte eines Systems, das tagebauartig Raubbau betrieben hat am amerikanischen Wohnungsmarkt, das weggeschürft hat, soviel es konnte, das eine Ökonomie auf Stelzen zurückgelassen hat – ein ganzes Land auf Stelzen, von Ramschkrediten ausgehöhlte Erde – und das eine wackelige Zukunft nur auf Träumen und Gier baut. Wir versuchen heute, mit den Folgen zu leben. Wir bestrafen, wo es möglich ist. Wir verwandeln eine systemische Tragödie in ein sauber verschnürtes Wiedergutmachungspaket: Zeit, die abgesessen wird.

Mein Navi bringt mich zur Industrial Park Road, Hausnummer 1600. Man muss nicht abbiegen, um nach Beckley zu kommen, die Straße wird irgendwann zum Gefängnis. Ich fahre an einem leeren Wachhäuschen vorbei und kurve zwischen merkwürdig gepflegten Rasenflächen und kleineren Baumgruppen herum, die mich vor allem an einen Country Club erinnern.

Ich mache alles falsch.

Zuerst fahre ich zum falschen Gefängnis. Die Strafvollzugsanstalt Beckley hat zwei Standorte: ein Gefängnis mit mittlerer und einen Außenstandort mit niedrigerer Sicherheitsstufe. Ich weiß eigentlich, dass Charlie in dem Außenstandort – im Satellite Camp – untergebracht ist, zusammen mit anderen, die wegen Drogen- oder Wirtschaftskriminalität einsitzen. Aus irgendeinem Grund bilde ich mir ein, dass ich im Haupttrakt erst ein Anmeldeverfahren durchlaufen muss. Das ist nicht der Fall. Der diensthabende Wärter ist spürbar genervt von meiner Unwissenheit. Bevor wir gemeinsam meinen großen Fehler bemerken, hat er ausreichend Gelegenheit, mich auf meine kleineren Fehler hinzuweisen: Ich habe eine Handtasche dabei. Die wir ins Schließfach legen müssen. Ich trage einen Rock. *Ein sehr junger Mann mit einem sehr langen Strafmaß.* Ich möchte dem Wärter sagen: »Mein Rock ist lang! Ich habe eine Unterhose an!« Mein Körper fühlt sich an wie das Objekt und das Werkzeug einer Übertretung. Ich fühle mich gleichermaßen verdächtig und in Gedanken entkleidet.

Neben einem älteren Pärchen stehend, fülle ich ein Besucherformular aus. Mir fällt auf, dass die Frau eine Plastiktüte voller Vierteldoller- und Dollarmünzen dabeihat, und ich empfinde eine gewisse Verbundenheit. Auch sie hat vorausschauend an die Automaten gedacht. Sie ist hier, um ihrem Sohn ein paar Snacks und ihre Gesellschaft anzubieten, wenn es sonst schon nichts gibt, was sie ihm anbieten kann.

Ich warte, der Wärter telefoniert. Es scheint, als ob er mit jemandem spricht, der kurz vor Haftantritt steht. »Sie dürfen eine Bibel und Ihre Medikamente mitbringen«, sagt der Wärter. Es ist seltsam, sich diesen Mann vorzustellen, der von zu Hause oder sonst wo anruft und Auskunft darüber erhält, wie er systematisch fast seines gesamten Besitzes und Tausender Freiheiten beraubt werden wird.

Sobald er aufgelegt hat, fährt der Wärter fort mir aufzuzählen, was ich falsch gemacht habe: Ich habe Charlies Gefangenennummer nicht im Formular eingetragen, weil ich sie mir nicht gemerkt habe; er schlägt unter Charlies Namen nach, den ich obendrein noch falsch geschrieben habe, weil ich inzwischen enorm nervös bin. An dieser Stelle teilt er mir mit, dass ich zum Satellite Camp zurückfahren müsse.

Dort sind die Wärter freundlicher, aber ich mache immer noch vieles falsch: Ich parke auf der falschen Seite des Parkplatzes. Ich habe *immer* noch meine Handtasche bei mir und soll sie ins Auto zurückbringen. Fast rutscht mir raus: *Eben gab es doch noch Schließfächer!* Ich will zeigen, dass ich etwas weiß. Irgendwas. Meine Handtasche ist ein schwarzer Stoffbeutel mit einem aufgedruckten gelben Dinosaurier. Officer Jennings ist schon fast so weit, eine Ausnahme zu machen. »Eine Dinosaurierausnahme«, bitte ich. Was Jennings gefällt. Die Leute hier am Außenstandort scheinen offen zu sein für diese Art von Gespräch – von Mensch zu Mensch, mit Humor. Jennings fragt mich, ob Charlie eigentlich seine Zyste entfernt bekommen habe. Ich sage, das wisse ich nicht so genau. Auch als gute Brieffreundin bin ich also gescheitert.

Über den Lautsprecher wird Charlies Name ausgerufen. Ich denke an die Familien, die diese Prozedur aus dem Effeff beherrschen, bei denen sich jeder Schritt tief ins motorische Gedächtnis gegraben hat. Jedes kleinste Detail dieses Ablaufs zu kennen – die Gefangenennummer, die Sache mit den Vierteldollars, die Jeans, die harten Stühle und die Gesichter des Wachpersonals, die spezifische Humortoleranz jedes einzelnen Wärters, die Kurven der Straße, die Auswahlmöglichkeit zwischen Barbecue-Chips und Fruchtgummis, das jeweilige Procedere bei Begrüßung und Abschied – hat etwas extrem Kummervolles.

Charlie steht am Eingang zum Besuchsraum: ein gutaussehender Mann knapp unter fünfzig mit kurzen, graumelierten Haaren. Er trägt schwere schwarze Stiefel und eine olivfarbene Uniform. Seine Nummer steht über seinem Herzen. Ich bin unsicher, was die Regeln betrifft. Dürfen wir uns umarmen? Es stellt sich heraus: ja, dürfen wir. Wir tun es. Aber es gibt andere Regeln: Charlie darf die Snack-Automaten nicht selbst bedienen, nur ich darf das, weswegen er mir sagen muss, was er will. Aus Gründen, über die ich lieber nicht nachdenken möchte, dürfen wir nicht nebeneinander-, sondern nur einander gegenübersitzen. Ich sehe mich im Raum um und stelle fest, dass immer ein separater Stuhl – der Stuhl des Gefangenen – einer Gruppe von Stühlen gegenübersteht.

Im Laufe meines Besuchs kaufen wir uns für meine Fäi-jat-val-Vierteldollars Folgendes: ein Paket Käse-Erdnussbutter-Cracker, eine Tüte M&M-Cookies, eine Tüte Cheez-Its und eine mit Salzgebäck, ein Snickers, einen Cookie von der Größe eines Kinderkopfes, eine Cola, eine Cola light und zwei Flaschen Wasser mit Traubensaftgeschmack – die zweite davon kommt versehentlich beziehungsweise als Geschenk der Gefängnisverwaltung. Unser Tisch wird zu einer kleinen Müllhalde.

Es ist nicht Wochenende, sondern Montag. Deswegen ist es im Besuchsraum nicht sehr voll. Fast alle bleiben bis drei. Wir sind ein Ökosystem. Die Familie, die direkt neben den Automaten sitzt, macht mich auf meine zwanzig Cent Wechselgeld aufmerksam. Zwei kleine Mädchen betrachten eine Ameisenstraße am Fenster. Die Ameisen können einfach so aus dem Gefängnis raus. Eines der Mädchen fängt an, Charlie irgendetwas von einem Zauberer und ihrem Geburtstag zu erzählen, ein Monolog, der in weiten Teilen unverständlich bleibt, bis sie eine Pause einlegt und gut hörbar sagt: »Ich hasse das Böse.«

Charlie darauf: »Ich auch.«

Als die Mädchen zusammen mit ihrer hübschen, dunkelhaarigen Mutter den Raum betraten, erzählte mir Charlie, er habe gehört, dass die Haftstrafe ihres Vaters verkürzt worden sei, weil er einen Unschuldigen angeschwärzt habe. *Ich hasse das Böse.* Was sagt man über eine Regierung, die derart strenge Marihuana-Gesetze erlässt, dass ein Mann einen anderen verraten muss, um rechtzeitig zum fünften Geburtstag seiner Tochter wieder aus dem Knast raus zu sein?

Die Mädchen scheinen sich mit ihrem Vater sehr wohl zu fühlen: Sie wollen auf seinem Schoß sitzen, sie lachen über seine Grimassen und buhlen völlig unnötig um seine sowieso ganz auf sie gerichtete Aufmerksamkeit. Aber ihre Unbeschwertheit hat auch etwas Trügerisches. Verbinden sie mit diesem Ort nicht auch lange Autofahrten, eine nebulöse Angst, Männer in Uniformen und die Traurigkeit ihrer Mutter?

Zwei zerbrechliche alte Damen treffen ein. Die eine hängt ihren pinkfarbenen Gehstock an die Rückenlehne eines Stuhls. Der Stock passt farblich genau zu ihrem Lippenstift. Irgendwann gesellt sich ein sehr großer, schwarzer Gefangener zu den beiden hellhäutigen Damen. Charlie beobachtet meinen Gesichtsausdruck und lächelt. »Das hast du nicht erwartet, oder?« Er erzählt mir, dass die Damen die Kinder dieses Mannes großziehen. Sie zeigen ihm Fotos. Sie kaufen ihm eine Tüte Salzbrezeln. Caitlin, das kleine Mädchen, das das Böse hasst, versucht, den Gehstock zu ergattern. »Der ist nicht zum Spielen!«, ruft ihre Mutter. Die alte Dame scheint nichts bemerkt zu haben. In aller Seelenruhe greift sie mit zwei orange gepuderten Fingern in eine Tüte Käseflips, legt einen anderen Finger an ihre trockenen, angemalten Lippen und betrachtet ihren großen Freund, der auf das veränderte Gesicht seines eigenen Kindes starrt.

In den ersten Stunden reden Charlie und ich über seinen Fall. Er hat ein paar Theorien zu Nordlander: Wahrscheinlich hat jemand mal Nordlanders Kopf ins Klo gedrückt und gespült, und jetzt glaubt Nordlander, dass es Charlie war. Ich merke, dass ich irgendwie unruhig werde. Warum? Weil ich den Eindruck habe, eine Geschichte zu hören, die Charlie mir schon mal erzählt hat – was vielleicht sogar stimmt, aber nichts daran ändert, dass es die Geschichte seiner Gefangenschaft ist. Die Geschichte, die allem in seinem Leben Form gibt. Es ist nur normal, dass er sie immer wieder erzählen will.

Ich habe das Gefühl, ich sollte eine Gegenposition beziehen, mich zur Autorin machen, ihn zum Thema. Aber gleichzeitig empfinde ich es als aggressiven Akt, ihm in irgendeinem sein Leben betreffenden Punkt nicht zuzustimmen. Ich möchte über sein Leben *hier* reden. Ich möchte darüber reden, wer er an diesem Ort geworden ist, was dieser Ort ihm abverlangt. Aber dann wird mir klar, wie stark mein Interesse das Privileg meiner Freiheit verrät: Das Leben hier drin ist für mich vollkommen neu, für Charlie aber alltägliche Realität. Ich finde es interessant. Er findet es furchtbar.

Trotzdem ist Charlie meiner Neugierde gegenüber nachsichtig. Er erzählt, dass er in einem offenen, wie ein Großraumbüro in fünfzig Kabinen unterteilten Saal in einem Stockbett schläft – der einzige Unterschied zu einem Büro ist, dass die brusthohen Trennwände aus Ziegelsteinen sind und niemand einfach so gehen kann. Er berichtet von der Schwarzmarktwährung (Briefmarken) und von den Orten, wo die Prügeleien ausgetragen werden (im Fernsehzimmer und auf dem Basketballplatz). Er erzählt mir von den Unterschieden zur mittleren Sicherheitsstufe, dem Hauptgebäude, wo offenbar mit Kokain gefüllte Fußbälle über den Zaun geworfen werden und die Wärter sich dafür bestechen lassen, sie zu holen. Dort, *auf der anderen Straßenseite*, werden Männer besessen und vermietet. Sexuelle Handlungen haben dort nichts mit Homosexualität zu tun. »Wenn du hier bei uns jemandem einen bläst, dann weil du Lust drauf hast«, erklärt Charlie. »Auf der anderen Straßenseite tust du's, weil du das Geld brauchst oder weil du gezwungen wirst.« Er spricht leise, damit die älteren Damen hinter uns nicht mithören.

Ich weiß nicht, ob es mich Charlie näherbringt, wenn ich mir das anhöre, oder ob es den Graben zwischen uns nur noch tiefer erscheinen lässt. Lerne ich seine Welt wirklich kennen – oder studiere ich lediglich ihre einprägsamen Besonderheiten, gehe sozusagen wie eine Touristin im Gefängnisladen einkaufen? Manchmal sagt Charlie: »Jetzt kommt was für dich«, und erzählt dann eine Anekdote. Ich kann sein Leben im Gefängnis nur wegen seiner Offenheit teilen. Ich schenke ihm meine Aufmerksamkeit, und er schenkt mir etwas anderes: nicht Briefmarkenwährung, sondern einen intimen Zugang oder zumindest etwas, das sich so anfühlt. Die Gewähr dafür sind die Details, die er preisgibt.

Und Charlie ist großzügig damit. Er erzählt mir, dass er im vergangenen Juli an zwei Tagen fast zweihundertzwanzig Kilometer auf der Gefängnisaschenbahn gelaufen ist – zeitgleich mit einem Rennen »da draußen«, das Charlie schon fünf Mal bewältigt hat: den Badwater-Ultramarathon durch die von der

Sonne steinhart gebackene Ebene des Death Valley. Laufpausen legte er an diesen Tagen nur für die obligatorische Zählung um vier Uhr nachmittags ein – und um ein bisschen zu schlafen. Er hat eine regelmäßige Trainingsgruppe ins Leben gerufen, zu der ein Typ namens Adam, ein Typ namens Butterbean und Dave, der einzige Jude hier, gehören. Daves Frau sitzt ebenfalls ein, sein sechs Monate altes Baby wurde im Gefängnis geboren. Butterbean hat über zwanzig Kilo abgenommen, seitdem er mit Charlie trainiert. Adam schon fast fünfzig.

Aber Charlie ist nicht bei allen beliebt. Er erzählt mir, einige der weißen Jungs würden es gar nicht mögen, dass er ihren Rassismus nicht mag. Dagegen habe ihn ein Schwarzer »white cracker motherfucker« genannt, nachdem letzten März im College-Basketball die UNC gegen Duke gewonnen hatte. Der Typ war Duke-Fan, und Charlie hatte sich hämisch über die Niederlage geäußert. Aber eigentlich ist Charlie überaus taktvoll. Er weiß, er muss es den älteren Schwarzen überlassen, den jüngeren Schwarzen Einhalt zu gebieten, wenn sie zu laut Poker spielen; einem mittelalten Weißen wie ihm steht nicht zu, ihnen zu sagen, dass sie leise sein sollen. Aber er sagt auch, er habe keine Angst, sich mit jemandem anzulegen. Wenn man nicht nur rumgeschubst werden wolle, müsse man eben ein Arschloch sein, zumindest ein bisschen.

Nicht rumgeschubst zu werden ist natürlich ein relativer Begriff, wenn die Regierung dir sagt, wo dein Körper sein darf und wo nicht.

»Hier drinnen kann man mich gut ignorieren«, sagt Charlie. An den Wochenenden ist es besonders schwierig: Dann sind alle mit sich selbst beschäftigt und treten nicht so häufig in Kontakt miteinander. Freitags spürt er es am deutlichsten. Ich denke daran, was er über den Freitag geschrieben hatte: rechteckige Stücke eines unbekannten Fischs, laute Domino-

Partien bis spät in die Nacht, kein Rennen am nächsten Tag, auf das er sich freuen könnte. Jeder noch so kleine Akt der Kommunikation nach draußen – eine SMS, eine Nachricht auf einer Mailbox, ein Telefonat – enthält die automatische Ansage seines Status als Inhaftierter. Er lebt in einer anderen Welt, und wenn man mit ihm spricht, spricht man immer auch über die Grenze zwischen seiner Welt und *unserer* Welt hinweg, der Welt *da draußen*, der wirklichen Welt.

Charlie erzählt mir von seiner Vorstellung von »innerer Mobilität«, ein Begriff, den er bei Jack London gefunden hat und der die Frage betrifft, wie man einen Ort verlässt, den man nicht verlassen darf. Für Charlie bedeutet innere Mobilität, Bücher zu lesen, aber auch seiner Vorstellungskraft bis an andere Orte und in andere Szenarien hinein zu folgen. »Damit meine ich nicht meine Phantasien«, sagt er, »wo die schöne Frau und ich am Ende immer nackt sind.« Innere Mobilität ist vertrackter, es hat weniger mit Wunscherfüllung zu tun als damit, sich selbst den Gegebenheiten gegenüber verletzlich zu machen. Die Freiheit, sich in andere Kontexte zu begeben und davon beeinflusst zu werden, ist eine der vielen weniger offensichtlichen Freiheiten, die das Gefängnis negiert, wo der einzige und unwandelbare Kontext die Tatsache des Eingesperrtseins ist. Der Gedanke der inneren Mobilität ist eine zweischneidige Angelegenheit; er eröffnet Möglichkeiten und fordert Konsequenzen: »Ich habe die Freiheit, ein Nickerchen zu machen, wann ich will, laufen zu gehen, wann ich will, mich zu verlieben, von einem Gebäude zu springen oder Kuchen zu essen, bis ich kotze«, sagt er. »Die wichtigste Regel meiner inneren Mobilität lautet: Ich muss dem eingeschlagenen Weg folgen, egal, wohin er führt, und das geht manchmal eben nicht gut aus.« Diesen Ausdruck von Begehren fand ich faszinierend: dem Weg folgen, *egal wohin*, nicht nur in eine gute Richtung.

Das Gefängnis nimmt einem nicht nur die Möglichkeit, das zu bekommen, was man will, es versagt einem auch die Freiheit, Dinge zu vermasseln – sich mit zu viel Kuchen vollzustopfen oder von zu weit oben runterzuspringen oder mit den falschen Leuten zu vögeln.

Charlie erzählt mir, dass er seine Freunde nicht mehr darum bittet, zu Besuch zu kommen, einfach weil es zu schmerzhaft ist, sie wieder gehen zu sehen. Das *Wish You Were Here* kann den Schmerz des *Wish I Was There* kaum lindern. *Wish You Were Here* reicht nie ganz aus. Als er erzählt, wie weh der Moment des Abschiednehmens tut, wissen wir beide, dass wir davon nicht ausgenommen sind. Egal, wie viel oder worüber wir reden, egal, wie gut Charlie das Gefängnis beschreibt oder wie gut ich zuhöre: Die Besuchszeit wird irgendwann vorbei sein. Jeder Augenblick, den wir miteinander verbringen, weist schon auf diesen Punkt hin, den Abschied. Alles ist darauf bezogen, wie beim perspektivischen Fluchtpunkt eines Gemäldes. Und das Eingeständnis ändert nichts an der Unausweichlichkeit.

Drei Uhr nachmittags ist einfach nur eine Uhrzeit, aber es markiert auch alles, was Charlie und mich unterscheidet: die Kleidung, die wir tragen, das Abendessen, das wir heute zu uns nehmen, und die Anzahl der Menschen, die wir in der kommenden Woche berühren werden. Die Freiheit, die der Staat für seinen und für meinen Körper als angemessen erachtet. Charlie sagt, jeder hier drinnen habe einen Traum für die Zeit nach seiner Entlassung: Einer will Workout-Videos verkaufen, die auf seinem Fitnessprogramm im Gefängnis aufbauen; ein anderer will ein Eiscreme-Boot betreiben.

Drei Uhr ist dann, wenn eine von uns geht und der andere bleibt. Drei Uhr ist das Ende der Vorstellung, seine Welt stünde mir offen oder ich hätte sie überhaupt nur betreten. In Wahrheit haben wir uns zu keinem Zeitpunkt im selben Raum befunden. Ein Raum ist nicht derselbe für einen Menschen, der freiwillig darin ist, und einen anderen, der darin sein muss.

Die Gleichgültigkeit hier ist fast unvorstellbar: Und es ist nicht nur das Gefängnispersonal, das gleichgültig ist, sondern die ganze Welt – diese Welt, die Tag für Tag so weitermacht wie immer, während sie diese Männer in den abgelegensten Ecken des ganzen Landes unsichtbar deponiert. Wenn man draußen ist, kann man kurz an Gefängnisse denken und dann an etwas ganz anderes. Ist man drinnen, besetzt das Gefängnis jeden einzelnen Augenblick. Es lässt sich nicht ausblenden.

Um drei Uhr nachmittags an diesem wolkenlosen Tag erfolgt die Nebelzählung, und manche von uns machen von ihrem Recht Gebrauch, zu verschwinden, während andere daran erinnert werden, dass ihnen dasselbe verwehrt ist. Ein Mann macht von seinem Recht Gebrauch, fünfhundertvierzig Runden auf einer Aschenbahn zu laufen. Was passiert, wenn man einen Mann einsperrt, für den Bewegung alles im Leben ist? Vermutlich genau das: diese Runden.

Vielleicht träume ich heute Nacht von den endlosen Mondlandschaften hinter den Schönheitslinien. Vielleicht begegne ich dem fremden Mann noch einmal. Vielleicht kehrt er zurück in das schmuddelige Diner und setzt sich wieder zu mir an den Tisch. Vielleicht kaufe ich ihm eine Cola oder einen Cookie von der Größe seines Gesichts, und er steht für all diejenigen, die je eine Geschichte gehabt haben, während ich für diejenigen stehe, die nicht genau genug hingehört haben. *Hier drinnen kann man mich gut ignorieren.* Ich werde dem Fremden jede einzelne Frage stellen, die je ein Mensch einem anderen Menschen gestellt hat. Ich werde genug Fragen stellen, um jede rhetorische und jede gemauerte Trennung zwischen uns abzubauen. Ich werde ihm so viele Fragen stellen, dass er wieder sichtbar wird, so viele Fragen, dass wir auf ewig in diesem Diner-Traum bleiben müssen.

Die Nebelzählung erfolgt, wenn der Himmel sich zuzieht und Bewegung plötzlich möglich scheint, wenn die Grenze zwischen denen in Freiheit und denen unter Verschluss nicht mehr so leicht auszumachen ist – vorhanden ist sie immer noch, nur gerade nicht so gut zu sehen –, weswegen die Strichliste mit besonderer Dringlichkeit geführt werden muss: Diejenigen, die sich etwas haben zuschulden kommen lassen, werden gezählt und abgehakt, die anderen – die Unbescholtenen – auch, und rund ums Geviert läuft eine von Gewehren gesicherte Grenze (oder auch: die Bedrohung eines aufgestockten Strafmaßes), und diese Grenze zieht sich wie eine Narbe durch längst vernarbtes Land. Gefängnisse sind Wunden, die wir in Landstrichen verstecken, die es sich nicht leisten können, eine derartige Last von sich zu weisen, die abhängig sind von den Arbeitsplätzen und den Subventionen und deshalb die stumme Gewalt ihrer physischen Präsenz, all die Stacheldrahtzäune und Warnschilder vor Anhaltern, erdulden müssen – so wie das Land die Zerstörung seiner Berggipfel und Ausplünderung seiner Kohleflöze erdulden muss: weil eine mächtige Rhetorik darauf beharrt, dass wir von unseren alten Narben nur erlöst werden, wenn wir neue in Kauf nehmen.

Reisen in den Schmerz (II)

VOTIVBILDER

Fast ihr ganzes Leben lang trug Frida Kahlo Korsetts aus Gips, weil ihre Wirbelsäule zu schwach war, um sich selbst zu stützen. Diese Korsetts bemalte sie natürlich. Sie beklebte sie mit Stoffresten und zeichnete Tiger, Affen, gefiederte Vögel, Hammer und Sichel in Blutrot sowie Busse darauf, ähnlich dem, dessen stählerner Handlauf sich durch ihren Körper bohrte, als sie achtzehn Jahre alt war. Die Korsetts befinden sich bis zum heutigen Tag in ihrem berühmten blauen Haus. Die ebenfalls an ihnen befestigten Spiegel werfen unsere Blicke zurück, die Collagen führen die ganze Welt in der Verengung zusammen. Bei einer Korsage ist ein kreisrundes Loch in den Gips geschnitten worden – wie ein Dachfenster in der Nähe des Herzens.

Bei Sherwood Anderson gibt es eine Szene, in der eine Frau nackt durch den Regen läuft und um die Aufmerksamkeit eines schwerhörigen alten Mannes fleht. Der Schriftsteller Charles Baxter beruft sich darauf als ein Beispiel für das, was er »die letzte Anrufung« nennt: »Ihr Körper«, schreibt er, »ihre letzte semiotische Anrufung, ihre Verwundbarkeit, ihr kostbares Geheimnis – denn ein Körper ist all das und lässt sich nicht auf eine einzige Bedeutung herunterbrechen – trägt die Last ihres Begehrens und wird zum Dokument einer Auslöschung.«

Fridas Korsetts härteten rund um ein unaussprechliches Begehren aus. Bis zum heutigen Tag sind sie der Rahmen für eine unsichtbare Frau, die nackt ist in ihrem Verlangen und im Regen schwerhörige Männer anruft. Ich finde die Korsetts schön. Frida hätte vielleicht alles gegeben für einen Körper, der sie überflüssig machte.

Frida Kahlo und Diego Rivera heirateten am 21. August 1929. Sie war zweiundzwanzig, er dreiundvierzig. Sie nannte sie beide »*pareja extraña del país del punto y la raya*«, seltsames Paar aus dem Land von Punkt und Strich. In ihrem Tagebuch zeichnet sie sich als Nofretete und ihn als deren Gemahl Echnaton. Echnaton hat ein angeschwollenes Herz und Rippen, die sich wie Klauen um seine Brust schließen. Er hat Hoden, die aussehen wie ein Hirn, und einen Penis, der aussieht wie der hängende Busen seiner Geliebten. Unter der Zeichnung steht: »Geboren wurde ihnen ein Sohn von seltsamem Antlitz.« Nofretete hält das Baby im Arm, das Frida nicht bekommen konnte.

Diego breitet sich auf den Tagebuchseiten aus wie ein Virus. »Diego: Nichts gleicht deinen Händen. […] Deine Achselhöhle ist meine Zuflucht. […] Ich habe dich gestohlen und gehe jetzt weinend. […] Mein Diego: Spiegel der Nacht.« Und an anderer Stelle: »Er, der die Farbe sieht.« Und darüber, über sich selbst: »Sie, die die Farbe trägt.« Manchmal auch nur: »DIEGO.« Oder: »Diego Anfang. Diego Erbauer. Diego mein Vater, ›mein Mann‹, mein Sohn.«

»Heute hat Diego mich geküsst«, schrieb sie einmal, strich den Satz dann aber wieder durch.

Vierundzwanzig Jahre nach ihrer Hochzeit, ebenfalls im August, verlor Frida schließlich ihr Bein. Es war von der Kinderlähmung verkümmert und bei dem Busunglück an elf Stellen gebrochen worden, jetzt hatte es die Gangrän befallen, und es musste amputiert werden. Als wäre dieser Verlust – nach so vielen anderen – derjenige gewesen, den sie letztendlich nicht mehr ertragen konnte, starb Frida im Jahr darauf. So oft war sie von ihrem Körper verraten worden, so oft hatte sie ihm verziehen – und musste doch zusehen, wie er ihr Stück für Stück genommen wurde. Sie bekam ein Holzbein, aber weil sie trank, fiel es ihr schwer, das Gleichgewicht zu halten.

Frida liebte ihre Ärzte. In ihrem Tagebuch bedankt sie sich immer wieder bei ihnen: »gracias al Dr. Ramón Parres, gracias al Dr. Glusker, gracias al Dr. Farill, gracias al Dr. Polo«. Sie dankt ihnen für ihre Rechtschaffenheit, ihre Intelligenz und ihre Zuwendung. Die ärztliche Wissenschaft assoziiert sie mit der Farbe Grün. Grün sind auch die Traurigkeit, die Blätter der Bäume und Deutschland. Sie verfügt über ein ganzes Farbvokabular. Braun sind *Mole* und Blätter, die zu Erde werden. Helles Gelb ist die Unterwäsche von Geistern.

Als Frida achtzehn war, fuhr sie mit dem Bus und stand neben einem Kunstmaler, der ein Säckchen voller Goldstaub dabeihatte. Bei dem Zusammenstoß mit der Straßenbahn platzte dieses Säckchen durch die Wucht der Kollision, und Fridas versehrt auf der Straße liegender Körper wurde bedeckt mit dessen Inhalt. Das Gold lag wie Sonnenlicht auf dem Asphalt. Golden glänzte auch das in einer offenen Wunde steckende Metall. Die Farbe des Blutes dagegen war Magenta. »*El más vivo y antiguo*«, das war Magenta für Frida – der älteste und lebendigste aller Farbtöne. *Er, der die Farbe sieht*. Frida war diejenige, die sie tragen musste.

Sie besaß eine Sammlung von Votivbildern, Gemälden, die Heiligen zum Dank dargebracht werden. Die kleinen Szenen zeigen Engel. Sie schweben über den Kranken und Geretteten, deren winzige Körper in Posen der Dankbarkeit oder des Leidens kauernd hingeworfen sind. Handgeschriebene Sätze fassen die Fälle so kurz zusammen, dass sie wie Knebel wirken, die zu fest um die Geschichten gezurrt sind (»Ich wurde von einem Pferd zerschmettert; das Pferd hatte sich vor einer Schlange erschreckt.«). Die Votivtafeln zeigen Fridas Hoffnung und ihre Dickköpfigkeit: Ihr Körper wurde wie von einer Schwerkraft zur Verletzung gezogen, doch ihre Gemälde verweisen unablässig auf die Gnade.

Auf zwei gegenüberliegenden Seiten in ihrem Tagebuch sind zwei zusammenpassende Trinkkelche zu sehen, auf denen jeweils das Gesicht einer Frau abgebildet ist: mit vollen Lippen, breiter Nase und starr geradeaus blickenden Augen, aus deren Winkeln Tränen kullern. Ein Gesicht ist wütend: dunkelrot und violett, Schatten von Schrammen und Blut, darunter steht: *No me llores!* Beweine mich nicht! Weine mir nicht! Das andere Gesicht ist alabasterbleich und hat rote Flecken auf den Wangen: *Sí, te lloro.* Doch, ich beweine dich. Ich gehe weinend.

Weine mir nicht. Die Verletzte will es sich verbieten. Und lässt es dann trotzdem zu.

SERVICIO SUPERCOMPLETO

Im ersten Teil von *Salvador*, ihrem Bericht aus dem Jahr 1983 über einen repressiven Staat im Bürgerkrieg, geht Joan Didion in ein Kaufhaus. Sie sucht nach einer Wahrheit, die das Land über sich in seinen Auslagen offenbart; außerdem braucht sie Trinkwasserreinigungstabletten. Die Tabletten bekommt sie nicht, dafür alles andere: importierte Foie gras, mit dem Stadtplan von Manhattan bedruckte Strandhandtücher, Audio-Kassetten mit Musik aus Paraguay und Wodka, der im Set mit schicken Gläsern verkauft wird. Sie schreibt:

Dies war ein Einkaufszentrum, das die Zukunft verkörperte, für die El Salvador offenbar gerettet wurde, und, da dies die Art »Couleur« war, die ich zu deuten weiß, die Art induktiver Ironie, das Detail, das dazu da ist, die Geschichte zu erhellen, schrieb ich pflichtgemäß alles auf. Während ich es mir notierte, wurde mir klar, dass ich an dieser Art Ironie nicht länger interessiert war, dass dies eine Story war, die durch solche Details nicht erhellt wurde, dass dies eine Story war, die sich vielleicht überhaupt nicht erhellen ließ.

Joan Didions Intelligenz legt hier eine so ungemütliche wie klare Wahrheit offen: Inmitten eines Krieges, den man nicht sieht, will man trotzdem hinschauen. Man will mit aufmerksamen, scharfgestellten Augen alles in den Blick bekommen, was sich nur finden lässt. Das, was man sehen will, ist die Angst. Aber Angst hat keinen eigenen Geruch oder Farbton, sondern liegt in der Luft und erschwert das Atmen. Egal, bei welchem Namen man sie ruft und ans Licht bringen will: Sie wird nicht antworten.

Damals wurden in El Salvador jede Nacht Menschen in Laster gezerrt und umgebracht. Ihre Leichen wurden auf Müllkippen geworfen. Und Didion stand da, sah eine Reihe importierter Wodkaflaschen und dachte: *Wie bitte?* Sie deutete auf die Flaschen, weil sie da waren. Mit welchem Recht waren sie da?

Ironie fällt leichter als hoffnungsloses Schweigen, aber sie ist mutiger als Flucht. Das Problem ist, dass einem manchmal der Finger zittert, mit dem man auf etwas zeigt, oder es gar nichts gibt, worauf man zeigen kann, jedenfalls nichts Sichtbares.

Ich habe mich oft in der Rolle wiedergefunden, die Didion für sich als Position verwirft: die Reporterin, die durch Gänge streift und Details einsammelt; die wegen Wasserreinigungstabletten kommt und mit der kompakten Zusammenfassung der Leiden eines Landes im Sonderangebot wieder geht. Genauer gesagt: Was sie schreibt, erinnert mich daran, wie ich mir 2007 in einem bolivianischen Supermarkt Notizen machte:

Aus den Lautsprechern kommen die Beatles, synchronisiert: Hola, Jude. Ein ganzer Gang nur mit Dosenmilch. Bella Holandesa mit einem rotwangigen holländischen Bauernmädchen vorne drauf. Müsli extra für ältere Leute und Sportler – ancianos und deportistas – und eine Schachtel estrellas de evena, fast wie Cracklin'Oat Bran, diese Haferdinger, die ich im College ständig gegessen habe. Außer hier in Sternform! Mayonnaisebeutel so groß wie Kleinkinder, zweitausendneunhundert Kubikzentimeter. Eine Dose mit Sopa Naranja aus Kürbispulver und Möhren. Eine ganze Reihe nur mit Dosensalaten: Ensalada de California und Ensalada Rusa, beide voll mit »aromas naturales«. Alles, was mit Salsa Americana für sich wirbt, enthält Weißwein. Aus den Kontaktanzeigen des Correo del Sur: Yosselin ist dünn und diskret. Janeth bietet einen »servicio supercompleto con una señorita superatractiva«.

Zwei Monate später brachte die gleiche Zeitung, der *Correo del Sur*, einen Artikel über eine Gruppe von Sexarbeiterinnen, die in El Alto, einer auf dem Hochplateau über La Paz gelegenen, rasant wachsenden Stadt aus Backsteinbaracken, in Streik getreten waren. Die Bars und Bordelle, in denen die Frauen gearbeitet hatten, waren zerstört worden. Aus Protest saßen sie tagelang vor einem Krankenhaus. *Servicios supercompletos.* Mit Nadel und Faden nähten sie sich die Lippen zusammen.

Ich blicke auf meine Notizen: Salat in Dosen und Kürbispulver. Ich weiß nicht mehr, was ich daran so wichtig fand. Die Metonymie zuckt mit den Schultern. Die Metapher genauso. Der weiße Raum zwischen den Details überlagert alle Bedeutung, die ihnen vermeintlich zukam, und jedes Vergnügen, das sie bereiten sollten.

Wir können uns an die Tatsachen halten. Wir können uns von den Strandhandtüchern abwenden und schreiben: Die salvadorianische Armee hat in dem Dörfchen Mozote tausend Menschen umgebracht. Oder: Vier kirchliche Mitarbeiterinnen wurden vergewaltigt. Oder: Die Armee, die diese Dinge getan hat, hat von der US-Regierung täglich Zuwendungen in Höhe von 1,5 Millionen Dollar erhalten. Aber auch solche Fakten liegen auf Regalen, auch sie werden ausgewählt und sortiert und erhalten ihren Wert – ihr Preisschild – durch fein säuberliche Erklärungen.

Also bleiben wir hartnäckig. Wir sagen noch einmal: Diese bolivianischen Frauen hatten über mehrere Tage zusammengenähte Lippen. Sie stachen Nadeln durch ihre Haut, um nicht mehr sprechen zu können und um zu demonstrieren, was das Sprechen ihnen gebracht hatte.

Tausend Meter unterhalb von El Alto, in La Paz, feiern die Bolivianer jeden Januar das Volksfest Alasitas. Drei Wochen lang sind die Märkte rund um den Parque Urbano voller Miniaturausgaben von allem und jedem: Es gibt winzige Pferde, winzige Computer, winzige Diplomzeugnisse, winzige Häuser, winzige Jeeps, winzige Lamas, winzige Lamasteaks und winzige Pässe. Die Menschen kaufen Modelle von allem, was sie am dringendsten brauchen: ein neues Haus, ein neues Hoftier, genug zu essen fürs ganze Jahr. Ihre Miniaturfiguren bringen sie einem winzigen Männchen dar: Ekeko, dem Zwerg, der Aymara-Gottheit des Überflusses, einer Zigarette rauchenden, in bunte Wollkleidung gehüllten Puppe. Sie heften ihre Miniaturwünsche an seinen Miniaturponcho.

Wir halten etwas Geschrumpftes oft für niedlich, aber an dem Nachdruck, mit dem hier Dinge erbeten werden und Gestalt bekommen, ist nichts niedlich oder drollig. Ich stelle mir die Sachen aus Didions Einkaufszentrum in einem ähnlichen

Arrangement vor: an einen weiten Poncho geheftet, der über die breiten Schultern des Himmels fällt, Wodka und Foie gras wie Stuck auf leuchtend farbigem Stoff.

Es wäre eine Installation aus materiellen Träumen oder erträumten Materialien – *die Zukunft, für die El Salvador vermeintlich bewahrt werden sollte* –, ein unmöglicher Horizont aus Luxusgütern am Ende der Entbehrungen. Die ausgebreiteten Sehnsüchte würden eine grenzenlose Karte ergeben, die viel zu groß wäre, um sie ganz in den Blick zu bekommen. Aber hier, im Parque Urbano, lässt sie sich betrachten. Weil sie verkleinert ist. Weil das, worum es hier geht, ganz normale Dinge sind, die alle gut in eine Hand passen. Von Ironie keine Spur. Diese Details des Begehrens erhellen nichts, sie beharren auf etwas: auf dem Traum, auf der Selbsttäuschung, vielleicht auf beidem. Ein zwergenhafter Gott wird mit winzigen Gebeten beladen, ein grenzenloses Verlangen wird in seinem ganzen Ausmaß sichtbar.

DAS GEBROCHENE HERZ DES JAMES AGEE

In jenem Herbst ging ich abends oft in eine Kneipe, deren Fußboden voller Erdnussschalen lag. Ich trank und las James Agee. Der Alkohol erfüllte mich mit Agees Vision von Trauma, machte mich empfänglich für die Empfindung des Verlustes, und er ließ mich Gedanken wie diesen – *weich für die Empfindung des Verlustes* – haben, denn betrunken zu sein bedeutete, dass große Gefühle nicht nur erlaubt, sondern sogar geboten waren. Sie waren grenzenlos.

Es stellte sich heraus, dass es in *Preisen will ich die großen Männer* gar nicht um große Männer ging. Sondern um Bettwanzen, stockfleckige Brauthauben und wie wunde Brustwarzen übers Land gestreute Bauernhäuser. Es ging darum, dass Agee gern mit einer der Frauen, über die er schrieb, geschlafen hätte. Und es ging um Schuld. Vor allen Dingen ging es um Schuld.

Ursprünglich war der Text als Zeitschriftenartikel geplant. 1936 bekam Agee von der Zeitschrift *Fortune* den Auftrag für eine journalistische Recherche über Erntearbeiter in den Südstaaten. Was er ablieferte, war eine dunkle Nacht der Seele. Der Text wurde abgelehnt. Und Agee schrieb weitere vierhundert Seiten.

Das Buch, das daraus entstand, lässt sich schwer einordnen: Seine Abschnitte scheinen oft nicht zusammenzupassen: Sie handeln von Baumwollpreisen und Denim-Overalls und der Seele als gekreuzigtem Engel: Und der Doppelpunkt wird in etwa so verwendet wie in diesem Satz: frenetisch. Dieses Buch ist so umständlich und langatmig und schön, dass man es an seinen prächtigen Schultern packen und schütteln möchte, damit es aufhört. Doch die Schwierigkeit eines Abschlusses ist genau das Thema, das es obsessiv umkreist: Denn die Arbeit und der Hunger sind endlos. Dieses Buch versucht, eine Geschichte zu erzählen, die kein Ende hat.

Als ich es las, war ich gerade dabei, eine eigene Geschichte aufzuschreiben. Ich war vor kurzem wieder in die USA zurückgekommen, nachdem ich eine Weile in Nicaragua gelebt hatte, wo ich eines Abends betrunken einen Faustschlag ins Gesicht bekommen hatte und ausgeraubt worden war. Meine Nase war gebrochen gewesen und dann von einem teuren Chirurgen in Los Angeles teilweise wieder gerichtet worden. Ich war nach New Haven gezogen, wo immerfort jemand überfallen zu werden schien. Ich hatte Angst, im Dunkeln allein zu Fuß unterwegs zu sein. »Beinahe alles«, schrieb Agee, »ist von den Zwängen körperlicher Bedürfnisse [...] grausam besudelt.« Es gibt eine Vorstellung von Leiden, die zum Gemeinplatz geworden ist: dass wir an ihm wachsen, dass es uns empfänglicher macht. Bei mir war das nicht so. Ich fühlte mich geschrumpft. Verletzung verwandelte sich in Angst. In Nachdrücklichkeit. Ich las, wie Agee über seine Schuld nachdachte, obwohl er über drei Familien in Alabama nachdenken sollte, während ich über mich selbst nachdachte, obwohl ich eigentlich über Agee nachdenken sollte.

Beziehungsweise: Eigentlich dachte ich nicht an mich, sondern an *alle anderen* in den Straßen von Granada. Ich dachte an die klebstoffsüchtigen, obdachlosen Jungs mit ihren Rotznasen und zu weiten Hosen, die ich manchmal am Nachmittag unterrichtet hatte und die ansonsten auf der Suche nach Geld und Gesellschaft durch die Cantinas der Calle Calzada zogen. Ich dachte an Luis, der auf der Treppe zu dem Haus, in dem ich wohnte, eingeschlafen war – und daran, dass ich ihn mitten in der Nacht nicht hineingebeten, sondern nur aufgeweckt und kurz an der Schulter gerüttelt hatte, weil er mir die Tür versperrte. Ich suchte die Erinnerung nach den Nahtstellen einer Moral ab: Was hätte ich tun sollen? Vielleicht schrieb Agee deshalb immer weiter, weil auch er nach einer solchen Moral suchte. Vielleicht konnte er deswegen nicht aufhören.

Es gefiel mir, wegen Agee traurig zu werden, denn seine Traurigkeit war nicht meine. Mein Gesicht war beklommen, Agee war etwas anderes. Er war etwas, das ich nicht war. *Tragödie ist immer aus zweiter Hand*. Hat Faulkner geschrieben. Für mich hieß das: Familien in Alabama litten mehr, als ich je würde leiden müssen. Ich konnte mich in eine schmuddelige Kneipe setzen und mir das eingestehen. Das war nicht genug, aber immerhin etwas. Dasselbe Gefühl hatte Agee in Bezug auf sein Buch: nicht genug, aber immerhin etwas. Über die tägliche Arbeit einer Frau auf den Baumwollfeldern schreibt er:

238

[W]ie soll man es dann nur klar genug machen, […] dass das nur eine unter vielen aufreibenden Anstrengungen ist, die einem jeden Lebenstag die Form geben; wie soll man die Male, die sie diese Dinge verrichtet hat, die Male, die sie sie noch verrichten wird, berechnen; wie soll man das akkumulierte Gewicht dieser Handlung auf ihr und was es aus ihrem Körper und aus ihrem Denken und Fühlen und Sein gemacht hat, in Worten begreiflich machen, so wie es in Wirklichkeit ist.

Empathie ist Ansteckung. Agee hat sich angesteckt, und er steckt uns an. Er will, dass seine Worte in uns bleiben als »tiefste und eisernste Angst und Schuld«. Sie sind geblieben. Sie stecken wie Splitter in den flehentlich geöffneten Handflächen dieses Essays. Am liebsten hätte er überhaupt keine Wörter benutzt, behauptet Agee: »Wenn es ginge, würde ich hier gar nichts schreiben.« So werden wir auf die vierhundert Seiten Geschriebenes vorbereitet, die dann folgen. »Ein Stück Körper, bei den Wurzeln herausgezogen«, fährt er fort, »träfe die Sache mehr.«

Agee bietet keine Wirklichkeit, keinen Realismus. Er fragt sich lediglich, wie ein solcher Realismus – eine angemessene Beschreibung des *akkumulierten Gewichtes und was es gemacht hat* – aussehen könnte, und verschiebt diese Überlegungen an die Seitenränder seines Buches: Mehr vermag er nicht zu leisten. In Bezug auf die Frage, wie Armut sich auf das Bewusstsein auswirkt, ist er gnadenlos: »Das Hirn wird […] aufgesogen und zerstückelt.« Auf dieselbe Weise verfährt das Buch mit seiner Geschichte: Es schneidet sie in Stücke und setzt sie fragmentarisch – das Haus, die Dämmerung, die Tiere, die Männer, Kommunismus, Kinder – wieder zusammen. Seine Arbeit bezeichnet er als »das Bestreben, nichts als das grausame Strahlen dessen, was ist, zu erfassen«.

Das, was ist, war kaputt, zerbrochen, und so zerbrach Agee sein Buch, damit es passte. Das Thema unterwirft sich die Struktur. Die Armut zerreißt das Bewusstsein und löst es auf in physische Notwendigkeiten und Einschränkungen; Agee zerreißt seine Erzählung. *Aufgesogen und zerstückelt.* Er glaubt nicht, dass er den Menschen, über die er schreibt, gerecht wird: »Ich bin mir von vornherein sicher, dass nach den gerade von mir abgehandelten Prinzipien alle Anstrengungen um das, was folgt, Fehlschläge sein werden.« Agee erstickt an seinen Worten, die unterbrochen sind von den Kommata und Einschüben seiner Rechtfertigungen. Er stottert. Er stottert häufig.

Es fiel mir schwer, über meine Verletztheit zu sprechen. Immer wieder habe ich versucht, jenen Augenblick auf der Straße in etwas Größeres zu überführen, ihn in ein Muster einzupassen. Das einfachste Muster war die Schuld. Meine Hand hatte auf der Schulter eines schlafenden Jungen gelegen und ihn wach gerüttelt. Wovon träumt man auf Beton? Ich habe wiederkehrende Träume von diesem Jungen. Ich träume davon, wo meine Hand lag. Über den Mann, der mich geschlagen hat, könnte ich ewig nachdenken: wie wenig er aller Wahrscheinlichkeit nach besaß, wie viel es für ihn vielleicht bedeutet hat, dass er meine kleine Digitalkamera verkaufen konnte – wo auch immer er sie verkauft hat, diese Kamera, die ich ihm ohne weiteres gegeben hätte, um ihn davon abzuhalten, mir ins Gesicht zu schlagen.

Agee ist losgefahren, um sich Armut anzusehen, er hat versucht, ihre Folgen auf sich zu nehmen, sie von Metaphorik zu befreien und zu einer reinen, qualvollen Wahrheit vorzustoßen – »das buchstäbliche Gefühl, wodurch die Worte ›ein gebrochenes Herz‹ nicht mehr poetisch, sondern bloß die genaueste mögliche Beschreibung sind«. In mir ist in jenem Herbst sicher nicht die Poesie zerbrochen. Mein Gesicht war als Metapher oder Objektiv sowieso nicht zu gebrauchen – es war bloß die genaueste mögliche Beschreibung der Stelle, wo eine Hand gewesen war.

Die Aussage, Agee sei das Risiko der Sentimentalität eingegangen, scheint mir nicht zutreffend. Richtiger wäre es zu sagen, er habe sie aus kilometerweiter Entfernung gerochen und sich trotzdem verbissen hineingewühlt. Er warf sie vor sich zu Boden wie etwas Widerliches und zwang alle Welt mitanzusehen, wie seine Entrüstung ihn zu derart peinlichen Übertreibungen nötigte. Mich hat er damit angesteckt.

Wozu ist Schuld gut?, fragte Agee. Fragen wir. Uns gefällt der Klang dieser Frage. Brutal legt sie den Finger auf einen Herzschlag in uns, der nicht zu rasen aufhört, der vor Mitleid ganz unregelmäßig ist. Sie bringt uns zum Reden. Sie bringt uns dazu, über uns selbst zu reden. Sie bringt uns dazu, Dinge zu bekennen. Wir wollen uns von etwas reinwaschen, wovon uns selbst eine Beichte nicht erlösen kann. Dieser schlafende Junge. Agee trank, während er schrieb, ich trank, während ich Agee las. Agee warf sich denen zu Füßen, über die er schrieb, und ich mit meiner gebrochenen Nase und meinem vom Wodka weit aufgespannten, flatternden Herzen konnte mich nicht einmal dazu überwinden, nachts alleine nach Hause zu laufen. Man betrinkt sich und wird sentimental, man betrinkt sich und wird überfallen. Ich machte mir vor, dass in meiner Angst etwas verdichtet war – eine Erfahrung, die mir keiner nehmen konnte, der Überrest eines Kontakts, ein grausames Strahlen –, aber in Wahrheit war da nichts außer meinen vor der Brust gekreuzten Armen, während ich durch leere Straßen lief und niemand mir im Dunkeln folgte.

Lost Boys

Der erste Film geht damit los, dass Fahrräder aus einem schlammigen Bachbett geborgen werden. Wir befinden uns im Wald. Männer stehen bis zu den Waden im dreckigen Wasser, bewegen sich unbeholfen in ihren Button-Down-Hemden, sprechen mit dem schludrigen Akzent von Arkansas. Sie sagen: »Lasst niemand hier rein«, und klingen wie kleine Jungs, die ein mit gelbem Absperrband umgebenes Fort verteidigen. Nur: Sie sind keine Jungs. Es sind keine Jungs da, genau das ist ja der Punkt. Die Jungs sind tot. Es heißt, andere Jungs hätten sie umgebracht.

Die Polizisten stehen über drei Leichen, die unfassbar bleich und schmal am Boden liegen, Hände und Füße mit ihren Schnürsenkeln zusammengebunden. An ihrer Geisterhaut kleben grüne Blätter. Sie sehen aus wie schlafende Wechselbälger. Ein Wechselbalg ist ein von bösen Geistern gestohlenes Kind beziehungsweise der Dämon, der anstelle des Kindes zurückgelassen wird. Die Jungs wurden im Mai getötet, im Jahr 1993, und an ihrer statt fand man drei Dämonen, die als Opfer dargebracht wurden.

In den ersten Einstellungen des Films ist das knisternde Hin und Her des Polizeifunks zu hören. Die Beamten wissen nicht, was sie mit den Leichen anstellen sollen. Die Filmbilder sind grau und unscharf; die Bildqualität scheint aus diesem merkwürdigen Zwischenreich direkt nach dem Aufwachen zu stammen, in dem man sich ins Gedächtnis zu rufen versucht, dass das gerade Geträumte – von Tod, Schuld und Schiffbruch – nicht real ist. Dass sich diese Hoffnung hier nicht bestätigt, macht das graue Licht nur noch undurchdringlicher.

Langsam wird die unter die Polizistenstimmen gelegte Musik lauter. Die Männer sind kaum noch zu hören, aber an den dunklen Wasserrändern ihrer Hosen sieht man, bis wohin sie in den Bach gewatet sind. Zwei der Jungs wurden ertränkt. Der dritte ist am Ufer verblutet. Die Musik ist von Metallica, es sind die ersten Akkorde von »Welcome Home (Sanitarium)«. Die Lautstärke steigert sich hartnäckig und drängt die Geräusche der Ermittlung in den Hintergrund. Es klingt, als ob ein Jugendlicher in seinem Zimmer die Stereoanlage immer weiter aufdreht, um die Stimme seines Vaters hinter der Tür zu übertönen.

DER FALL

Was passiert ist: Drei Jungs wurden umgebracht, drei andere Jungs wurden angeklagt, und drei Filme wurden gemacht, von zwei Männern, die mehr als fünfzehn Jahre damit zugebracht haben, der ganzen Geschichte nachzugehen.

Am 6. Mai 1993 wurden Steven Branch, Christopher Byers und Michael Moore in einem kleinen Wäldchen hinter einer Fernfahrer-Raststätte am Rand der Stadt West Memphis in Arkansas gefunden. Drei Teenager – Jessie Misskelley Jr., Jason Baldwin und Damien Echols – wurden verhaftet und des besonders schweren Mordes angeklagt. Die Morde wurden als satanistische Rituale gewertet, Damien wurde als Satanist bezeichnet. Es war bekannt, dass er und Jason häufig schwarze Klamotten trugen, Heavy Metal hörten und Zauberer zeichneten. Sie hatten lange Haare. Sie hassten die Stadt, aus der sie kamen. Sie waren Teenager, die aufgrund von Indizienbeweisen eines brutalen Verbrechens angeklagt wurden. Die beiden New Yorker Filmemacher Joe Berlinger und Bruce Sinofsky beschlossen, einen Film darüber zu machen (dem dann zwei Fortsetzungen folgten), wie dieses Trio – bald bekannt als die *West Memphis Three* – ins Gefängnis kam und im Gefängnis blieb. Die Filmtrilogie mit dem Titel *Paradise Lost* (Das verlorene Paradies) begleitet die Angeklagten durch ihre Gerichtsverfahren, das Berufungsverfahren und die Jahre der Inhaftierung.

Der dritte Film war schon in der Postproduktion, als etwas Unerwartetes passierte: Die drei Männer reichten ein im US-Gerichtswesen unter dem Namen *Alford Plea* bekanntes Berufungsgesuch ein und wurden am 19. August 2011 freigelassen. Bei einem solchen Procedere gibt der Staat im Grunde zu, unrecht gehabt zu haben, ohne es wirklich zugeben zu müssen. Die Freilassung bildet den Epilog des letzten Films, und obwohl sie letzten Endes das Ergebnis eines extrem langwierigen Rechtsstreits ist, den der Film nachvollziehbar macht, fühlt sie sich an wie ein unerklärliches Wunder – wie ein Ende, das man für unglaubwürdig halten würde, wären die Filme etwas anderes als Dokumentationen.

DER ORT

In *Paradise Lost* sieht man eine Menge Highways. Man sieht deswegen so viele Highways, weil West Memphis sehr viele Highways hat. Die Stadt liegt da, wo sich zwei der größten Fernstraßen des Landes – die Interstate 55 und die Interstate 40 – am Mississippi kreuzen. Das richtige Memphis liegt direkt auf der anderen Seite des Flusses. Das durchschnittliche Pro-Kopf-Einkommen in West Memphis liegt gegenwärtig bei knapp unter zwanzigtausend Dollar im Jahr.

Der Film scheint fasziniert von den Verkehrsadern, die die Stadt durchschneiden. Die Kamera fährt immer wieder die ins Stadtbild gegrabenen Linien ab, über asphaltierte Parkplätze und die beigefarbenen Dächer von Einkaufszentren hinweg, über Wohnwagensiedlungen und über LKWs, die auf nicht gepflasterten Standstreifen liegengeblieben sind. Der Soundtrack zu diesen Panoramabildern kommt ebenfalls von Metallica – die Musik zur Hässlichkeit, zur Gleichförmigkeit und zu der Ironie, arm in einer Gegend voller anderswo hinführender Highways festzusitzen. Es sind Bilder in einer Geschichte, die der Geschichte der West Memphis Three zugrunde liegt: einer Geschichte über Armut, einer Geschichte über verwahrloste Wohnmobile, Kettenraucher, Maschendrahtzäune und in verrosteten Fahrerkabinen wachsendes Unkraut, über Stadtviertel, die um Highways herumgebaut wurden, über Jungs, die in Supermärkten abhängen und mit ihren Freundinnen in Wohnmobile einbrechen, über Mütter mit gelgehärteten Haaren und über arzneimittelabhängige Mütter und über viele Menschen mit schiefen Zähnen. Nur die Zähne von Rechtsanwälten und Polizeibeamten sind hier gerade.

Es ist eine Geschichte über *white trash*: weiße Unterschichtsfamilien, die an den Gräbern ihrer Söhne knien. Eine Geschichte über Menschen, die sich für unsichtbar gehalten haben, bis eine Tragödie sie in den Blick gerückt hat. Eine Geschichte über Jungs, die sich keine eigenen Anzüge und keinen Rechtsbeistand leisten können. Die nehmen, was der Staat ihnen gibt, und zwar über Jahre hinweg – so lange, bis eine Filmtrilogie ihnen etwas anderes ermöglicht.

Die Stiefmutter von Jessie fasst das alles ganz gut zusammen: »Glauben Sie wirklich«, fragt sie, »dass die drei Jungs so schikaniert worden wären, wenn wir Geld hätten?«

DER WALD

Die Leichen wurden in einem Waldstück namens Robin Hood Hills gefunden, einem breiten Streifen üppigen Grüns neben einer Raststätte. Das Wäldchen liegt direkt am Highway, ist aber groß genug, dass man sich darin verlaufen kann. Das zerstörte Paradies der überentwickelten Welt berührt das zerstörte Paradies der Wälder. In den Robin Hood Hills sollte sich eigentlich eine fröhliche Rotte Vogelfreier tummeln, ich aber muss jedes Mal, wenn ich den Namen höre, an Peter Pan denken. Mein Kopf beharrt auf dem Märchen, das am besten passt. Nimmerland – die Insel, wo Jungs nie zu Männern werden.

Wenn man diese Geschichte erzählen will, ist *Jungs* ein verwirrendes Wort: drei Jungs, die des Mordes an drei anderen Jungs angeklagt werden; sechs Figuren, vereint unter dem Schutzmantel der Jugend, jedoch nicht dem der Unschuld.

»Die unsere Kinder ermordet haben, sind keine Jungs«, sagt der Vater eines der Opfer. »Sie haben aufgehört, Jungs zu sein, als sie ihre Tat geplant haben.«

Im Trailer des ersten Films ist ein Raster von zwei Reihen mit je drei Fotos zu sehen: Schulfotos von den toten Jungs in der oberen Reihe, Polizeifotos der Angeklagten in der Reihe darunter. Das visuelle Beharren auf dieser geometrischen Anordnung in den Nachrichten und den Zeitungen entspringt genau dem Hunger nach Antworten, der schließlich auch zur Verurteilung führte: dem Verlangen, das ganze Durcheinander in einer schön symmetrischen Lösung aufgehen zu lassen. Drei Opfer, drei Täter, so leicht zu verstehen wie eine Tabelle. Menschen schätzen Zusammenhänge, wie abgründig auch immer sie sein mögen. Hauptsache, etwas lässt sich in rechten Winkeln fassen und rahmen, in eine Ordnung rücken: ein Standbild, sechs Fotos, endlich stillhaltend, endlich sortiert.

Warum wurden Damien, Jason und Jessie verhaftet? Weil Jessie ein Geständnis abgelegt und die anderen beiden belastet hat, deswegen. Ein Geständnis nicht für das zu halten, was es zu sein scheint, fällt schwer, aber im Zusammenhang betrachtet steht Jessies Geständnis auf ziemlich wackeligen Beinen. Ohne irgendeinen konkreten Anhaltspunkt wird er auf die Wache gebracht und wie ein Verbrecher behandelt. Er hat einen IQ von zweiundsiebzig, was ungefähr der geistigen Leistungsfähigkeit eines Sechsjährigen entspricht. Er wird zwölf Stunden ohne Unterbrechung verhört, und nur von den letzten einundvierzig Minuten gibt es einen Mitschnitt. Er gesteht einige zentrale Details falsch, bekommt dann aber Fingerzeige in die richtige Richtung. Er sagt aus, die Morde seien mittags passiert, als die Jungs noch in der Schule waren, wird dann dahin gelotst zuzugeben, sie seien eigentlich doch nachts geschehen.

Ich weiß, dass ständig falsche Geständnisse abgelegt werden. Und natürlich graut mir davor, genauso wie vor der Tatsache, dass viele nicht zugeben und nicht *akzeptieren* wollen, dass sie vorkommen. Mir graut vor einem Rechtssystems, das falsche Geständnisse in Kauf nimmt, ja sogar darauf drängt, dass solche Geständnisse abgelegt werden. Und dennoch, trotz alledem, lässt sich nicht in Abrede stellen, dass es sehr überzeugend ist, wenn man hört, wie jemand ein Verbrechen gesteht. So ging es mir – gegen meinen Willen – mit der Tonbandaufnahme von Jessies Aussage, die vor Gericht abgespielt wurde. Wie sollte das etwas anderes sein als die Wahrheit? Warum sollte jemand etwas sagen, was er gar nicht meint? »In der westlichen Kultur«, schreibt der Literaturtheoretiker Peter Brooks, »ist das bekenntnishafte Sprechen ein wesentlicher Ausweis von Authentizität, die Art des Sprechens, die par excellence die innere Wahrheit eines Individuums verbürgt.« Eine verbürgte innere Wahrheit: das Resultat von zwölf Stunden und zwei Polizisten, die versuchen, ihren Job zu machen.

Nach seiner Verurteilung wird Jessie ein vermindertes Strafmaß angeboten, sollte er seine Aussage während des Prozesses gegen Damien und Jason wiederholen. Das lehnt er ab. Er könnte Jahre seines Lebens zurückhaben, aber er sagt nein.

Jessie ist winzig. Sein Verteidiger nennt ihn einmal »kleiner Jessie«. Kleiner Jessie. Nicht groß genug, um ein Jungenmörder zu sein. Die Beamten, die ihn in ihre Mitte nehmen und in den Gerichtssaal führen, lassen ihn zwergenhaft erscheinen. Sein Anzug lässt ihn zwergenhaft erscheinen. Michael Moores Vater findet es fragwürdig, dass Steuergelder verwendet werden, um Angeklagten Anzüge zu kaufen. »Sie sind im Knast«, sagt er, »sollen sie doch in Knastklamotten rumlaufen.« Eine verführerische Tautologie: Ein Angeklagter ist schuldig, bis seine Unschuld bewiesen ist. Er hat seine Gefängniskluft zu tragen, bis wir entscheiden, dass er etwas anderes verdient hat.

Jessie trägt Kleidung, die ihm nicht passt. Er sieht aus, als ob er Verkleiden spielt. Er sieht aus wie der kleine Junge, der zu sein er sein Recht verspielt hat. Er hat zerzauste Haare, er nuschelt, und wenn er grinst, liegt darin immer noch ein Rest kindlicher Freude und Frechheit. In seiner Zelle stehen Postkarten mit witzigen Sinnsprüchen auf dem Regal, eine neben der anderen, alle von seiner Familie. Er liest die Sprüche mit zitternder, angestrengter Stimme vor, auf jeder Silbe liegt gleich viel Betonung. Er ist auf halber Strecke zwischen Schuljunge und Mann; er hat ein Bild aus einer Zeitschrift aufgehängt: ein Mädchen im Bikini.

Als Jessie aus dem Gefängnis mit seinem Vater telefoniert, führen die beiden ein schmerzhaft banales Gespräch (»Wie geht's dir?« – »Ganz gut.« – »Ganz gut?« – »Ja, mir geht's ganz gut.«), kommen aber irgendwann auf die verletzte Hand zu sprechen. Jessie hat gegen die Metalltoilette in seiner Zelle geboxt. Er fürchtet, sich einen Knochen gebrochen zu haben. Sein Vater meint: »Solange du die Hand noch bewegen kannst, ist nichts gebrochen.« Man hört die tiefe Fürsorglichkeit zwischen beiden. Für Momente muss Jessie Sr. sogar lachen, kann er lachen. Die Kamera geht nah heran an dieses Lachen, an die ungeraden Zähne. Ein Vater freut sich über seinen Sohn, über eine Telefonleitung hinweg und trotz allem.

In einem Interview wird Jessie gefragt, was er nachts mache. »Ich weine viel«, gibt er zur Antwort. »Und dann geh ich schlafen.«

Zum Zeitpunkt des Gerichtsverfahrens sieht Jason Baldwin zu jung für die Pubertät aus, ganz zu schweigen von der Todesstrafe. Es bricht einem das Herz. Seine hellblonden Haare bilden einen leuchtenden Heiligenschein um seinen Kopf, wie auf einem Geisterfoto aus dem 19. Jahrhundert. Wenn ich ihn ansehe in seiner Zerbrechlichkeit und mit seinen Zähnen, die so schief sind wie die seiner Mutter, einer hageren Frau, deren Stimme auf sich selbst herumzukauen scheint, dann zerreißt es mich fast, aber genau in diesen Augenblicken des Mitleids mit Jason, auf dem Höhepunkt meiner Traurigkeit, ertappe ich mich dabei, dass ich mich frage: Und was, wenn sie's doch waren? Mir schießen entsetzliche Bilder in den Kopf, wie sie im Wald genau das tun, was ihnen vorgeworfen wird – und sofort habe ich bohrende Schuldgefühle, als hätte ich sie mit meinem kurzen Moment des Zweifels an ihrer Unschuld schon verraten.

Aber die Sache ist: Ich weiß es nicht. Ich kann mir Beweismaterial ansehen, das ein Dokumentarfilm mir vorführt, und ich kann mich empören. Ich kann mir den letzten Gerichtsentscheid ansehen, der im Grunde seine eigene vormalige Entscheidung revidiert, und ich kann mich in meiner Empörung bestätigt sehen. Ich kann in die Gesichter dieser Jungs blicken und die Kraft der Wahrheit spüren in dem, was sie sagen. Aber *wissen* kann ich es nicht. Das kann niemand, außer ihnen selbst – und dem Menschen, der es tatsächlich getan hat, sollte es diesen Menschen da draußen geben. Ich merke also, wie mein Herz sich für eine Wahrheit erwärmt, deren ich mir nie ganz sicher sein kann. Affektive Überzeugung knallt gegen epistemologische Unsicherheit, ein merkwürdiges Schwindelgefühl.

Während des ersten Interviews für den Film trinkt Jason im Gefängnis Zitronenlimo und isst ein Snickers. Wenn man sich klarmacht, wie wenig diese Süßigkeiten angesichts von allem bedeuten, dass sie aber wohl das Einzige sind, worüber er an diesem Tag frei entscheidet, dann werden sie zum Traurigsten der ganzen Szene – trauriger sogar noch als das, was er sagt. Empathie fällt leichter, wenn man es mit konkreten Details zu tun hat. Ich kann mir nicht vorstellen, wie es ist, im Gefängnis zu sein, aber ich kann mir vorstellen, wie es ist, sich etwas zum Naschen auszusuchen. Jasons Schokoriegel öffnet mir einen Weg hinein in die Situation, und in genau dem Moment überwältigt mich der Gedanke an die tiefe Kluft zwischen ihm und mir, die dieses Detail, seinen Schokoriegel, so irrelevant macht: sein Eingesperrtsein und meine Freiheit. Heute ist auch Jason wieder frei, und ich frage mich, was er wohl isst. Ich frage mich, was ihm am meisten gefehlt hat.

Aber auf der Kinoleinwand, noch im Gefängnis, kann er nichts weiter tun als seine uringelbe Limo trinken. Er sagt, er könne keiner Fliege etwas zuleide tun. Er erzählt von seinem Leguan, seinem Lieblingshaustier. Ich begreife, warum der

Leguan im Film auftaucht, welche Funktion er darin erfüllt: Wer kann schon einen Jungen, der wie ein Zehnjähriger aussieht und von seinem Leguan erzählt, für einen Mörder halten? Mir ist bewusst, dass die Filmemacher diesen Moment, der Jasons Unschuld wirkungsvoller und emotional anrührender beteuert als er selbst, bewusst gesetzt haben, aber ich bin aktiv beteiligt an dieser Perspektive, die der Film nahelegt. Ich glaube, was Jason über seinen Leguan erzählt. Ich glaube ihm, wenn er sagt, er habe die Jungs nicht getötet. Sein Anwalt fragt ihn, was er vorhabe, wenn der Prozess vorbei sei. Er antwortet: Vielleicht nach Disneyland fahren. Er hat mal einen Ausflug zu einer Heilquelle in der Nähe gemacht, ansonsten ist er noch nie verreist. Er nuschelt so, dass ich *Heldenquelle* verstehe. Ich möchte mir Jason Baldwin auf einer Reise vorstellen. Ich möchte in seinem Kopf stecken, wenn er die Worte »nicht schuldig« hört. Und ich möchte mit ihm im Flugzeug sitzen, wenn er Richtung Disneyland fliegt. Das ist eine der Täuschungen, die ein Dokumentarfilm provoziert: Wenn sowieso alles redaktionell aufbereitet ist, ein Kunstprodukt, könnte es dann nicht eine andere Wendung nehmen? Könnte es nicht einen anderen Schluss geben?

Im Zeugenstand wird Damien zu seinem Namen befragt. Er hat ihn sich selbst gegeben. Er wird nicht gefragt: »Hast du dich nach dem Teufel benannt?«, doch die Möglichkeit steht im Raum. Wie sich herausstellt, hat Damien sich nach Pater Damien benannt, einem katholischen Priester, der auf Hawaii für Leprakranke gesorgt hat und irgendwann an deren Krankheit gestorben ist. Wie schön es wäre, darin eine erhellende Parallele zu entdecken oder wenigstens einen Anknüpfungspunkt, aber da ist nichts. Der Angeklagte Damien hat sich nicht um Leprakranke gekümmert. Seine Tragik liegt nicht im Heldentum einer Berufung, sondern in ihrer Abwesenheit, einem Negativraum, einem nicht gelebten Leben. Mit anderen Worten: in der Tatsache und dem Inbegriff der Inhaftierung selbst.

Damien hätte für irgendwen irgendwo sorgen können. Aber er wurde an einem Ort festgehalten, wo er für niemanden sorgen konnte. Nicht, dass er im Gefängnis nicht auch sein Leben lebte – er spricht eloquent über seine Meditationsübungen, seine Lektüren und seine Beziehungen zu anderen Männern im Todestrakt –, aber dieses Leben hätte woanders stattfinden können. Die ungelebten Möglichkeiten geistern als leere Seitenränder durch seine Geschichte.

2005 veröffentlichte Damien eine Biographie unter dem Titel *Almost Home*. Auf dem Cover ist ein Foto von seinem Gesicht, großäugig und mit reduzierter Deckkraft hinter Buchstabensäulen, die an nackte Gitterstäbe gemahnen. Das Buch ist fesselnd und unmittelbar geschrieben, und es steckt voller Erkenntnisse und wuchtiger Einzelheiten über Plumpsklos und heimlichen Sex. Wie bei Jasons Schokoriegel sucht sich das Sentiment seine Details: die Namen von Haustieren, die frühe Liebe zu Cyndi Lauper, der Stiefvater, der den Familien-Chihuahua Pepper schlug, weil der Hund aufs Bett sprang, während er betete.

Der Tonfall des Buches ist erstaunlich leichtfüßig und humorvoll, doch zugleich schreibt Damien mit schonungsloser emotionaler Intelligenz. Vieles ist schwer zu ertragen beim Lesen. Über seine Mutter, die im Film als vor Trauer gebrochene Frau erscheint, schreibt er: »Sie weiß sehr wenig über mich und denkt sich Geschichten aus, damit es so aussieht, als ob wir uns näher stehen, als wir es in Wirklichkeit tun. So bekommt sie mehr Aufmerksamkeit.« Und über seine Freundin zum Zeitpunkt seiner Verhaftung, der Mutter seines Kindes, heißt es: »Ein Liebeswerben oder Momente der Verführung gab es zwischen uns nicht. [...] Ich habe angefangen, mit ihr zu schlafen, weil sie da war.« Ich erinnere mich an sie aus den Filmen: eine hübsche, wütende Rothaarige, die wie abwesend ihr Baby wiegt und bei der Verlesung des Urteils aus dem Gerichtssaal läuft. Damien weiß genau, welche Geschichte er zu diesem Mädchen erzählen könnte – welche Geschichte wir erwarten: die einer tragisch überschatteten unschuldigen Leidenschaft, einer jungen Liebe, die an den Umständen zerbrach. Aber er verweigert den sentimentalen Plot und erzählt uns stattdessen, wie es tatsächlich gewesen ist.

In gewisser Weise fühlt sich die Autobiographie an wie ein Verrat an den Filmen: Damiens Mutter ist nicht nur die Trauernde, sondern ein Mensch, die Mutter seines Kindes ist nicht nur die leidende Madonna, und Damien selbst erscheint als schroff. Mir trat dabei etwas klar vor Augen, was ich insgeheim schon lange über die drei und über mich selbst in Bezug auf sie wusste: Weil ich will, dass sie unschuldig sind, müssen sie Heilige sein.

DIE ELTERN

Steve Branchs Mutter, Pam Hobbs, ist eine gutaussehende, nervöse Frau, die im Gerichtssaal Kleider mit Blumenmuster trägt. Sie wirkt, als sei sie vor Trauer völlig von der Rolle. In einem Interview mit einem regionalen TV-Sender hat sie sich die Wölflingsuniform ihres Sohns wie einen Turban um den Kopf drapiert. In diesem Moment ist sie überzeugt davon, dass das Verbrechen einen satanistischen Hintergrund hat und die Angeklagten schuldig sind. »Haben Sie sich diese Freaks angeschaut?«, fragt sie. »Die sehen aus wie Dreckschweine.«

Dann kommen Bilder von Jungs auf einem Klettergerüst und einem Drehkarussell, von da aus schwenkt die Kamera auf eine Reihe leerer Schaukeln. Quietschend schwingen sie hin und her, als ob gerade noch jemand auf ihnen gesessen hätte – oder als ob Geister auf ihnen schaukelten.

Todd und Dana, die Eltern von Michael Moore, sehen aus wie Bibliothekare. Sie haben eine Tochter namens Dawn. Steve Branch hat ihr mal einen Mondstein gekauft. Bei Interviews scheint Todd Moore mit jemandem zu sprechen, der neben der Kamera steht. Dana dagegen blickt beim Reden ihren Mann an. Sie will sich von ihm in ihrer Trauer bestätigt sehen. Todd möchte wissen, ob sein Sohn nach ihm gerufen hat im Wald.

Das war 1993. Die Moores leben heute immer noch irgendwo – sie machen sich immer noch Abendessen, verspeisen es, räumen den Tisch ab, gehen schlafen und träumen etwas. Wahrscheinlich ist ihr Sohn in manchen dieser Träume noch am Leben. Sie fahren zur Arbeit und wieder nach Hause, sie schauen sich Komödien im Fernsehen an und lachen darüber – oder auch nicht –, während ihr Sohn für sie immer noch in der zweiten Klasse ist.

Steve, Michael und Chris: Jeder von ihnen war bei den Wölflingen schon in den Rang eines Wolfes aufgestiegen. Michael trug seine Uniform auch dann, wenn gerade kein Pfadfindertreffen war. Steve hatte eine Schildkröte, die höchstwahrscheinlich älter wurde als er. Chris hatte einen Spitznamen, *Worm*, weil er einfach nicht stillhalten konnte.

Für das Wölflingsabzeichen muss man den Krebsgang und den Elefantenmarsch können; hüpfen wie ein Frosch; die amerikanische Fahne zusammenfalten; vier Maßnahmen kennen, um die Ausbreitung einer Erkältung zu verhindern; eine Sammlung anlegen, egal was für eine; Frühstück machen und nach dem Frühstück alles wieder wegräumen; in der eigenen

Stadt einen Ort mit historischer Bedeutung besuchen. Ich versuche zu erraten, welches Wahrzeichen die drei Jungs in West Memphis besucht haben mögen, einer Stadt, die aus den Annalen der Geschichte verdrängt zu sein scheint. Vielleicht waren sie in der Eighth Street, die während der Depressionszeit unter dem Namen »Beale Street West« bekannt wurde für ihre Blues-Szene, oder auf der Hernando DeSoto Bridge, einem gewaltigen Stück Infrastruktur, das Lasterfahrer nutzen, um woandershin zu kommen. Dazu dient jegliche infrastrukturelle Maßnahme in West Memphis: woandershin zu kommen. Vielleicht saßen die Jungs auch nur neben dem Highway und sahen den Sattelschleppern beim Vorbeifahren zu.

Sie wären in diesem Jahr neunundzwanzig geworden – ein Jahr jünger als ich.

Melissa und Mark Byers, die Mutter von Chris und sein Stiefvater, sind die seltsamsten der Eltern. Melissa wirkt vor allen Dingen wütend. Sie hat den Schritt von der Trauer zur Wut rasant und unumkehrbar vollzogen, und die Kamera hält das Ergebnis dieses Prozesses als Flut von Verwünschungen fest. Melissa wünscht den Angeklagten Gewalt jeder Art an den Hals. Sie sagt, am liebsten würde sie die Haut von Damiens Gesicht aufessen. »Ich hasse die drei«, sagt sie. »Und. Die. Mütter. Die. Sie. Geboren. Haben.« Ihre Finger klopfen dazu rhythmisch wie ein Metronom.

Als Jessie eines Tages den Gerichtssaal verlässt, ruft Melissa laut: »Jessie, Schätzchen!« Das Falsett ihrer Stimme soll wohl den Mann imitieren, von dem sie hofft, dass er Jessie im Gefängnis vergewaltigen wird. Sie wendet sich zur Kamera: »Ich schicke ihm einen Rock.« Ihre Stimme klingt giftig, aber auch kontrolliert – ihre Wut ist sicherlich echt, aber sie hat eine sehr spezielle Art, ihr Ausdruck zu verleihen. Sie stellt ihre Trauer für die Kameras aus, die nicht müde werden, ihr zu folgen, so dass es manchmal schwer zu glauben ist, dass der Inszenierung wahre Trauer zugrunde liegt. Und doch ist es so. Ein Teil von mir will zornig werden über Melissa, und ich spüre, dass die Filmemacher genau diesem Zorn Raum geben wollen. Ein anderer Teil von mir erinnert sich: Ihr Sohn ist gestorben. Das ist wahrscheinlich die einzige gesicherte Tatsache weit und breit.

Und noch etwas: Melissa Byers ist vermutlich eine Frau, die sich ihr ganzes Leben lang unsichtbar und missachtet gefühlt hat. Was sie zu sagen hatte, interessierte die Welt nicht. Jetzt plötzlich ist das anders.

Bei oberflächlicher Betrachtung ist Mark Byers der perfekte Protagonist für eine Doku. Er ist rückhaltlos merkwürdig, voller Wut auf die ganze Welt und insbesondere die Teufelsverehrer, die seinen Sohn umgebracht haben. Er ist ein großer Mann mit einem dicken Bauch und einem Vokuhila. Sein Gesicht ist irgendwie schief, so, als trüge es die Spuren einer früheren Lähmung. Er sagt, er habe einen Hirntumor. Eines seiner Lieblingshemden hat ein Stars-and-Stripes-Muster – eine Zurschaustellung von Patriotismus, in der sein Wunsch hervortritt, sichtbar zu den Guten zu gehören, zu einer Kultur der Anständigkeit, der er die Treue geschworen hat. (Anforderung zwei der Wölflingsprüfung: *Zusammen mit einem Kameraden die amerikanische Flagge falten.*) Byers flucht gerne. Er schimpft nicht, er stößt aus vollem Hals Flüche von biblischer Tragweite aus. Er spricht vom Kampf zwischen Engeln und Dämonen. Er spricht die Angeklagten oft mit ihrem vollen Namen an: »Damien Echols, Jason Baldwin und Jessie Misskelley, ich hoffe, dass euch euer Meister, der Teufel, bald holen kommt.« Er schwört, auf ihren Gräbern gewisse Körpervorgänge verrichten zu wollen.

Ein paar Jahre nach den Morden kehrt er mit Cowboyhut

und Overall zurück in den Wald von Robin Hood Hills und bahnt sich mit einer Machete einen Weg durch die hohen Gräser, die dort gewachsen sind, wo früher der Schauplatz eines Verbrechens war. Die Aussage dieser Szene ist: Gras ist gewachsen, nur Byers keinen Schritt weiter. Er klammert sich an Rituale – aufgeführt für Publikum oder für sich selbst – und kann es nicht erwarten, ein Versprechen einzulösen: *Ich spucke auf eure Gräber*, sagt er, obwohl die, die er meint, noch nicht tot sind. Er formt aus Erde und Gras kleine Haufen, nennt sie Grabhügel und schüttet Feuerzeugbenzin darauf. »Mein kleiner Junge wird seinen Fuß auf euren Hals stellen«, verkündet er den Geistern der Angeklagten – die längst Verurteilte sind. *Mein kleiner Junge wird seinen Fuß …* was für eine schräge Prophezeiung: Er lässt seinen achtjährigen Sohn als ebenso tief in Hass und Zorn verstrickten Racheengel wiederauferstehen.

Dann zündet er sich eine Zigarette an und lässt das Streichholz fallen. Im trockenen Gras knistern Flammen, und Byers zertritt sie mit den Absätzen seiner Cowboystiefel. Sein Handeln wirkt zwanghaft, wie gesteuert von etwas, das sich seinem Einfluss entzieht, doch die Szene fühlt sich eigenartig billig an. Als würde jemand versuchen, einen Amateurfilm über die Hölle zu drehen. »Du wolltest die Hoden von meinem Kleinen fressen?«, fragt Byers die Luft. »Brenne, du Hurensohn, brenne!«

Gegen Ende der Szene wirkt Byers' Theatralik nur noch ermüdend. Man schämt sich für ihn, man will es nicht mehr sehen. Ich stelle mir vor, dass auch er nicht mehr will. Er ist wütend auf die ganze Welt: auf die Frau, die Jessie Nachhilfe gab, auf alle, die das Justizwesen als korrupt bezeichnen, und alle, die das Gegenteil behaupten. Er ist wütend auf *sie*, wobei *sie* immer wieder andere sind. Er lebt sein Leben in Ausrichtung auf *sie*. *Sie* verfolgen ihn. Dieses *sie* verfolgt ihn.

Er hat eine zermürbende Art, zwischen verletzter Orientierungslosigkeit und weißglühendem Zorn zu schlingern. Manchmal wohnt seinem Auftreten eine traurige Langsamkeit inne, dann wieder eine formelhafte Wut, aber immer ist da eine Angestrengtheit, ein Ringen um Halt. Mark Byers wirkt wie ein schlechter Schauspieler, der die Rolle des trauernden Vaters spielt. An dieser dauerhaften Aura des Performativen liegt es auch, dass er eigentlich ein eher schwieriger Protagonist ist, auch wenn er auf den ersten Blick so perfekt schien. Er gibt sich scheinbar unendlich viel Mühe, so zu tun, als wäre er jemand, der er tatsächlich *ist*: ein Vater, der seinen Sohn verloren hat. Es fällt schwer, irgendwo zwischen all den künstlichen Emotionen ein Gefühl zu sehen, dem man trauen kann. Und so verhindert die absurde Art seiner Empörung genau das Mitgefühl, das er damit auszulösen glaubt.

In einer Szene stehen Mark Byers und Todd Moore auf einem Feld und schießen abwechselnd auf einen Kürbis. Zuerst drängt sich wie üblich Byers in den Vordergrund. Bei jedem Schuss ruft er einen Namen: »O Jessie!«, »Küsschen, Jason!« In der Art, wie Byers ein Bild der drei als im Gefängnis Vergewaltigte wachruft, liegt eine trotzige Grausamkeit – als hätte er das Recht erworben, sich genau das vorzustellen beziehungsweise an dieser Vorstellung Gefallen zu finden. Aber wie so oft bei ihm fühlt sich der Ausdruck dessen merkwürdig schal an. Byers spielt eine Rolle. Todd Moore dagegen versucht noch, das Drehbuch zu lernen. »Wie sieht es eigentlich mit der Schussweite im Gerichtssaal aus?«, fragt er und inspiziert sein Gewehr wie Byers' alchemistischer Zauberlehrling, wie ein neuer Teilnehmer an Byers' Mission, aus Kummer Rache und aus drei toten Jungs sechs zu machen.

Ich fühle mich von Todd Moore betrogen. Ich wollte, dass er der Vater ist, mit dem ich uneingeschränkt mitfühlen kann.

Stattdessen bin ich traurig über seinen Impuls zur Vergeltung. Wie sehr wir sie ersehnen, die Vergeltung, und wie sie uns deformiert, wie sie alles auf ein ödes Feld reduziert, einen von Kugeln durchsiebten Kürbis, das scharfe *tsssk, tsssk, tsssk* der Schüsse.

DIE WUT

Als ich die Filme als Teenager sah, habe ich mich währenddessen betrunken. Ich wollte etwas fühlen, ohne darüber nachzudenken. Meine Wut katapultierte mich in eine sentimentale Aufgeregtheit, die sich dringlich genug für das anfühlte, was ich sah. Die Macher dieser Filme sind Kuratoren der Entrüstung: Sie muten einem eine Ungerechtigkeit zu, die sich schwer einfach so ertragen lässt – man muss sie irgendwie kanalisieren. Menschen gründeten eine Protestbewegung – *Free the West Memphis Three* –, andere spendeten Millionen von Dollar für die Verteidigung. Ich betrank mich und spielte Rechtsanwältin. Vor den Spiegeln im Flur hielt ich leidenschaftliche Ansprachen. *Das ist nicht Gerechtigkeit!* Ich hielt Schlussplädoyers ins Leere.

Natürlich ist das nicht die ganze Geschichte. Ich weiß, dass etwas in mir froh war darüber. Worüber? Über die Ungerechtigkeit. Einem Teil von mir gefiel es, davon gebannt zu sein. Ich lehnte mich dagegen auf und spürte, wie mein Dagegen-Sein mich formte.

Wir mögen uns selbst, wenn wir auf Ungerechtigkeit reagieren. Sie macht es uns leicht, uns für eine Seite zu entscheiden. Sie aktiviert unsere Fähigkeit zum Mitgefühl und zur Wut wie einen Muskel, von dem wir gar nicht wussten, dass wir ihn haben.

Wahrscheinlich sollte ich nicht »wir« sagen – warum meine eigene Scham über den Voyeurismus in meiner Anteilnahme auf alle projizieren? Was ich sagen will, ist nicht, dass ich nicht aufrichtig bekümmert und bestürzt war, dass ich kein echtes Mitleid mit den Jungs hatte – zehn Jahre lang dachte ich an sie, und ich schrieb Jason mehrere Briefe ins Gefängnis, die er nicht beantwortete –, sondern dass etwas in mir diese Filme auch genoss. Mir gefiel nicht, was darin passierte, aber mir gefiel, wer ich war, während ich dabei zusah. Es gab mir Bestätigung, dass ich ein Mensch war, der zur Empathie neigte.

Als ich damals Anwältin der Angeklagten spielte, dachte ich nicht so sehr über die getöteten Jungen nach. Erst Jahre später las ich im Internet ihre Autopsieberichte. Alle drei waren nackt aufgefunden worden, nur bedeckt mit Schlamm und Blättern. Alle drei wiesen an Händen und Füßen faltige »Waschfrauenhaut« auf, weil sie längere Zeit im Wasser gelegen hatten.

Ihre Körper wurden anhand ihrer Verletzungen katalogisiert: Schnitte, blaue Flecken und Schädelbrüche, abgezogene Hautpartien und Prellungen, »halbmondförmige Abschürfungen« über den Lippen und unter den Ohren, Reste von Kot rund um die Darmausgänge, die Spuren unvorstellbarer Angst. Das Gewicht ihrer Organe ist in Grammzahlen aufgelistet. Christophers rechter Lungenflügel wog zehn Gramm mehr als sein linker, bei Stevie war es genauso. Mit schaurigem Understatement wechseln die Berichte zwischen der Beschreibung der Körper und der Beschreibung ihrer Verletzungen: »Die Iris war grün, der Limbus klar. [...] Im linken Periorbitalbereich traten Fliegenlarven auf.« Gelegentlich wechselt die Sprache ins Lyrische. Im toxikologischen Bericht über Christopher steht Folgendes über seinen Penis: »Bakterienkolonien. Einige geisterhafte Reste roter Blutzellen.« *Geisterhafte Reste.*

Jede schöne Beschreibung von Gewalt wird – in ihrer Schönheit – zu einer nochmaligen Verletzung ihres Opfers.

An seltsamen Stellen taucht in den Berichten das Wort *unauffällig* auf. Doch vielleicht würde es an jeder Stelle dieser Dokumente unpassend wirken. Der Bericht über Stevie Branch fasst dessen Körper so zusammen: »Mit Ausnahme der nachfolgend beschriebenen Verletzungen waren Brust und Unterleib unauffällig. Der Penis wies nachfolgend beschriebene Verletzungen auf. Mit Ausnahme der nachfolgend beschriebenen Verletzungen wiesen die oberen und unteren Extremitäten keine Auffälligkeiten auf.« Stevie Branch wog neunundzwanzigeinhalb Kilogramm und hatte blonde Haare. Sein Körper war völlig unauffällig – bis auf die Resultate seiner brutalen Behandlung. Bis auf einen Gegenstand war er nackt: »Am rechten Handgelenk befand sich ein Freundschaftsbändchen aus Stoff.«

Warum habe ich nicht weiter über die getöteten Jungen nachgedacht, als ich die Geschichte ihres Todes zum ersten Mal hörte? Vielleicht, weil man in ihrem Fall keinen Einspruch mehr erheben konnte. Also empörte ich mich wegen der Jungs, die noch zu retten waren.

In gewisser Hinsicht glich meine Wut der Wut der Eltern der Opfer, nur dass ihr Ziel ein anderes war. Ob als Mitglied einer Jury, als Mutter, als normaler Bürger einer normalen Stadt, als Zeuge oder als Opfer: Man wird mit einer grauenhaften Tat konfrontiert und muss irgendwo hin mit dem Grauen, muss es loswerden. Angst überkommt einen. Man versucht sich des Schmerzes zu entledigen, egal wie. Man versucht, ihm irgendeinen Sinn zu geben. Die Eltern wollten drei Männer im Gefängnis sehen, sie wollten sie leiden, brennen, sterben sehen. Ihre Intoleranz und ihr Unwille, irgendeine andere Möglichkeit außer der Schuld in Betracht zu ziehen, ihr Beharren auf der nächstbesten Erzählung, die ihren Schmerz lindert – all das macht mich wütend. Je mehr sie auf ihrem Recht auf Vergeltung beharren, desto weniger Mitleid habe ich mit ihnen.

Indem ich mich über sie empöre, mache ich vermutlich genau das, was ich am System selbst so verachte: Ich suche einen Sündenbock. Ihre Gesichter bieten sich an als Gefäße für meine freischwebende, unklare Vorstellung einer Falschheit, die sich nicht richtig fassen lässt. Individuen sind leichter angreifbar als ein gesichtsloses Justizsystem, das viel zu komplex ist, um es zu hassen. Doch die Eltern, führe ich mir vor Augen, beschuldigen nur die Typen, die zu beschuldigen man ihnen quasi befohlen hat. Was weitere Opfer produziert – Opfer eines Justizsystems, das nicht nur drei Jungen ihre Freiheit, sondern auch drei Familien ihre Trauer nimmt, indem es sie dazu drängt, ihre Trauer in etwas anderes zu verwandeln. Mit ihrer unerschütterlichen Gewissheit und ihrem konkreten Urteil laden Polizei und Gerichte diese Familien regelrecht dazu ein, Rache vor Gnade walten zu lassen.

Ich schlingere heftig zwischen Wut auf die Opferfamilien und Schuldgefühlen hin und her. Der Gedanke daran, wie Trauer sich anfühlen muss, die einem zusätzlich zu einem unfassbaren Verlust noch eine solche Wut aufbürdet, macht mich selbst tieftraurig. Sie haben ihre Kinder verloren und dürfen zum Ausgleich Mittäter einer Brandstiftung werden.

Wenn man Land anzündet, damit es zu Ackerland wird, nennt man das Brandrodung. Es ist eine kontrollierte Verwüstung – so wie man Krebszellen bestrahlt, die sich gegen den Körper auflehnen, oder einen brandigen, schwarz gewordenen Fuß amputiert. Es gab eine Zeit, da wurden Hexen abgefackelt wie Felder. Ihre Körper waren Schauplätze kontrollierter Verbrennungen, sie schlossen das Böse in sich ein, so dass man es nicht als etwas begreifen musste, das auf alle Körper, auf alle Menschen verteilt ist.

Der Imperativ der Effizienz führte dazu, dass die Jungs angeklagt wurden. Die Mechanik der Überheblichkeit führte dazu, dass sie verurteilt wurden. Diese Effizienz trägt das Gesicht von Gary Gitchell, dem Chefinspektor der Polizei von West Memphis. Zu Beginn des ersten Films beantwortet Gitchell bei einer Pressekonferenz die Frage, wie er die Schwere dieses Falls auf einer Skala von eins bis zehn bewerten würde, mit »elf«. Er sagt »elf«, und die Leute klatschen. Und lachen.

Es ist eine Zahl, die der Staat Arkansas achtzehn Jahre später kippen wird, als er jene Jungs als Männer freilässt. Aber im Film steht die Zahl wie für alle Zeit in Stein gehauen. Die Leute lachen, weil sie diese Zahl, diese Antwort – *elf* – so dringend brauchen. Sie lachen vor Erleichterung. Sie wollen an das glauben, was in Gitchells Worten über das Justizsystem und das Wesen des Verbrechens mitschwingt – sie brauchen ihren Glauben daran, dass es für jede unbestreitbare Tragödie einen unbestreitbaren Weg gibt, die Dinge wieder zu richten.

»Ich glaube, die Polizei findet den Täter einfach nicht«, sagt Jessie Sr. kurz nach der Verhaftung seines Sohnes. Mit rotem Gesicht und schmutzigen Händen sitzt er in einem Fernsehsessel. Er ist Mechaniker. Er wirkt ruhig. Als Jessie viele Jahre später aus der Haft entlassen wird, halten Vater und Sohn sich von den öffentlichen Feierlichkeiten fern und gehen in einem Grillrestaurant etwas essen. Aber als Gefangener des Augenblicks weiß Jessie Sr. noch nichts davon – nicht, dass es kommen wird, und nicht, wie viele Nächte bis dahin vergehen werden. In achtzehn Jahren voller Telefonanrufe wird er jedes Mal, wenn er lacht, seine Zähne zeigen. Das weiß die Kamera, und sie führt uns nah an dieses Gesicht heran, um in seinem Lachen etwas Animalisches vorzuführen – nichts Brutales, sondern etwas, das mit Überleben zu tun hat. Es tut weh, der schlichten Tatsache dieses Mundes, dem Weiß seiner Zähne, so nahe zu sein.

Dieses aufs Intime gerichtete Augenmerk ist allen drei Filmen eigen; es führt zu einer schmerzvollen Verdichtung ihrer Welt. Nach der Verkündung des Urteilsspruchs wird gezeigt, wie die aus dem Flüsschen gezogenen Fahrräder auf einen LKW verladen werden – höchstwahrscheinlich, um in einer dunklen Asservatenkammer ein für alle Mal weggeschlossen zu werden. Oder die Kamera, die einen Augenblick länger auf der stählernen Toilette in Jessies Zelle verharrt – jener Toilette, an der Jessie sich die Hand geprellt hat. *Solange du die Hand noch bewegen kannst, ist nichts gebrochen.* Solange du im Gefängnis noch atmest, lebst du noch. Solange du noch Zähne zeigst, lachst du. Solange du noch lachen kannst, überlebst du.

Die subtile Kameraführung entfacht unser Mitgefühl und lässt es überallhin strömen, selbst dorthin, wohin es nicht soll. Man kommt allen so nah, dass einem alle leidtun können. Die Einstellungen sind präzise und aufmerksam: Jedes schmerzliche Beben auf einem elterlichen Gesicht während der Verhandlung wird eingefangen, jedes noch so kurze Aufscheinen von Zweifel bei Gitchells Beamten im Zeugenstand – ein Zucken der Augen, ein Moment der Panik, es vermasselt und einen Fehler im System offengelegt zu haben. Beleg dafür, wie nervös alle sind, auch die so arrogant auftretenden Polizeibeamten. Alle haben Angst vor irgendetwas.

Ganz grandios gelingt es den Filmen auch, eigenartige Momente des Trivialen einzufangen, die irritierende Beiläufigkeit eines Todesurteils für ein Verbrechen, das man nicht begangen hat. Man lebt sein Leben nicht in jedem Moment in seiner ganzen Erdenschwere. Das haben die Filme begriffen. Da sitzt Damien mit seinen Anwälten zusammen und spricht mit ihnen über eine Schwachstelle in seiner Aussage. Da sei er mit den Gedanken woanders gewesen und habe nur halb aufgepasst, erklärt er sich.

»Vielleicht bringen sie dich ja dann nur halb um«, gibt sein Anwalt zurück.

Damien lacht. Die Kamera zoomt heran, als wolle sie fragen: Wie kann er nur lachen? Und dann bleibt sie für einen Moment auf seinem Gesicht, so, also würde sie nahelegen, ja geradezu darauf bestehen wollen, dass diese Frage eigentlich lauten müsste: Wieso sollte er nicht lachen? Welche Reaktion wäre denn angemessen, im Sinne von erwartbar und zufriedenstellend, wenn *angemessen* vollständig bedeutungslos geworden ist? Wen kümmert es, ob er lacht oder nicht lacht?

Damien und Jason, zwei Teenager, kichern vor laufender Kamera, als sie an den Abend ihrer Verhaftung zurückdenken. Sie saßen auf dem Sofa und sahen fern. »Und dann brachen die Bullen die Tür auf«, erzählt Damien, und beide schütteln den Kopf, als ob sie es immer noch nicht glauben könnten. Sie lachen. *Elf.* Die Leute lachen. Für Damien und Jason fühlt sich diese ganze Geschichte teilweise immer noch an wie ein Film. Sogar als sie vor Gericht stehen, bleibt es ein bisschen absurd und – das erlösende Moment des Absurden – als ob es nicht wirklich geschähe. Sie machten das Licht aus und versuchten, sich im Schlafzimmer zu verstecken. Aber die Polizisten sind einfach nicht wieder gegangen. Achtzehn Jahre lang nicht.

Die Freundschaft zwischen den Jungs wirkt tief empfunden. Bei der Anhörung, die zu ihrer Freilassung führt, formuliert Jason einen Gnadenappell, an den er selbst nicht glaubt: Es ist ein Schuldeingeständnis, um Damiens Leben zu retten. (Damien saß als Einziger der drei im Todestrakt.) Bei der nachfolgenden Pressekonferenz bedankt sich Damien bei ihm für diese Bereitwilligkeit. Sie umarmen sich – zum ersten Mal seit fast zwanzig Jahren. Man kann sich nur schwer vorstellen, wie sich diese Umarmung anfühlen muss, wie intim oder unangemessen es ist, den Körper eines Mannes zu berühren, der sein Leben verloren hat, so wie man selbst sein Leben verloren hat, der aber noch am Leben und jetzt plötzlich frei ist, wie man selbst auch. Unbeholfen umfassen sie sich über die Mikrophone hinweg.

Damiens Autobiographie endet mit der schlichten Beschreibung des Moments, in dem er Jason zum ersten Mal im Gefängnis sah. Das war 2005. Beide waren zu diesem Zeitpunkt Insassen von Varner Unit, einem Gefängnis in der Nähe von Pine Bluff. Sie hatten jahrelang keinen Kontakt gehabt, und dann tauchte Jason eines Tages wie aus dem Nichts auf der anderen Seite einer gläsernen Wand auf. »Er hob die Hand und lächelte«, schreibt Damien, »und dann war er wieder weg, wie ein Geist.« Es ist eine traurige Szene, denn in ihr geschieht nichts. Eine Glasscheibe und eine erhobene Hand, das ist alles, was sie haben. Ein Geist und einer, der einen Geist sieht.

Als sie Jungen waren, gab es für Damien und Jason eine ganze Welt, von der sie sich distanzieren konnten. Sie konnten in Spielhallen rumhängen, auf Hausarrest scheißen und aus Trailerparks abhauen. Und sie hatten Musik, die wütend genug war, um jedem dieser Ausbrüche einen Hallraum zu geben. So viel Musik: Slayer, Metallica, Megadeth. So viel Lautstärke. Die einzigen wirklich makellosen Beziehungen in Damiens Buch sind seine Freundschaft zu Jason und ihre geteilte Leidenschaft für die Musik. Sie lebten für die Musik. Sie waren schon immer zwei Jungs, die in einem dunklen Zimmer hockten und darauf hofften, allein gelassen zu werden, erfüllt vom Verlangen nach Sound.

Ich habe mir häufig mein Leben untermalt mit einem Soundtrack vorgestellt. Wer hat das nicht. Ich habe Musik gehört, die die Episoden meines Lebens aufblähte und meine ganz normale Unzufriedenheit in den Klang einer Tragödie kleidete. Daran denke ich, während, untermalt von Metallica, die Szenenbilder von Damiens Geschichte ablaufen: Wohnwagen, so weit der Blick reicht, verwaschen vorbeirauschende Sattelschlepper, im Wind flatterndes gelbes Absperrband am Schauplatz eines Verbrechens. Damien hat seinen Soundtrack bekommen, wahrscheinlich sogar den, den er sowieso immer gehört hatte, auch wenn er sich die Gründe für diese Musikwahl nie hätte vorstellen können – und dann durfte ihm dieser Soundtrack während seiner Inhaftierung keinen Trost spenden, denn er hatte im Gefängnis keinen Zugang zu einer Stereoanlage. Er hatte keine Musik, die seine Gefühle in sich aufnehmen, die sie vertiefen oder abmildern konnte – all das, was sie für *uns* tut, während wir den Film über Damiens Leben sehen. Die langsam anschwellenden Metallica-Akkorde sind weniger der Soundtrack zu Damiens Geschichte als der Soundtrack zu *unserer* Geschichte von Damiens Geschichte. Sie sind der Soundtrack der Geschichte, wie wir um Damien bangen.

DER GRUND

Eine der großartigen erzählerischen Täuschungen in Truman Capotes *Kaltblütig*, dem Urahn aller True-Crime-Geschichten mit Anspruch, ist die abschließende Erkenntnis, dass die Verbrecher im Zentrum der Geschichte, Männer, die eine ganze Familie ermordet haben, schlussendlich kein Motiv haben außer Geld. Es ist wie ein zweiter Tod: Indem die Möglichkeit einer Affekthandlung als Grund für das ganze Sterben wegfällt, bleibt das Gefühl der Sinnlosigkeit. Perry Smith, eine der beiden Hauptfiguren, wird beschrieben als »ohne weiteres imstande, seinem Opfer, ob mit oder ohne Motiv, kaltblütig den Todesstoß zu versetzen«. Dieses beiläufige *mit oder ohne* ist furchterregend.

Es ist einfacher, wenn eine Tragödie einen Grund hat – sei es Leidenschaft, Eifersucht, Hass oder Rachedurst. In solchen Erklärungen finden wir einen wesentlichen emotionalen Gehalt, der seine Entsprechung hat in der Schwere einer Tat. Wir können etwas Menschliches darin entdecken, ein Motiv, auf das wir unsere Empörung richten und das wir auf einer basalen Ebene als eine Erweiterung unserer selbst begreifen können.

»Ich kann kein Motiv erkennen«, sagt eine körperlose Stimme im ersten Film, während die Kamera über den Waldboden fährt, als suchte sie nach diesem verlorenen Motiv in den verschlungenen Wurzeln der Bäume oder einem längst ausgetrockneten Flussbett. Die Eltern brauchen eine Erklärung. Genau wie die Reporter. Und die Staatsanwälte. Man kann kein Motiv erkennen, also wird eines gefunden. Die Presse schreibt: »Eine satanistische Orgie.« Die Eltern scheinen überzeugt zu sein von einem Teufelskult. Damien nennt West Memphis »ein zweites Salem«.

»Wir erzählen uns Geschichten, um zu leben«, schrieb Joan Didion und meinte damit, dass verängstigte Menschen Motive brauchen. Dass alle Menschen Motive brauchen.

Ein Priester erinnert sich, dass Damien einmal sagte, er könne nicht gerettet werden. Er habe die Bibel nicht in sein Herz geschlossen. Damien bezeichnet sich selbst als Anhänger der Wicca-Religion – was er im Zeugenstand als »ein im Wesentlichen enges Verhältnis zur Natur« beschreibt. Ich muss an den Wald denken. An die drei dort liegenden Jungs, an allen vieren gefesselt. Ich höre keine Schuld, aber ich höre die Einbildungskraft Zusammenhänge herstellen wie ein Gewebe – eine Tragödie hat sich ereignet, und man will Puzzleteilchen zusammensetzen, die zueinanderpassen. Ich denke lange darüber nach, was wohl in den Köpfen der Geschworenen abgelaufen ist. Wer waren sie? Wovor hatten sie Angst? Was hat der Schuldspruch ihnen gegeben, was ein Freispruch ihnen vorenthalten hätte?

Die Filme fordern den ständigen Perspektivenwechsel als ethischen Imperativ: Wenn man gerade tief ins Leid eines Protagonisten eingestiegen ist, wird man plötzlich ins Leid eines anderen geworfen. Diese Empathie wird dadurch betont, dass in den Filmen selbst Einfühlung eher selten ist, verständlicherweise. Das Leiden der Eltern führt weit hinein in die Einzelheiten. *Waschfrauenhaut. Fliegenlarven. Geisterhafte Reste.* Wie soll man als Mutter mit solchen Details leben? Die Wut verbrennt sie wie Benzin. Ein Mann zertritt ein Feuer mit seinen Cowboystiefeln.

Die trauernden Eltern sind in ihre Wut verstrickt, sie ist das Einzige, was ihnen Schutz und Halt bietet. Für Mitleid und Barmherzigkeit haben sie nicht allzu viel Energie übrig. Sie hüllen sich in ihre Verwünschungen wie in Gewänder. *Und die Mütter, die sie geboren haben.* Auch diese Mütter leiden.

Die Einzigen, die Mitgefühl aufbringen, sind die Verurteilten. Damien denkt die ganze Zeit über die drei toten Jungen nach. »Sie haben nichts getan, was das rechtfertigt, was ihnen zugestoßen ist«, sagt er. Er hat auch einen Sohn, der wenige Monate nach seiner Verhaftung geboren wurde.

»Manchmal habe ich eine Wut«, sagt Jason nach Jahren im Gefängnis, »aber es gibt niemanden, auf den ich sie richten könnte.«

Er spricht aus, was andere nur ausleben: das Problem einer Tragödie ohne Vektor, einer Wut ohne Ziel oder Behältnis. Im ersten Film gibt es eine Szene, in der Jason gefragt wird, was er zu den Familien der Opfer sagen würde. Stumm und verschüchtert schüttelt er den Kopf, wie ein Junge, der gefragt wird, in welches Mädchen er verliebt ist. Schließlich sagt er ganz leise: »Ich weiß nicht.« Es ist wie ein bestürzender Moment der *Richtigkeit* in einer Welt, in der sich alle so absurd sicher zu sein scheinen, was sie in jedem Moment sagen sollen. Im Konzert von Stimmen, die schnelle Schlussfolgerungen ziehen, die sich begierig an die Stabilität von Anklage und Empörung und an den Talisman eines Dämons oder Sündenbocks klammern, fühlt sich das Bekenntnis zum Nichtwissen richtig an. Da ist ein Junge, von dem behauptet wird, er habe einen anderen Jungen getötet, und er sagt: *Ich weiß nicht.*

In einem der Folgefilme hat er dann etwas zu sagen. Er ist seit Jahren inhaftiert und unzählige Male verprügelt worden. Sein Schlüsselbein ist gebrochen.

Jetzt würde er den Familien der Opfer Folgendes sagen: Er versteht, warum sie ihn hassen. Aber er ist unschuldig. Wenn sein kleiner Bruder gestorben wäre, würde er auch jemanden hassen wollen. Aber er ist unschuldig. Das sagt er zweimal.

Warum mag ich Jason so sehr? Ich fühle mit ihm auf eine Art, wie es mir mit den anderen nicht geht. Einer der Gründe ist sicher, dass er so jung aussieht, sogar noch, als er – im zweiten und dritten Film – langsam kahl wird. Außerdem sieht er meinem eigenen Bruder ein bisschen ähnlich. *Wenn mein kleiner Bruder gestorben wäre,* sagt er. Deswegen funktioniert es wahrscheinlich: Verwandte sind nett, das ist wie eine im Körper verankerte Erinnerung. Vielleicht kann ich deswegen den Anblick seines kleiner werdenden Gesichts hinter der Scheibe des Streifenwagens kaum aushalten, als er nach der Verurteilung weggefahren wird. Vielleicht kann ich deswegen kaum hinsehen, wie er auf dem Rücksitz Platz nimmt und sich dabei – nach Monaten der Übung schon versiert – trotz der Handschellen so anmutig bewegt. Einen Körper zu sehen, der sich geschmeidig in Fesseln bewegt, weil er schon an sie gewöhnt ist, tut weh.

EPILOG

Der letzte Film der Trilogie trägt den Untertitel *Purgatory* (Fegefeuer). Er hieß schon so, bevor sich der Gnadenakt am Ende ergab. In dem Teil, der noch Fegefeuer ist, bleiben einige Dinge unverändert: Die Staatsanwaltschaft besteht auf der Schwere der Tat: *elf.* Die Jungs bestehen immer noch auf ihrer Unschuld. Manches dagegen ist anders geworden: Auch Mark Byers hält sie inzwischen für unschuldig. Neue DNA-Beweise haben ihn überzeugt. Im Rückfenster seines LKWs klebt ein »WM3«-Sticker. Er singt dasselbe Lied der weit ausgreifenden Empörung, aber der Text hat sich geändert: *Sie sind unschuldig,* sagt er jetzt. *Es ist eine himmelschreiende Ungerechtigkeit.* Er ist älter geworden. Unmöglich, seine Cowboystiefel auf dem Waldboden im zweiten Film zu vergessen, als er seine selbstentfachten Grabfeuer austrampelte. *Du wolltest die Hoden von meinem*

Kleinen fressen. Unmöglich zu sagen, ob er seine Meinung trotz oder wegen seiner Rolle geändert hat, ob sein Sinneswandel die früheren Auftritte widerruft oder vielmehr den nächsten Akt darstellt. Melissa Byers ist tot. Pam Hobbs ist sich nicht sicher, ob die Jungs wirklich unschuldig sind, findet aber, dass sie die Wiederaufnahme des Prozesses verdient haben. Todd und Dawn Moore sind nicht zu sehen. Sie haben die Nase voll von Dokumentarfilmen.

Sinofsky und Berlinger haben 2004 angefangen, am dritten Film zu arbeiten. Und über lange Zeiträume hinweg, acht oder neun Monate, überhaupt nicht gefilmt. Weil es nichts zu filmen gab. Und genau das war eines der Dinge, die sie zeigen wollten: Nichts bewegt sich mehr für die Jungs. Jessie hat sich eine Uhr oben auf dem kahlen Schädel tätowieren lassen. Eine zeigerlose Uhr. Die Zeit steht still. In mancherlei Hinsicht tat sie das natürlich nicht: Damien heiratete eine Frau, mit der er seit Jahren einen Briefwechsel führte. Die Hochzeit fand im Gefängnis als buddhistische Zeremonie statt. Jason sagte in die Kamera, er lebe immer noch sein Leben. »Man macht einfach das Beste aus dem, was man hat«, sagt er. Er hat gelernt, daran zu glauben, denn würde er irgendetwas anderes glauben, könnte er nicht überleben.

EPILOG ZUM EPILOG

Einer der ersten von sehr wenigen Männern, die jemals in Amerika der Hexerei angeklagt wurden, war John Floyd aus Massachusetts. Er hatte sieben Kinder und besaß ein kleines Stück Land in der sogenannten Rumney Marsh. Im Jahr 1692 verbrachte man ihn in ein unterirdisches Gefängnis, das später als »Salem Witch Dungeon« bekannt wurde. Die Anklage ging ungefähr so: Ein Mädchen hat ein Stück Tuch in die Hand genommen, das er vorher berührt hatte, und ist in Ohnmacht gefallen. Jahrhunderte später ging sie dann so: Drei Jungs trugen Schwarz, und Menschen fielen in Ohnmacht. Es gab Musik, die ihnen gefiel, und Menschen fielen in Ohnmacht. Drei Kinder verbluteten, und Menschen fielen in Ohnmacht. Auf einer Gedenktafel in Danvers, die den der Hexerei Angeklagten gewidmet ist, steht: »Sag, dass du ein Kind des Teufels bist, und du wirst nicht hängen.« Die Alford Pleas, dank deren Damien, Jason und Jessie freikamen, bedeuteten im Prinzip, dass sie sich schuldig bekannten, dabei aber an ihrer Unschuld festhielten. Sie räumten offiziell ein, dass die Geschworenen genug Beweise in der Hand hatten, um sie zu verurteilen.

Das Komische an diesem Fall ist: Die Filme dokumentierten ihn nicht nur, sondern wurden Teil von ihm. In der Physik nennt man das *Beobachtereffekt*: Man kann keinen physikalischen Prozess beobachten, ohne Einfluss auf ihn zu nehmen. Die Filme brachten den Fall ins öffentliche Bewusstsein, gingen vielen Beteiligten gehörig gegen den Strich und bescherten den Verurteilten eine Reihe prominenter Unterstützer, die dann über Jahre hinweg ihre Verteidigung finanzierten. Es ist nicht die Geschichte von drei armen Jugendlichen, die erst Pech hatten und dann Wiedergutmachung erlangten. Es ist die Geschichte von drei armen Jugendlichen, die erst Pech hatten, dann viel Geld bekamen und dann Wiedergutmachung erlangten. Ohne die Filme wären diese Männer niemals freigekommen. Was wiederum bedeutet: Die Filme dokumentieren ein Ende, an dessen Drehbuch sie mitgeschrieben haben.

Zunächst verwehrte sich Jason gegen die Alford Plea: Er wollte nach all den Jahren nicht gestehen, was er gar nicht getan hatte. Er tat es schließlich, um Damiens Leben zu retten. *Sag, dass du des Teufels bist, und du wirst nicht hängen.* Das Böse muss gestanden werden, damit es eingehegt werden kann. Ein Geständnis fixiert die Möglichkeit des Verbrechens, es gibt ihm die Gestalt eines verrosteten Messers am Grund eines Sees neben einem Trailerpark und schließt es in einer tätowierten Kreislinie auf einem kahlen Schädel ein. Die Zeit steht still, das Böse ist in einem Körper eingesperrt – in drei Körpern – und diese Körper wiederum sind an einem Ort eingesperrt. Bis sie freigelassen werden. Die Körper werden befreit, und wir bleiben zurück mit dem Befund dieses unstillbaren und rücksichtslosen, menschlichen Begehrens, ein Unglück zweifelsfrei in Schuld zu wandeln.

Mit dem Epilog des letzten Films, diesem *deus ex machina, ex curiam, ex odeum*, wird uns leicht ums Herz. Ein Gott aus der Maschine, aus dem Gericht, aus dem Theater. Wir sehen Damien mit seiner Frau davonfahren. Wir sehen Jason wiedervereint mit seiner Mutter, die noch ausgemergelter aussieht als vor zwanzig Jahren. Wir wissen, dass Jessie mit seinem Vater Grillfleisch essen und sich endlich Zeiger an seine Uhr tätowieren lassen wird (sie werden auf ein Uhr mittags stehen, dem Zeitpunkt, an dem er den Gerichtssaal verließ). Wir wissen, dass die beiden anderen zusammen mit Eddie Vedder in einem Hotel in Memphis feiern werden – *feiern wie Rockstars*, wie man so sagt. Diese schlichten Fakten fühlen sich an wie unmögliche Wunder. Wir bekommen Appetit auf Details: Wie fühlt sich Sonnenlicht an für diese Männer? Wie schmeckt ihnen Wein? Wie schmecken Hamburger? Wie ist es, die Freiheit zu haben, selbst zu entscheiden, wie man seine Tage füllt? Wird Jason je nach Disneyland fahren? Vielleicht sogar mit seinen eigenen Kindern? Wird er jemals Kinder haben, mit denen er dorthin fahren kann? Wir können fragen: Wohin sind die Jungs gegangen, nachdem sie aus dem Gefängnis entlassen wurden? Wir können fragen: Wer ist noch drin?

Große Universaltheorie
über den weiblichen Schmerz

Die junge Frau im Bus mit dem übel zugerich-
teten Gesicht und den gefühlstiefen Augen
einer schönen Affenart [...] wandte sich an
mich und sagte: »Ich glaube, ich bekomme
Halsschmerzen. Können Sie das spüren?«

ROBERT HASS, »IMAGES«

Diese verwundeten Frauen, man findet sie überall:
Miss Havisham trägt ihr Hochzeitskleid, bis es verbrennt.
*Ich sah, dass die Braut im bräutlichen Kleide gewelkt war gleich
dem Kleide.* Belindas Haar wird abgeschnitten – *Die Schneiden
treffen sich. Dem schönsten Haupt, / Ist nun für ewige Zeit der
Schmuck geraubt* – und fährt auf in den Himmel: *Gar manche
Locke glänzet schwarz und schön. / Doch hat man eine so erhöht
gesehn?* Anna Kareninas verschmähte Liebe schmerzt so sehr,
dass sie sich vor einen Zug wirft – Freiheit von einem Mann
führte nur zum nächsten Mann, und der blieb noch nicht mal
bei ihr. Violetta aus *La Traviata* schaut im Spiegel in ihr blasses,
schwindsüchtiges, liebliches Gesicht und sieht ein alabasterfar-
benes Gespenst mit fiebrigen Augen. Mimi in *La Bohème* liegt
im Sterben, und Rodolfo findet sie so »schön wie die Morgen-
röte«. *Das ist falsch verglichen,* korrigiert sie ihn. *Weit richtiger
wär: Schön wie die sinkende Sonne.* In *Dracula* erbleichen Frau-
en alle Naslang. Mina wird erst ihr Blut ausgesaugt, dann wird
sie zur Teilhabe am Festschmaus gezwungen: *Seine [...] Rechte
umklammerte ihren Nacken und drückte sie mit dem Gesicht an
seine Brust. Ihr weißes Nachthemd war mit Blut bespritzt. [...] Ihre*

Stellung hatte verzweifelte Ähnlichkeit mit der eines kleinen Kätz-
chens, dem ein Kind die Nase in die Milch stößt, um es zum Trinken
zu zwingen. Maria in *Wem die Stunde schlägt* gesteht einem amerikanischen Soldaten erst, dass sie vergewaltigt worden ist – *Als*
sie mir was antaten, da wehrte ich mich, bis ich nichts mehr sah –,
und ergibt sich dann in seinen Schutz. *Niemand hat dich ange-*
rührt, mein Häschen, sagt der Soldat, und seine Berührung tilgt
alle vorherigen. Ein kleines Kätzchen in Männerhänden. Wie
war das noch? Freiheit von einem Mann führt zum nächsten
Mann. Auch Marias Haare werden geschnitten.

Ihr Leid beschert Sylvia Plath einen privaten Holocaust:
Ein ratterndes Knattern, ein Zug,/Der mich forttrug, als wär ich
ein Jud. Und der Geist ihres Vaters spielt den Lokführer: *Jede*
Frau liebt einen Faschisten,/Im Gesicht den Stiefel, und den, der
sie haut,/Und das Herzverhau eines wie du, der das tut. Frauen
vergöttern Faschisten oder Guerilleros, die Faschisten abmurk-
sen, oder Stiefel im Gesicht, von egal wem. Blanche DuBois
in *Endstation Sehnsucht* trägt ein völlig verschmutztes Ballkleid
und ist abhängig von der Güte Fremder. *Die Braut im bräut-*
lichen Kleide war gewelkt gleich dem Kleide. Männer haben sie
vergewaltigt, sind schwul geworden, sind ihr weggestorben.
Am Schluss bringen die Regieanweisungen sie zum Leuchten:
»In ihrem roten Gewand, das sich um die skulpturellen Linien
ihres Körpers legt, hat sie einen tragischen Glanz.« Ihre Tragödie hat Glanz; sie macht aus ihrem Körper eine Skulptur.

Der Schmerz macht Frauen zu kleinen Kätzchen und Häschen, zu Sonnenuntergängen und schäbigen Göttinnen in rotem Satin, er lässt sie erbleichen, ausbluten und verhungern,
verfrachtet sie in Vernichtungslager und schickt Locken ihres
Haars hinauf zu den Sternen. Männer stecken Frauen in Züge
oder bringen sie dazu, sich vor Züge zu werfen. Die Erfahrung
von Gewalt gibt Frauen eine göttliche Aura. Die Jahre lassen

sie alt werden. Und wir können einfach nicht wegsehen. Unaufhörlich denken wir uns neue Leiden für sie aus.

Susan Sontag hat die Blütezeit einer »nihilistische[n] und sentimentale[n]« Logik des 19. Jahrhunderts beschrieben, als das weibliche Leid attraktiv wurde: »Traurigkeit machte jemanden ›interessant‹. Es war ein Zeichen von Vornehmheit, von Sensibilität, traurig zu sein. Das bedeutet, machtlos zu sein.« Das ließ sich auch aufs Kranksein übertragen: »Traurigkeit und Tuberkulose wurden Synonyme«, schreibt Sontag – und beide standen plötzlich hoch im Kurs. Traurigkeit war interessant, und die Krankheit gehörte zu ihrem Gefolge, weil sie nicht nur den Grund für jene Traurigkeit lieferte, sondern auch ihre Symptome und Metaphern: ein quälender Husten, eine fahle Blässe, ein ausgezehrter Körper. »Der melancholische Charakter«, schreibt Sontag, »war ein überlegener: empfindsam, schöpferisch, ein besonderes Wesen.« Krankheit wurde zu einer »kleidsame[n] Auffälligkeit«, die eine »anziehende Verletzlichkeit, eine überlegene Sensibilität symbolisierte [und] in zunehmendem Maße zum idealen Aussehen der Frauen [wurde]«.

Ich bin einmal *wound dweller* genannt worden, von einem Mann, mit dem ich zusammen war. Eine *Bewohnerin von Wunden*. Ich mochte es nicht, so bezeichnet zu werden, und obwohl es jetzt schon ein paar Jahre her ist, bin ich bis heute nicht darüber hinweg. (Es war eine Wunde; ich bewohne sie.) Einer Freundin schrieb ich:

Mein Gefühl in Bezug auf körperliche Krankheiten und Gebrechen – gebrochener Kiefer, eingeschlagene Nase, zu schnell schlagendes Herz, gebrochener Fuß usw. – ist immer irgendwie zweischneidig. Ich bin zugleich beschämt und empört. Auf der einen Seite denke ich:

279

Warum passiert diese Scheiße gerade mir? Und auf der anderen: Verdammt, warum rede ich so viel darüber?

Ich vermute mal, ich rede darüber, weil es passiert ist. Und das ist die problematische Kehrseite von Sontags Kritik: Mag sein, dass wir die verwundete Frau zu einer Art Göttin gemacht haben, dass wir ihre Krankheit romantisiert und ihr Leiden zum Ideal erhoben haben, aber das heißt ja nicht, dass es die verletzte Frau nicht trotzdem gibt. Frauen haben immer noch Wunden: gebrochene Herzen, gebrochene Knochen, beschädigte Lungen. Wie kann man über diese Verletzungen sprechen, ohne sie zu glorifizieren? Ohne diesem alten Mythos in die Hände zu arbeiten, der das weibliche Trauma in ein Sternbild verwandelt, das der Anbetung würdig ist (*Gar manche Locke glänzet schwarz und schön./Doch hat man eine so erhöht gesehn?*), und der Schaulustige herbeilockt, die den Zusammenbruch der Dame begaffen wollen? Der *Zusammenbruch der Dame*: vage aristokratisch, eine hohlwangige Gestalt, liebreizend im Schatten wandelnd.

Wann immer wir über verwundete Frauen sprechen, laufen wir Gefahr, ihr Leiden nicht als einen Aspekt weiblicher Erfahrung, sondern als konstitutiven Bestandteil von Weiblichkeit an sich zu betrachten – möglicherweise sogar als das raffinierteste Element ihrer Vollendung. Der alte Grieche Menander schrieb: »*Die Frau ist ein Leiden, das nicht von dir ablässt.*« Wahrscheinlich wollte er damit nur sagen, dass Frauen Probleme bedeuten. Aber seine Formulierung funktioniert auch gegen den Strich gebürstet und ruft so die Möglichkeit auf, dass es fürs Frau-Sein *unabdingbar* ist, Schmerzen zu haben; dass Schmerz der niemals versiegende Stoff ist, aus dem weibliches Bewusstsein gemacht ist. Diese Vorstellung ist so alt wie die Bibel: *Ich will dir viel Schmerzen schaffen, wenn du schwanger wirst; du sollst mit Schmerzen Kinder gebären.*

Eine wissenschaftliche Studie aus dem Jahr 2001 mit dem Titel »The Girl Who Cried Pain« versucht, sich einen Reim auf die Tatsache zu machen, dass Ärzte Männern schneller Schmerzmittel verschreiben, während sie Frauen bei gleichen Symptomen eher ein Beruhigungsmittel geben – was nicht zuletzt deshalb so beklagenswert ist, weil Frauen womöglich Schmerzen tatsächlich intensiver erleben. Der Studie zufolge könnte diese Asymmetrie hormonellen Unterschieden zwischen den Geschlechtern geschuldet sein, aber auch der Tatsache, dass »Frauen häufiger Schmerzen haben, die Bestandteil ihrer normalen biologischen Vorgänge sind (z. B. während der Menstruation oder unter der Geburt)«, was sie wiederum schmerzempfindlicher machen könnte, weil sie – anders als Männer – »normalen biologischen Schmerz von pathologischem Schmerz unterscheiden müssen«. Und trotz des Befundes, dass »Frauen aus biologischen Gründen schmerzempfindlicher sind als Männer, wird ihr Schmerzbekunden weniger ernst genommen als das von Männern«. Genauer gesagt: »Ihr Schmerzbekunden wird mit größerer Wahrscheinlichkeit als ›emotional bedingt‹ und ›psychogen‹, deshalb also als ›nicht echt‹ abgetan.«

Eine Freundin träumte einmal, dass sie einen Autounfall hatte und dass hinterher alle zerbrochenen Teile ihres Pontiac mit einer Schicht leuchtend oranger Blütenpollen überstäubt waren. *Mein Psychoanalytiker hat mich vehement dazu gedrängt, diesem Bild irgendeinen Sinn abzugewinnen,* schrieb sie mir, *und schlussendlich brach es aus mir heraus: Meine Wunden sind fruchtbar! Was jetzt zu einem Prüfstein und Schlachtruf meines Lebens geworden ist.*

Wie kann eine Wunde fruchtbar sein? Warum sollte jemand sie »bewohnen«? Deswegen: Wunden versprechen Authentizität und Tiefe, Schönheit und Einzigartigkeit, Begehrtheit. Sie erzwingen Mitleid. Sie bluten so viel Licht aus, dass man in ihm schreiben kann. Sie führen zu Narben voller Geschichten und zu Kränkungen, die zu Schlachtrufen werden. Sie brechen auf über den rauchenden Früchten kaputter Motoren und bestäuben diese Motoren mit Farbe.

Und trotzdem tun sie – jenseits und unterhalb dessen, was sie hervorbringen – immer auch noch weh. Den Schmerz lassen die Segnungen einer Wunde nicht vergessen; sie blühen nur in ihm. Es ist gefährlich, den Schmerz als »selbstgewählt« zu bezeichnen. Vielleicht sollte man von der Anziehungskraft der Wunde sprechen, also davon, dass eine Wunde verführen kann, dass sie ein Versprechen bergen kann, das sie allerdings selten hält. Wie meine Freundin Harriet mal zu mir gesagt hat: »Auch ein performativer Schmerz ist immer noch ein Schmerz.«

Wie soll ich nach allem, was bis hierhin schon gesagt wurde, von meinen Narben erzählen?

Am Fußknöchel habe ich eine leicht pustelige, weiße Stelle aus kräuseligem Gewebe, wo ein Arzt mal eine Made herausgezogen hat. Etwas weiter oben am Unterschenkel habe ich verblichene Linien, wo ich mich früher mit einer Rasierklinge geritzt habe. Ich habe eine Nase, die mir von einem Typen auf der Straße gebrochen wurde, was man aber nicht mehr sehen kann, weil Geld dafür bezahlt wurde, dass man es nicht mehr sehen kann. Heute habe ich nur noch eine kleine Nahtstelle, wo meine Nase aufgeschnitten, von meinem Gesicht gezogen und wieder angenäht worden ist. In meinem Oberkiefer sitzen Schrauben, die nur der Zahnarzt beim Röntgen sieht. Der Chirurg damals hat gesagt, dass Metalldetektoren auf mich losgehen könnten. Wahrscheinlich hat er natürlich gesagt, dass sie *wegen mir* losgehen könnten, aber ich habe trotzdem *auf mich* gehört, wie ein Glockengeläut. Passiert ist es bislang noch nicht. Neben meiner Aorta habe ich ein Gewebestück, das elektrische Signale aussendet, die es nicht aussenden sollte. Als ich zweiundzwanzig war, hatte ich so entsetzlichen Liebeskummer, dass ich am liebsten ein T-Shirt getragen hätte, das das der ganzen Welt kundtat. Stattdessen habe ich mich aber so betrunken, dass ich auf der Sixth Avenue hingefallen bin und mir das Knie komplett aufgeschürft habe. Und dann konnte man ja *etwas* sehen, auch ohne T-Shirt: eine blutige Knolle unter einer zerrissenen Jeans, obwohl man nicht unbedingt wissen konnte, was das zu bedeuten hatte. Auf dem Fußrücken habe ich eine kaum noch sichtbare Reifenspur, von damals, als mir ein Auto über den Fuß gefahren ist. Kurzzeitig hatte ich auch mal eine Narbe auf dem Oberarm, ein hübsch erhabener, purpurroter Halbmond, nach dem mich irgendwann mal ein völlig fremder Mann gefragt hat. Ich sagte ihm die Wahrheit: In der Bäckerei, in der ich jobbte, war ich unabsichtlich gegen ein Backblech gestoßen. Und das Backblech war heiß gewesen, fügte ich erklärend hinzu, es war gerade erst aus dem Ofen gekommen. Der Mann schüttelte den Kopf und meinte: »Dafür musst du dir aber noch eine bessere Geschichte ausdenken.«

WUNDE NR. 1

Meine Freundin Molly wollte immer Narben haben:

> Mit fünf Jahren war ich glühender Fan der Misfits, dieser Konkurrenzband der Holograms aus der Fernsehserie *Jem & The Holograms*. Ich wollte auch so coole Narben haben wie die Misfits, obwohl das wahrscheinlich nur

Make-up war. Meine Mutter hat mich trotzdem damals dabei erwischt, wie ich vorm Badezimmerspiegel stand und versuchte, mir mit einem spitzen Stock das Gesicht aufzuritzen, um auch so eine coole diagonale Wunde auf der Wange zu haben.

Etwas später hatte sie dann wirklich welche:

Ich habe am Mund zwei Narben vom Labrador meines Bruders (er hieß Stonewall Jackson, kurz Stoney), der mich zwei Mal gebissen hat, im Abstand von sechs Jahren. Beim ersten Mal war ich sechs und er ein Welpe, beim zweiten Mal, mit zwölf, war es ernster. Beide Male musste ich genäht werden, beim ersten Mal mit zwei, beim zweiten mit über zwanzig Stichen. Mir war sehr deutlich bewusst, dass ich nie mehr ein im herkömmlichen Sinne hübsches Mädchen sein würde, dass mein Gesicht unübersehbar von Gewalt gezeichnet war. Ich wusste, dass ich zu Beginn der Highschool-Zeit meine Persönlichkeit irgendwie so ändern musste, dass sie zu diesem neuen Mädchen mit der auffälligen, sich vom Mund aufwärts ziehenden Narbe passte.

Molly hat über diesen Hund ein Gedicht geschrieben: »es war, als ob er das Blut in meinem Mund / riechen konnte. Keiner von uns / konnte etwas dagegen tun.« Als sei die Gewalt ein geteiltes Schicksal, eine zur Narbe gewordene Intimität, etwas, wogegen sich nichts tun lässt. Der Hund roch eine Wunde, die schon da war – *ein Mund voller Blut* –, und wurde von ihr angezogen; der Schmerz, den er ihr zufügte, setzte etwas frei, das im Verborgenen schon existent war. »Er hat sich auf mein nagendes Unwohlsein gestürzt«, heißt es im Gedicht weiter, »und die Fäulnis ausgeputzt. Gelassen hat er mir / einen Mundvoll Liebe.«

Wenn man den Satz »I hate cutters« (Ich hasse Ritzer) googelt, bekommt man Hunderte von Treffern, meist Links zu inoffiziellen Foren: *Ich sag echt nur: wtf? Warum machen die das? Die behaupten immer nur, sie können nicht aufhören, dazu kann ich echt nur sagen: ey, werdet ihr vom Teufel geritten oder was …?* Es gibt sogar eine Facebook-Gruppe, die so heißt: *Für alle, die diese Emo-Leute hassen, die ihre Schnitte vorzeigen und glauben, dass es Spaß macht, sich zu ritzen.* Im Hass auf Ritzer kulminiert eine grundlegende Verachtung von Schmerz, der für performativ gehalten wird – dem also eine ursächliche Legitimation abgesprochen wird. In der Regel werden die Ritzer gehasst (*wound dwellers!*) und nicht das Ritzen. Der Mensch an sich wird abgelehnt, nicht das, was er tut. Die Ritzer, die ihr Tun verteidigen (*Blickt durch die Schnitte in unsere Seele, dann werdet ihr erkennen, wer wir wirklich sind*), stützen die Auffassung vom Ritzen als Ausdruck eines gewissen Persönlichkeitstyps und eben nicht als bloße Störung. Ritzen wird so zu einem Teil der Identität, des Selbst.

Wenn man »stop hating on cutters« (also etwa: Schluss mit der Häme gegen Ritzer) googelt, bekommt man nur einen einzigen Treffer, und zwar ein Posting in dem Forum »Things You Wish People Would Stop Hating On«: *Ganz im Ernst, das Letzte, was Leute, die sich ritzen/verbrennen etc. brauchen, ist irgendein Idiot, der sie Emos nennt.* »Emo« als Chiffre für das demonstrative Vorführen eines Affekts: die traurige Show eben. Man hört oft, dass Ritzer sich nur ritzen, weil sie Aufmerksamkeit wollen. Aber ist dieses »nur« wirklich angebracht? Der Schrei nach Aufmerksamkeit erscheint als Verbrechen schlechthin, als aufdringlich oder trivial – so, als wäre es fundamental egomanisch, sich nach Aufmerksamkeit zu sehnen.

Aber ist dieser Wunsch nicht ein grundlegender Wesenszug des Menschen? Und ist Aufmerksamkeit nicht eines der größten Geschenke, die wir anderen machen können?

Es gibt einen Online-Test mit dem Titel »Are you a real cutter or do you cut for fun?«, bei dem man einer Reihe von Aussagen zustimmen oder widersprechen kann: *Ich weiß eigentlich nicht, wie es sich wirklich anfühlt, wenn man Probleme hat, ich stehe einfach gern im Mittelpunkt.* Ist der Schritt ins Innere des Tabus gemacht, wird also die Skalierung feiner: Wer ritzt, weil er einen Schmerz erträgt, und wer will nur auffallen. Im Hass auf Ritzer – oder zumindest auf die Ritzer-Darsteller – zeigt sich der Versuch, eine Grenze zu ziehen zwischen authentischem und künstlichem Schmerz, als wären wir nicht allesamt komplizierte Mischwesen aus Wunden, von denen wir nicht lassen können, und anderen, die wir eben haben. Als wäre nicht jede Entscheidung eine Mischung aus Charakter und freiem Willen. In welchem Maße suchen wir es uns aus, etwas zu fühlen oder nicht? Es gibt keine befriedigende Antwort, denke ich: Wir haben die Wahl – und dann auch wieder nicht. Der Hass auf Ritzer steht indes für das verzweifelte Beharren auf unserer Wahlfreiheit. Wir möchten an die Möglichkeit der Selbstoptimierung glauben – sich am eigenen Schopf aus dem Sumpf zu ziehen ist uramerikanisches Ethos –, und Ritzen erscheint als das Gegenteil davon: ein Ausdruck affektiver Abstiegsmobilität, ein Scheitern an der Aufgabe, sich besser zu fühlen. So gesehen nimmt, wer ritzt, ohne echte Not eine Art Empathie-Sozialhilfe in Anspruch: die schnelle Anerkennung suchend, die man für Schmerz einheimst, ohne ihn wirklich zu empfinden.

Ich habe selbst geritzt. Das zuzugeben ist mir peinlich, weil es mir heute weniger als Beleg für vergangene Schmerzen erscheint denn als Eingeständnis, dass ich einfach leiden wollte.

Gleichzeitig ärgert mich mein Gefühl der Verlegenheit. Mein Ritzen war nicht aufgesetzt oder unaufrichtig. Es war, was es war: weder besonders schrecklich noch irgendwie produktiv. Ich hatte einfach das Verlangen, mir in die Haut zu schneiden, und das Ritzen war Ausdruck dieses Verlangens. Darin liegt nichts Verlogenes, nur eine Tautologie und eine Frage: Woher rührte dieses Verlangen? Das Ritzen war Suche und Antwort zugleich. Ich ritzte, weil sich mein Unglücklichsein nebulös anfühlte, weil ich es nicht zu fassen bekam und weil ich dachte, es könnte vielleicht die Form einer über meinen Knöchel verlaufenden Linie annehmen. Ich ritzte, weil ich neugierig war, wie es sich anfühlen würde zu ritzen. Ich ritzte, weil das Gebäude meines Selbst so wacklig war und weil mir verkörpertes Unglück wie eine gute architektonische Idee erschien.

Ich wünschte, wir lebten in einer Welt, in der niemand das Verlangen hat, sich zu ritzen. Aber ich wünschte auch, dass wir die Menschen, die es tun, nicht verachteten oder achselzuckend als jugendliche Neurotiker abqualifizierten, sondern unsere Aufmerksamkeit auf die unerfüllten Bedürfnisse lenkten, die den Reiz des Ritzens ausmachen. Ritzen ist der Versuch, sich zu artikulieren, und der Versuch, etwas zu lernen. Die Verlockung des Blutens oder des seelischen Schmerzes, der wir nachgeben, wenn wir uns mit Rasierklingen, Hunger oder Sex selbst verletzen, ist auch die Verlockung der Erkenntnis. Blut kommt vor der Narbe; Hunger vor dem Apfel. *Ich verletze mich, um mich zu spüren* ist das Klischee des Ritzers – aber es ist auch seine Wahrheit. Zu bluten ist ein Experiment und eine Demonstration, eine Ausgrabung: Das Innere wird nach außen gekehrt, und als Beleg des Schmerzes bleibt die Narbe zurück. Ich halte Ritzen nicht für romantisch oder für eine besonders klare Ausdrucksform, aber ich glaube, dass sich darin die Sehnsucht manifestiert, Zeugnis von sich abzulegen. Und ich wünschte, wir würden irgendwann dort hingelangen, wo ein derartiges Zeugnis nicht mehr nötig ist.

WUNDE NR. 3

In ihrem Bericht über einen Tiefpunkt ihrer Magersucht beschreibt Caroline Knapp, wie sie in der Küche steht und unter dem Vorwand, etwas anderes anziehen zu wollen, das Hemd auszieht, damit ihre Mutter ihre Knochen besser sehen kann:

> Ich wollte, dass sie sah, wie die Knochen von Brustkorb und Schultern hervorstachen und wie skelettartig dürr meine Arme waren. Ich wollte, dass dieser Anblick ihr etwas mitteilte, was ich selbst ihr nicht einmal andeutungsweise hätte mitteilen können: meinen Schmerz […], eine Mischung aus begrabenen Wünschen und unausgesprochenen Ängsten […].

Immer wenn ich etwas über einen anorektischen Körper als semiotisches System (in Knapps Worten: »Mit Hilfe des Fleisches [beschrieb ich] einen Schmerz, den ich in Worten nicht mitteilen konnte.«) oder als ästhetische Schöpfung lese (»Mein Innenleben […] wurde zur Knochenskulptur.«), spüre ich in mir eine vertraute Skepsis. Nicht nur wegen der Geläufigkeit dieser Metaphern – Knochen als Hieroglyphen, das Schlüsselbein als Aufschrei –, sondern weil sie Gefahr laufen, dieselbe Aufwertung zu betreiben, die sie vorgeben zu entkräften: einem hungernden Körper Eloquenz, ja eine gewisse lyrische Grazie zuzuschreiben. Mir kommt das alles sehr bekannt vor: Nostalgisch hält die Autorin an ihrem Glauben fest, dass der Hunger dabei helfe, Angst verständlich zu machen. Ich selbst habe ähnlich poetisierend über meine Essstörung geschrieben und Zuflucht darin gesucht, meine Knochen als Sprache zu lesen und die immer törichtere Parade meiner hervorstehenden Körperteile zu dokumentieren – Knubbel hier, Sporn dort, Rippe da. Eine Freundin nennt das »Vermessungsrituale« und beschreibt, wie es ist, wenn man sich darüber freut, dass Adern und Sehnen sichtbar werden.

Doch unter dieser Skepsis – *müssen wir alles so stilisieren?* – schlummert meine Erinnerung daran, dass Hunger weh tut, und zwar *jenseits* aller sprachlichen Stilisierung: Schon seiner Ursache haftet ein Schmerz an, und jeder Moment seiner Umsetzung ist orchestriert von Obsession. Das Bedürfnis, über diese Obsession zu sprechen, kann sowohl Symptom als auch Heilung sein; letztlich verweist alles zurück auf den Schmerz – selbst und insbesondere dieses verzweifelte Festhalten am Nostalgischen oder Abstrakten.

Was mir an Knapps Knochen-Parade in der Küche schlussendlich doch gefällt, ist, dass sie nicht funktioniert. Denn ihre Mutter äußert sich nicht zu dem Skelett in seinem Leibchen. Das Thema kommt erst beim Abendessen zur Sprache, bei dem Knapp zu viel Wein trinkt und ihren Eltern sagt, dass sie ein Problem hat. Der inbrünstig stumme Schrei der Knochen in der sonnendurchfluteten Küche, die ach so elegische, vage mythische Magersucht, wird ausgestochen von einem Merlot und einer schnöden Beichte.

Wenn die Ersetzung des Sprachlichen durch das Körperliche ein gespanntes Verhältnis zum Schmerz preisgibt – man verletzt sich selbst, verschweigt die Verletzung aber und stellt sie nur wortlos aus –, dann würde diese Logik dadurch gestützt, dass es »funktionierte« (und die Mutter die hervorstehenden Knochen wahrnähme): Nur dann würde der Körper tatsächlich für uns sprechen. Aber genau das tut er hier nicht. Wir wollen, dass unsere Wunden für sich selbst sprechen, scheint Knapp zu sagen, aber für gewöhnlich sprechen wir am Ende doch für sie: *Schaut mich an.* Jeder von uns muss mit einem Mund voller Verlangen und Verletztheit leben. Wie war das noch? Mit *einem Mundvoll Liebe.*

INTERMEZZO: ÖFFNUNG

Verschiedene Arten von Schmerz rufen verschiedene Begriffe hervor: Verletzung, Leid, Trauma, Angst, Wunde, Versehrtheit. Der Begriff *Schmerz* ist allgemein und umfasst die anderen. Die *Angst* läuft in ihrer Konturlosigkeit Gefahr, als nebulös, grundlos, übertrieben oder gekünstelt abgetan zu werden. Das Wort *Leid* hat etwas Episches und Ernstes, während *Trauma* auf ein konkretes, verheerendes Ereignis verweist, das häufig in direkter Verbindung steht mit einer *Versehrtheit* oder *Beschädigung* als seinem Überbleibsel. Während Wunden sich zur Oberfläche hin öffnen, betrifft eine Beschädigung die Infrastruktur – oftmals unsichtbar, oftmals irreversibel – und suggeriert zugleich eine Wertminderung. Der Begriff *Wunde* impliziert Unmittelbarkeit: Die Ursache der Verletzung liegt in der Vergangenheit, aber die Heilung ist noch nicht abgeschlossen; wir sehen die Situation im Präsens der unmittelbaren Nachwirkungen. Wunden verweisen auf Sex und Öffnung, markieren sie doch die Schwelle zwischen Innen und Außen, die Stelle, wo in einen Körper eingedrungen worden ist. Wunden verweisen darauf, dass die Haut geöffnet, dass Privatheit verletzt wurde – indem eine Kerbe geschlagen und das Innere den Blicken ausgesetzt wurde.

In dem Gedicht »Versuch über das Glas«, das vom Ende einer Liebesaffäre handelt, beschreibt Anne Carson eine Reihe von Erscheinungen:

Jeden Morgen hatte ich eine Vision.
Allmählich begriff ich, dass es sich um flüchtige Blicke
    auf die nackten Figuren der Seele handelte.

Ich nannte sie Akte.
Akt Nr. 1. Eine Frau allein auf einem Hügel.
Sie steht im Wind.

Es ist ein scharfer Wind schräg von Norden.
Lange Lappen und Fetzen von Fleisch reißen ab vom
    Körper der Frau steigen
auf und wehen davon im Wind, eine entblößte

Säule aus Nerven, Muskeln und Blut zurücklassend,
die aus lippenlosem Mund stumm schreit.
Es schmerzt mich, dies zu berichten,

ich bin nicht melodramatisch veranlagt.

Mit dieser Schlusswendung – *Es schmerzt mich, dies zu berichten,/ich bin nicht melodramatisch veranlagt* – wird Schmerz gleichzeitig behauptet wie abgestritten: Es tut weh, aber ich will es eigentlich nicht sagen. Durchs Einräumen der einen Wunde entsteht gleich eine weitere: *Es schmerzt mich, dies zu berichten.* Und dennoch: Die Dichterin muss berichten, kann doch das verwundete Selbst nichts Hörbares zum Ausdruck bringen, weil es *aus lippenlosem Mund stumm schreit.*

Wenn eine Wunde die Stelle markiert, wo das Innen zum Außen wird, dann haben wir es hier mit einer Frau zu tun, die beinahe vollständig Wunde ist – *eine entblößte / Säule aus Nerven, Muskeln und Blut.* Im Laufe des Gedichts folgen dieser ersten Frau noch zwölf weitere verwundete Visionen: eine Frau in einem Dornenkäfig, eine von einem Dorn durchbohrte Frau, ein von einer Silbernadel durchbohrtes Kartenspiel aus Fleisch: *Die lebenden Karten sind die Tage im Leben einer Frau.* Mit dem Fleisch einer Frau kann gespielt werden wie mit den Karten bei einer Partie Bridge. Ist ihr Herz erst gebrochen, kann man es ihr wie Pulled Pork vom Leib schälen. Jeder Akt ein eigentümliches, überraschendes und erschütterndes Tableau des Schmerzes. Uns ist nicht gestattet, bei nur einem dieser Bilder zu verweilen; rastlos bewegen wir uns von einem zum anderen.

In dem Gedicht »Gottes Teresa« präsentiert uns Carson einen vierzehnten Akt: *Teresa lebte in ihrem persönlichen schwarzen Würfel. / Ich sah sie an die Wand stoßen, sobald sie sich bewegte.* Teresa stirbt an *zerrissenem* Herzen, ihr Tod ist eine Antwort auf den ständigen Kampf und die Qual ihres Lebens: *Ihrem Herzen gab Gott die Antwort.* Allerdings schließt das Gedicht nicht mit ihrem Tod, sondern mit der Unmöglichkeit von dessen Darstellung: *Fotos von dem Ereignis / mussten nachgestellt werden [...] da andauernd die Linse schmolz.* Die schmelzende Linse sagt uns, dass Teresa sich nicht als ein Standbild, als genau ein Akt, genau eine Pose der Verwundung verewigen lässt. Ihr Leiden erfordert unsere Vorstellungskraft: Indem wir versuchen, uns vor Augen zu führen, wie sie gelitten hat, begeben wir uns notwendigerweise auf das Feld von Erfindung und »Nachstellung«.

Hier ist die kurze Version: Ein Mädchen kriegt seine Tage, ein Mädchen kriegt Angst, ein Mädchen kriegt den ganzen Spott ab. Die Mutter des Mädchens hatte ihm nie gesagt, dass es bluten würde. Das Mädchen kriegt die Krone der Ballkönigin aufgesetzt, und als gerade alles gut zu werden scheint, kriegt sie einen Kübel Schweineblut über den Kopf gekippt. *Ein Mädchen kriegt, ein Mädchen kriegt, ein Mädchen kriegt.* Allerdings nichts geschenkt, sondern immer nur etwas angetan. Bis irgendwann Schluss ist damit: Das Mädchen fängt an, Gleiches mit Gleichem zu vergelten, jedem Leid zuzufügen, der ihr je etwas angetan hat, die Welt mit ihrem Geist zu steuern, die Dinge zu dirigieren wie ein Orchester.

In Stephen Kings *Carrie* figuriert Menstruation als mögliche Wunde: Carrie deutet eine natürliche Blutung fälschlicherweise als Verletzung. Sie kauert in der Ecke des Duschraums, während die anderen Mädchen sie mit Tampons bewerfen und rufen: *Stopf es rein! Stopf es rein!* Selbst die Sportlehrerin tadelt Carrie dafür, dass sie so aufgebracht ist, nur weil sie ihre Monatsblutung hat: *Reiß dich ein bisschen zusammen*, sagt sie. *Steh auf.* Der implizite Imperativ lautet hier: Nimm diese Blutung als unvermeidlichen Blutverlust hin, wie eine richtige Frau. Für Carries Mutter dagegen ist der *Fluch des Blutes* ein Beweis angeborener Sündhaftigkeit. Sie schlägt Carrie ein Traktat mit dem Titel *The Sins of Women* (Die Sünden der Frauen) auf den Kopf und zwingt sie zu wiederholen: »Eva war schwach, Eva war schwach, Eva war schwach.«

Ich glaube, in *Carrie* lässt sich etwas über Magersucht lernen. Die Krankheit taucht darin zwar nicht auf, aber das Fundament der anorektischen Logik ist unverkennbar vorhanden: Die Blutung ist peinlich, also bringt man sie zum Verschwinden, verwehrt sich gegen den Fluch Evas und die dem Verlangen – nach Wissen, nach Männern, nach egal was – immanente Verletzlichkeit. Seine Tage zu bekommen ist eine Form der Verwundung, sie nicht zu bekommen eine andere. Eine Freundin nennt das »das Ausbleiben von Blut, wo Blut sein sollte«. Hungern ist ein Akt der Selbstverletzung, der anderen Verletzungen zuvorkommt, der das Blut in der Dusche wegschrubbt. Carrie aber reagiert auf das Peinliche der Fruchtbarkeit, indem sie sie zur Waffe macht. Sie bringt die Blutung nicht zum Verschwinden, sondern lässt sich von ihr taufen. Sie verletzt sich nicht selbst, sondern alle anderen.

Im Kern ist *Carrie* ein Porno für weibliche Ängste: Was wäre, wenn du die ganze Härte des Mädchen-Seins – die Gehässigkeit vermeintlicher Freundinnen, den Verrat, den dein eigener Körper an dir begeht, den Terror der Blicke der anderen – in eine Superkraft verwandeln könntest? Carries telekinetische Kräfte sind just in dem Moment am stärksten, als sie von Blut durchtränkt dasteht und zu einer lebenden Wunde wird – als ob sie gerade vor allen anderen am ganzen Körper ihre Periode bekommen habe und sie den anderen ins Gesicht schleudere: *Ihr könnt mich mal, jetzt weiß ich, wie ich mit dem Blut umzugehen habe.*

WUNDE NR. 6

Rosa Dartle ist ein kratzbürstiges Weib mit einer Narbe. Es ist »eine alte Narbe«, sagt David Copperfield, Hauptfigur des Romans, in dem sie auftritt. »Eher ein schmaler weißer Strich«.

Der Junge, in den Rosa als Mädchen verliebt war – der böse und selbstsüchtige Steerforth, der ihre Liebe nicht erwiderte –, war irgendwann so genervt von ihr, dass er ihr einen Hammer ins Gesicht warf, der ihr den Mund aufriss. »Sie hat die Narbe seit jener Zeit behalten«, gibt Steerforth zu. Aber sie trägt sie nicht duldsam im Gesicht: »Sie hält alles an einen Schleifstein«, sagt er. »Sie ist ganz Schneide.«

Rosa spricht buchstäblich durch eine offene Wunde: Die Narbe hat sich zwar geschlossen, dafür steht Rosas Mund beinahe immer offen. Die Narbe selbst ist Teil ihrer Sprache. David beschreibt das wie folgt:

> Ich bemerkte bald, dass es der empfindlichste Fleck des Gesichtes der Dame war; dass er sich zuerst veränderte, wenn sie die Farbe wechselte, und in seiner ganzen Länge einen bleifarbigen Streifen darstellte, der wie ein Zeichen mit sympathetischer Tinte geschrieben, wenn man es ans Feuer hält, aussah.

Eher ein schmaler weißer Strich: Die Hässlichkeit hält Rosa Dartle zusammen, gibt ihr ihre Gestalt, vernäht ihr gleichsam die Haut, als wäre sie aus Stoff. Sie verleiht der darunterliegenden Verletztheit Ausdruck: Sie wurde verschmäht von dem ersten Mann, den sie liebte (mittels eines Hammers verschmäht!), und bedeutet ihm bis heute nicht mehr als »ein beschädigtes Stück Hausgerät [...] ohne Augen, Ohren, Empfindungen und Erinnerungen«. *Ohne Augen, Ohren, Empfindungen*. Bloß mit einer Narbe. Die ist ihr geblieben: »Ich sah die flackernden schwarzen Augen, die von Leidenschaft verzehrte Gestalt, sah die Narbe mit dem weißen Streifen quer über die Lippen zittern und zucken, wie sie sprach.«

Die Narbe verleiht ihr jedoch nichts Mitfühlendes oder Sympathisches, sondern macht sie bloß verbittert und rachsüchtig. Sie verleiht ihr eine geschärfte Wahrnehmungsfähigkeit, aber keine menschliche Wärme. Als Steerforth eine andere

Frau verschmäht, empfindet Rosa ob des tiefen Kummers dieser Frau eine leidenschaftliche, beinahe sexuelle Verzückung. Als jemand ihr von deren Not berichtet – dass sie »mit Gewalt festgehalten werden [musste], sonst hätte sie sich den Kopf an dem Marmorfußboden eingeschlagen« –, sehen wir Rosa »in ihrem Sessel zurückgelehnt [...], mit einem Glanz des Frohlockens in ihrer Miene«, wie sie »fast die Töne zu liebkosen [schien]«. Rosa wünscht sich eine Leidensgenossin: »Wenn ich zu befehlen hätte, würde ich diese Dirne zu Tode peitschen lassen«, sagt sie. Auch für Steerforth' Mutter – noch eine Frau, die er fallengelassen hat – kann sie kein Mitleid aufbringen. David ist entsetzt: »Wie können Sie nur so unbarmherzig sein, dass Sie nicht für diese trauernde Mutter fühlen?«

Rosa fällt ihm ins Wort: »Wer fühlt für mich?«

WUNDE NR. 7

Im Fernsehen läuft eine Serie namens *Girls*, die von jungen Frauen handelt, die Schmerzen erleiden, diese aber permanent dementieren. Sie streiten über Miete, über Männer, über Untreue, über geklauten Joghurt und die Frage, wie sehr Selbstmitleid ihr Leben strukturiert. »Du bist wie eine hässliche, offene Wunde!«, ruft die eine. Und die andere gibt zurück: »Du bist die Wunde!« Und so geht es immer hin und her: *Du bist die Wunde! Nein, du bist die Wunde!* Sie wissen, dass Frauen die Neigung haben, Verwundungen für sich zu reklamieren, und bezichtigen sich gegenseitig.

Diese jungen Frauen sind weniger verwundet als »postverwundet«, und ihre Schwestern sehe ich überall. Sie haben es hinter sich gelassen, sie sind durch damit. *Ich bin nicht melodramatisch veranlagt.* Gott stehe der Frau bei, die das nicht von sich behaupten kann. Wenn ich »postverwundet« sage, meine ich nicht, dass sich die Tiefe der Empfindungen verändert hat (wir wissen, dass diese Frauen noch immer verletzt werden), sondern dass der Affekt des Verletztseins geringer geschätzt wird. Diesen Frauen ist bewusst, dass *Verletztheit* übertrieben und überbewertet wird. Sie misstrauen dem Melodrama, sie ziehen es vor, empfindungslos oder schlau zu sein. Postverwundete Frauen machen Witze über ihre eigene Verletztheit und werden ungeduldig mit Frauen, die allzu sehr leiden. Die postverwundete Frau verhält sich so, dass sie gewisse Vorwürfe immer schon mitdenkt und ins Leere laufen lässt: Nicht so laut heulen, nicht in die Opferrolle fallen, nicht um Schmerzmittel bitten, die niemand braucht. Den Ärzten keinen Grund liefern, den anderen Frauen auf dem Untersuchungstisch nicht zu glauben. Postverwundete Frauen vögeln mit Männern, von denen sie nicht geliebt werden, und sind in der Folge verhalten traurig oder demonstrativ gleichgültig – aber sie weigern sich, deswegen zu leiden. Und wenn sie es sich doch mal zugestehen, sind sie sich ewig und drei Tage der eingenommenen Pose bewusst.

Diese postverwundete Haltung ist beklemmend – ein Ausdruck von Mattheit und Überdruss, bei dem Schmerz unausgesprochen bleibt und allem, was nach Selbstmitleid aussehen könnte, postwendend mit Sarkasmus begegnet wird. Sie ist allgegenwärtig bei literarischen Autorinnen und ihren Erzählerinnen: überall latent unzufriedene Frauen, die nicht im Vollbesitz ihrer eigenen Gefühle sind. Schmerz ist überall und nirgends. Postverwundete Frauen wissen, dass Schmerzensposen beschränkten, überkommenen Konzepten von Weiblichkeit in die Hände spielen. Ihr Schmerz hat eine neue Muttersprache, die verschiedene Dialekte kennt: sarkastisch, apathisch, undurchschaubar; cool und clever. Diese Frauen hüten sich vor Momenten, in denen Rührung oder Selbstmitleid ihren sorgsam zusammengenähten Saum der Intellektualität aufplatzen lassen. *Eher ein schmaler weißer Strich.* Wir haben uns zugenäht. Wir halten alles an einen Schleifstein.

WUNDE NR. 8

In einer Rezension von Louise Glücks *Collected Poems* nennt der Dichter und Kritiker Michael Robbins die Autorin »eine wichtige Lyrikerin mit einer geringen Bandbreite« – womit er meint: Alles dreht sich um ihren Schmerz: »Jedes ihrer Gedichte ist die Passionsgeschichte der Louise Glück, in den Hauptrollen der Kummer und das Leid der Louise Glück. Aber hinter der großen Produktion ist jemand am Werke, der tatsächlich unglaublich gut schreibt.« Ich könnte mich an dem Wörtchen »jedes« stoßen oder an der Herablassung, die in der Formulierung »in den Hauptrollen« mitschwingt, letzten Endes aber finde ich diese Verknüpfung, die er herstellt, doch interessant. Sein »aber« legt nahe, dass Glück nur *trotz* ihrer Fixierung auf das Leiden eine wichtige Lyrikerin sein könne, dass sie ihre »geringe Bandbreite« mit ihrer Intelligenz und ihren handwerklichen Fähigkeiten immer wieder überwinden müsse.

Das ärgert mich, und gleichzeitig spricht es mir aus der Seele. Ich stecke in einer Zwickmühle. Ich habe genug vom weiblichen Schmerz, und ich habe genug von Leuten, die genug davon haben. Ich weiß, die leidende Frau ist ein Klischee, ich weiß aber auch, dass noch immer jede Menge Frauen leiden. Ich mag die Hypothese nicht, dass weibliche Wunden von gestern sind. Ich bin verletzt davon.

Besonders verletzt hat es mich, als bei einem Schreibworkshop in Harvard eine wirklich brillante, einflussreiche Dichterin zusammenzuckte, als ich Sylvia Plath rezitierte. Sie hatte uns alle gebeten, ein Gedicht auswendig zu lernen, und ich hatte mich für »Ariel« entschieden, das für mich so ist wie seine dreizehnte Zeile, *ein Mundvoll schwarz-süßes Blut*: heftig und überraschend und schmerzend und frei.

»Bitte«, sagte also diese brillante, einflussreiche Frau in einem Tonfall, als litte sie selbst unter Schmerzen. »Ich bin Sylvia Plath so derart leid.«

Mich überkam das schreckliche Gefühl, dass einfach jede Frau, die von irgendwas irgendeine Ahnung hatte, die Schnauze voll hatte von Sylvia Plath, von ihrem Blut, ihren Bienen und ihrem narzisstischen Selbstmitleid, das sie dazu bringt, den eigenen Vater mit Hitler zu vergleichen – nur ich war übrig geblieben. Ich hatte das Memorandum für intellektuelle Mädchen nicht bekommen, in dem anscheinend gestanden hatte: *Die Schmerzensmädchen werden ab sofort nicht mehr gelesen.* Nur ich starrte offenbar noch immer auf Plath, während sie selbst auf ihre blutende, mit einem Messer aufgeschlitzte Haut starrte: *Wie das durch und durch geht – / Mein Daumen statt einer Zwiebel.* Nur Sylvia und ich waren noch immer besessen von der Dichte einer Wunde – *Daumenstummel, Pulp deines Herzens –*, fasziniert und beschämt.

WUNDE NR. 9

Ein Traum:

Der Raum war klein, aber darin befanden sich alle Frauen, die einem einfielen, und alle Männer, vor denen man sich je gefürchtet hatte, wenn man auf der Straße an ihnen vorbeigegangen war oder sie sich bloß vorstellte, und dazu

noch die Männer, die einem am meisten bedeuteten. […]
Da waren Messer und bei lebendigem Leib gehäutete
Mädchen und eine Frau, die schrie, das aber einer anderen
gegenüber lachend abtat: »Schau, was sie mit meinem
Gesicht gemacht haben!« – und an Ort und Stelle wurden
Amputationen ausgeführt, Glieder abgeschnitten […]
und all das gemacht, was man einem Menschen nur antun
kann, eingeschlossen das Abziehen und Ausreißen all
dessen, von dem wir gar nicht wissen, dass wir es an ihm
lieben.«

Und so endet der Traum: Irgendwann sind alle Mädchen ge-
häutet, so dass man sie nicht mehr voneinander unterscheiden
kann – da ist dann nur noch »Blut, wie bei ausgeweideten Tieren«, ähnlich wie bei Anne Carsons Akten –, und werden oben
aus dem Gebäude geworfen, während Zuschauer Farbe auf die
fallenden Körper schleudern. Die Körper nehmen alle Farben
des Regenbogens an. Sie werden zu Kunstwerken.

Der Traum ist aus einem Buch mit dem Titel *Wie sollten wir
sein?*. Die Erzählerin, Sheila, ist eine der Zuschauerinnen und
gleichzeitig eines der Mädchen (außerdem teilt sie sich den
Vornamen mit der Autorin Sheila Heti). Sie leidet, macht sich
aber gleichzeitig darüber lustig, wie wir jeden Schmerz zum
schlimmstmöglichen Schmerz verzerren – *zum allerschlimmst-
möglichen Schmerz überhaupt* –, zum innersten Höllenkreis. Su-
perlative als eine weitere Option, den eigenen Schmerz unter Beweis zu stellen: kein Schnitt in die Haut, sondern eine
Abstraktion. Der Traum zeigt uns eine Frau, der bewusst ist,
wie Mädchen versuchen, das Schmerzhafte ins Lächerliche zu
ziehen, und die diese Tendenz ihrerseits ins Lächerliche zieht.
Zitternd und blutig, wie ein Freak auf der Bühne, steht sie vor
uns und reißt den Lautstärkeregler an der Schmerzanlage auf,

erhöht mittels der Kraft ihrer Gedanken den Druck auf unsere Augäpfel. Gehäutete, offene Körper werden zu Kunstobjekten. Und die Spannweite des Superlativ-Vokabulars des Leidens wird wieder einmal größer.

Am College machte ich zusammen mit ein paar anderen Mädchen einen Selbstverteidigungskurs. Jede von uns musste dabei im Kreis gehen und vor der ganzen Gruppe ihre schlimmste Angst benennen. Diese Vorgabe sorgte für eine merkwürdige Anreizstruktur: Wenn ein Haufen Harvard-Studentinnen im Kreis steht, will natürlich jede etwas Besseres sagen als ihre Vorgängerin. Die Erste sagte: »Meine schlimmste Angst? Vergewaltigt zu werden, glaube ich.« Das, woran wir alle dachten. Die Nächste erhöhte den Einsatz: »Vergewaltigt und ermordet zu werden.« Die Dritte überlegte kurz und sagte: »Vielleicht Opfer einer Massenvergewaltigung zu werden?« Die Vierte hatte Zeit zum Nachdenken gehabt und die Antwort der Dritten vorausgeahnt. Deswegen sagte sie: »Opfer einer Massenvergewaltigung und anschließend verstümmelt zu werden.«

Ich weiß nicht mehr, was dem Rest von uns noch so einfiel (Mädchenhandel? Snuff-Filme?), aber ich erinnere mich, wie schräg ich die Situation fand: Da saßen wir alle im Kreis und versuchten, die Klassenbeste zu sein: das Mädchen mit der fürchterlichsten Vergewaltigungsphantasie beim gemeinsamen Brainstorming zu misogynen Hassverbrechen. Wir kicherten. Und dieses Kichern hatte natürlich auch mit unseren Ängsten zu tun: *Und eine Frau, die schrie, das aber einer anderen gegenüber lachend abtat.*

Immer wenn ich diese Geschichte als Anekdote erzähle, denke ich an die anderen Mädchen in dem Kreis damals. Ich frage mich, ob einer von ihnen je etwas Schlimmes widerfahren ist. Damals verließen wir die schäbige Turnhalle, um den

Rest unseres Lebens zu beginnen, hinaus in die Welt zu gehen und im Vorbeigehen auf der Straße oder auch nur in unserer Vorstellung all den Männern zu begegnen, vor denen wir uns jemals fürchten sollten.

WUNDE NR. 10

Ich wuchs im Bann von versehrten Sirenen auf: Tori Amos und Ani DiFranco, Björk, Kate Bush und Mazzy Star. Sie sangen davon, auf welche Art und Weise frau als Frau so alles leiden kann: *I'm a fountain of blood in the shape of a girl. When they're out for blood I always give. We are made to bleed and scab and heal and bleed again and turn every scar into a joke. Boy you best pray that I bleed real soon. Bluffing your way into my mouth, behind my teeth, reaching for my scars. Did I ever tell you how I stopped eating, when you stopped calling? You're only popular with anorexia. Sometimes you're nothing but meat, girl. I've come home. I'm so cold.*«

Meine Favoritinnen nannte ich beim Vornamen: Tori und Ani. Tori besang immer und immer wieder »blood roses«, und ich hatte keine Ahnung, was diese Phrase zu bedeuten hatte, außer, dass es eben irgendwie einen Zusammenhang zu geben schien zwischen Schmerz und Schönheit. Hin und wieder wurden in ihren Liedern aber auch Fragen formuliert: *Why did she crawl down in the deep ravine? Why do we crucify ourselves?* Antworten gaben die Songs selbst. Sie war in die tiefe Schlucht geklettert, damit wir uns fragen konnten, warum sie in die tiefe Schlucht geklettert war. Wir schlagen uns selbst ans Kreuz, damit wir davon singen können.

Kate Bushs »Experiment IV« beschreibt einen militärischen Geheimplan, Musik zu erschaffen, die töten kann. *From the painful cries of mothers to the terrifying screams we recorded it and put it into our machine.* Ein tödliches Lied, das gleichwohl auch als Schlaflied funktioniert: *It could feel like falling in love / It could feel so bad / But it could feel so good / It could put you to sleep.* Natürlich machte Kate Bushs Lied exakt das Gleiche wie das Lied, um das es darin geht. Es zu hören fühlte sich so schlecht an und zugleich so gut. Als würde man sich verlieben. Ich war noch nie verliebt gewesen. Ich war eine Voyeurin und eine Vandalin: Indem ich mich in Qualen hineinfantasierte, die ich noch nie empfunden hatte, ließ ich die Leidensmuskeln meines Herzens spielen.

Ich ersann furchtbare Tagträume, um die Songs mit noch mehr melodramatischer Schwere aufzuladen: Ich stellte mir vor, wie jemand, den ich liebte, starb; wie ich nach einem Autounfall an ein Sterbebett gerufen wurde; wie mein berühmter Freund mich betrog und ich unser gemeinsames Kind – nein, besser noch: unsere vielen gemeinsamen Kinder – ganz alleine großziehen musste. Die Songs boten mir Narben an, die ich wie Kostüme anprobieren konnte. Ich wollte von ihnen in den Schlaf gesungen werden. Ich wollte zu Tode kommen und zu neuem Leben erweckt werden.

Mehr als alles andere wollte ich den Tod von Anis »Swan Dive« sterben: *I'm gonna do my best swan dive / in the shark-infested waters / I'm gonna pull out my tampon / and start splashing around.* Wenn Frau-Sein bedeutet zu bluten, dann würde sie bluten. Und verletzt werden. Carrie wusste, wie das geht: Sie schob den Tampon gar nicht erst hinein. Sie planschte herum. Ist mir doch egal, wenn die Haie mich fressen, singt Ani, ich hab was Besseres vor, als zu überleben. Zum Beispiel: zur Märtyrerin werden, zuletzt lachen, das Ende selbst bestimmen, ein Lied über Blut singen.

Ich hörte »Swan Dive« Jahre bevor ich zum ersten Mal meine Tage bekam, aber ich war schon damals bereit zu springen. Ich war bereit, meine erste Regelblutung als Waffe einzusetzen. Ich wartete auf den Tag, an dem ich meine Weiblichkeit den Haien zum Fraß vorwerfen konnte, denn dann würde ich sie endlich mein eigen nennen können. Ich konnte es kaum erwarten, in den Rang weiblicher Frustriertheit eingeführt zu werden – wo die Periode gleichzeitig ein Kreuz, eine mondzyklische Last, ein Ausreiseticket aus dem Paradies und ein Schlüssel zum Königreich der Authentizität ist. Inmitten von Haien zu bluten bedeutete, für Männer in Frage zu kommen, was wiederum bedeutete, Anspruch zu haben auf Hoffnung, Verlust, Erniedrigung, Objektivierung, Begehren und Begehrt-Werden. Alles in allem: ein ganzer Kosmos an Möglichkeiten, zerstört zu werden.

Jahre später arbeitete ich in einer Bäckerei, und meine Chefin ließ oft eine Playlist laufen, die sie unseren *wounded mix* nannte. Während wir cartoonherzfarbenen Teig für roten Samtkuchen anrührten, summten wir mit Sade und Phil Collins, und meine Chefin meinte, dass sie sich beim Hören dieser Songs immer vorstelle, wie sie von einem herzlosen Liebhaber am Rand eines staubigen Highways zurückgelassen werde, und zwar nur mit Rucksack und Sonnenbrille und »meiner Achtziger-Jahre-Fönfrisur«.

Ich fing an, nach noch mehr Frauen zu fahnden, die über Wunden sangen. Ich fragte meinen Freund, ob ihm etwas einfiele. Er schickte mir eine SMS: *Google mal »you cut me open and I keep bleeding«. Mehr Bathos geht nicht.* Ich stieß auf Leona Lewis: *You cut me open and I / Keep bleeding, keep, keep, bleeding love / I keep bleeding, I keep, keep bleeding love / Keep bleeding, keep, keep bleeding love.* Jeder Refrain kommt am Schluss wieder aufs Wesentliche zurück: *You cut me open.* Der Songtext könnte sowohl eine Liebesklage als auch eine Liebesbeteuerung sein. Auf jeden Fall hält er unumwunden fest an der Möglichkeit, dass man jemandem verfallen kann, nachdem man von ihm verletzt wurde, behauptet also, dass Liebe aus dem Leiden selbst entsteht, dass Gefühle – einer Variante der Ritzer-Logik *Ich blute, um mich zu spüren* folgend – erst in vergossenem Blut gerinnen. Das Blut ist demnach Beweis und Medium der Leidenschaft, ihr Stoff und ihr Herrschaftsbereich. Und dieser blutige Herzschmerz soll nicht fehlgeleitetes, sondern richtiges Fühlen sein – zu ihrer reinsten, glorreichsten Form destillierte Emotion. *Mehr Bathos geht nicht.* Tja, genau das ist es. *Turn every scar into a joke.* Mach aus jeder Narbe einen Witz. Das haben wir bereits getan.

Was aber, wenn manche von uns ihre Narben ernst nehmen wollen? Vielleicht haben ja einige von uns das Memorandum nicht erhalten oder keine SMS von ihrem Freund bekommen und nicht erfahren, was unter *Bathos* fällt. Was der eine als Witz erzählt, schreibt eine andere in ihr Tagebuch. Der Herzschmerz der einen ist der Essay der anderen. Vielleicht ist dieses ganze Geblute ja tatsächlich nur albern klingende Massenware – *stopf es rein! stopf es rein!* –, vielleicht aber können wir die Sache doch noch nicht abhaken. *Die Frau ist ein Leiden, das nicht von dir ablässt.* Schlitz mich weiter auf, dann werde ich weiter bluten. Für Leona Lewis einzutreten bedeutet, darauf zu bestehen, dass wir niemals das Recht haben, etwas abzutun, weil es banal, schlecht formuliert oder offensichtlich albern, überbeansprucht oder übertrieben oder strategisch vorgetragen ist.

In dem Lesekreis-Leitfaden zu meinem ersten Roman gestand ich: »Ich habe mich oft wie ein DJ gefühlt, der verschiedene Songtexte über weibliche Adoleszenz-Ängste zusammenmixt.« Irgendwann hatte ich es so über, auf die Frage hin, worum es in dem Buch denn gehe, die Handlung zusammenzufassen, dass ich dazu überging, einfach zu sagen: »Um Frauen und ihre Gefühle.« Mich selbst als DJ zu bezeichnen, der Ängste mixt, war daher eine Art Präventivschlag. Ich hatte das Gefühl, mich gegen eine hypothetische Anklage verteidigen zu müssen, die alle Welt ganz sicher gegen mein Buch erheben würde. Ich versuchte, Ani beizupflichten: Wir sollten nicht jede Wunde ins Lächerliche ziehen. Wir sollten nicht witzig sein, wir sollten nicht zurückrudern oder uns im Nachhinein anzweifeln müssen, wenn wir sagen: *Das hat weh getan.* Wir sollten uns nicht verleugnen müssen (*ich weiß, ich weiß, Schmerz ist von gestern, andere Mädchen leiden auch*), um gegen die alte Litanei der Vorwürfe – theatralisch, bemitleidenswert, jämmerlich, selbstmitleidig, mitleidheischend – gewappnet zu sein. Schmerz ist, was man daraus macht. Man muss etwas Produktives darin finden. Ich interpretierte den Leitspruch für mich daher so: Blute weiter, aber finde etwas im Blut, das du lieben kannst.

WUNDE NR. 11

Ich habe einmal eine Geschichte geschrieben über jene offene Wunde, der Yeats den Namen »Lumpensammler-Herz« gegeben hat. In meinem speziellen Fall war der Lumpensammler von einem Lyriker heimgesucht worden. Er und ich hatten einige wundervolle gemeinsame Wintermonate in Iowa verbracht – mit kaltem Bier auf alten Brücken, Wein auf Friedhöfen und auf Kissen gelegten Gedichten –, und ich glaubte, in ihn verliebt zu sein, ihn vielleicht sogar zu heiraten. Und dann war plötzlich Schluss. *Er* machte Schluss. Mir war klar, dass solche Dinge auf der Welt passieren, aber *mir* war es bis dahin eben noch nicht passiert. Ich wollte es unbedingt verstehen. Ein paar Abende vor dem Ende, als ich merkte, dass er sich zurückzog, hatte ich ihm ausführlich von meiner früheren Essstörung erzählt. Ich weiß nicht, warum ich das tat – ob ich mich ihm nah fühlen wollte, ob ich wollte, dass er durch sein Mitgefühl demonstrierte, dass ich ihm nicht egal sei, oder ob ich mich selbst dazu zwingen wollte, ihm zu vertrauen, indem ich etwas sagte, das dieses Vertrauen eigentlich voraussetzte.

Nach dem abrupten Beziehungsende gelangte ich zu der Überzeugung, dass es etwas mit dem Gespräch zu tun haben musste. Vielleicht hatte ihn etwas abgestoßen – nicht unbedingt die Essstörung selbst, sondern mein unverhohlener Versuch, mir seine Aufmerksamkeit zu sichern, indem ich ihm davon erzählte. Verzweifelt suchte ich nach einem Grund – zunächst, weil ich unsere Trennung verstehen wollte, und dann, weil mir klarwurde, dass keine Geschichte, die ich je über uns schreiben würde, auf festen Füßen stünde, wenn unsere Trennung keinen Auslöser hatte. Grundloser Schmerz ist ein Schmerz, dem wir nicht über den Weg trauen. Einen solchen Schmerz halten wir für selbst gewählt oder nur ausgedacht.

Ich hatte Angst, eine Geschichte über uns zu schreiben, weil ich Liebeskummer für ein Thema hielt, über das schon zu häufig geschrieben worden war, und weil sich meine Liebeskummervariante schrecklich banal anfühlte: Ich trank bis zur Besinnungslosigkeit und sprach in flüchtigen Momenten der Klarheit mit anderen Leuten über meine Gefühle, ich schlief mit diversen Männern und heulte hinterher in ihren Badezimmern. Ich fiel mitten in der Nacht auf der Sixth Avenue hin und zeigte dann allen, die es sehen wollten, mein aufgeschürftes Knie. Ich brachte Leute dazu, mir zu sagen, ich sei viel attraktiver als mein Ex. Ich brachte Leute dazu, mir zu sagen, er sei ein Arschloch, obwohl er das gar nicht war.

Um über so was zu schreiben, sagte ich mir, war ich nicht zum Iowa Writers' Workshop gekommen. Trauer war vielleicht »interessant«, aber nicht so. Die Erzählerin meiner gedachten Geschichte – eine Frau, die von Selbstmitleid zerfressen wird, ihren Kummer in Alkohol ertränkt und besessen ist von dem Mann, der sie verlassen hat – erschien mir weder reizvoll noch stark, niemand, über den man nachdenken oder der man sein wollte. Und doch war ich diese Frau.

Alkoholgetränkter Liebeskummer war also womöglich das dürftigste Thema für eine Geschichte, aber gerade deshalb wollte ich sie schreiben. Ich wollte anschreiben gegen meine eigenen Schamgefühle darüber, wie banal sie war, wie selbstmitleidig, wie sehr ihre ganze Anlage eine Protagonistin zeigte, die beinahe ausschließlich über ihre für sie schmerzvollen Beziehungen zu Männern definiert ist. Meine Geschichte würde nicht nur *scheinbar* davon handeln, wie eine Frau zulässt, dass Männer sich ihrer Identität bemächtigten, sie würde es *tatsächlich* tun. Meine eigene Überempfindlichkeit spornte mich an: Konnte schon sein, dass selbstzerstörerisches Verhalten als Folge von Liebeskummer eine ziemlich abgedroschene Art zu leiden war, aber es war *meine* abgedroschene Art zu leiden, und für die wollte ich eine Sprache finden. Ich wollte eine Geschichte schreiben, die so gut war, dass meine hypothetischen zukünftigen Leserinnen und Leser die darin dargestellte weibliche Traurigkeit, die sie sonst als theatralisch und überzogen abgetan hätten, als tiefgründig und substanziell anerkennen würden. Außerdem spielten praktische Erwägungen eine Rolle: Ich musste eine Deadline einhalten. Und da ich sowieso über nichts anderes als die Trennung nachdachte, wusste ich nicht, wie ich über irgendetwas anderes als darüber hätte schreiben können.

Das Ende hatte ich zuerst. Es war eine trotzige Behauptung:

Ich hatte ein Herz. Es blieb zurück. Das gefiel mir, weil es sich wahrhaftig und optimistisch anhörte (mein Herz ist noch da), aber auch traurig (mein Herz ist noch da, aber es schmerzt). Die Essstörungsunterhaltung packte ich in die Geschichte, damit die Leser mit dem Finger darauf zeigen und sagen konnten: *Aha, vielleicht ist er deswegen abgehauen.* Die Sache mit der Essstörung sollte außerdem deutlich machen, dass der selbstzerstörerische Impuls meiner Protagonistin von der Trennung nicht ausgelöst, sondern eher neu aktiviert worden war, dass der Liebeskummer einen viel älteren Schmerz wiederbelebt hatte: das beständige Gefühl der Unzulänglichkeit, das sich mal am eigenen Körper und mal an einem Mann festmachte, ein Impuls, der – wie eine wärmesuchende Rakete – immer wieder neue Wege fand, um noch größere Schmerzen zu verursachen.

Ich begriff, dass dieser ursachenlose, unerklärliche, aber offenbar hartnäckige Schmerz mein eigentliches Thema war. Was frustrierend war. Nichts ließ sich an ein traumatisches Ereignis koppeln. Niemand war schuld. Da diese undurchdringliche Traurigkeit im Zusammenhang mit speziell weiblichen Ängsten zu stehen schien (Magersucht, Ritzen, obsessive Beschäftigung mit männlicher Aufmerksamkeit), verstand ich sie zunehmend als etwas inhärent Weibliches. Und weil sie keine greifbare Berechtigung hatte, beschämte sie mich. Jede ihrer selbstzerstörerischen Manifestationen wirkte halb selbstgewählt und halb wie ein Fluch.

Ich begriff also, dass die Trennung mir einen Aufhänger lieferte, an dem ich eine tiefer liegende, nicht so leicht aufzuschlüsselnde Unruhe festmachen konnte. Die Geschichte, die ich schrieb, zwang die Trennung in eine kausale Logik, die sie so nie gehabt hatte. Mein Ex hatte sich schon entfernt, bevor ich ihm irgendetwas gestanden hatte. Aber ich erkannte in mir eine gewisse Tendenz – ein Verlangen, die Aufmerksamkeit von Männern mit der Beschreibung schmerzhafter Situationen herauszufordern – und wollte mich dafür bestrafen. Zu dieser Bestrafung gehörte, mir vorzustellen, wie meine Geständnisse, die die Männer eigentlich anlocken sollten, diese Männer abstießen. Und indem ich mich mit dieser Kausalität bestrafte, stellte ich gleichzeitig eine beruhigende emotionale Ordnung wieder her: *Weil ich das gemacht habe, ist das passiert, und weil das passiert ist, leide ich jetzt.*

Währenddessen war ich nervös wegen des Schreibworkshops. Würde man mich für genial halten oder für erbärmlich? Ich verwendete größte Sorgfalt auf mein Outfit. Bis heute erinnere ich mich an einen der ersten Kommentare: »Geht die Protagonistin eigentlich auch arbeiten?«, fragte ein genervt klingender Typ und fügte hinzu, dass es in diesem Fall etwas leichter gewesen wäre, Mitgefühl für sie aufzubringen.

INTERMEZZO: ÖFFNUNG

Diese Geschichte sollte die erste sein, die von mir veröffentlicht wurde. Manchmal schreiben mir fremde Menschen dazu. Eine Frau aus Arizona hat sich sogar eine Passage auf den Rücken tätowieren lassen. Von Männern bekomme ich zu hören, meine Geschichte helfe ihnen, mehr Verständnis für gewisse weibliche Neigungen aufzubringen. Diese Männer schreiben mir von ihren Beziehungen: Frauen, die ihnen früher wie rücksichtslose Zicken vorgekommen seien, würden sie nun anders wahrnehmen. Ein Typ aus einer Studentenverbindung schrieb, er kriege Frauen nun »besser zu fassen«. Ich nehme an, er meinte, er verstehe sie nun besser. Ein anderer schrieb: *Ich habe mich schon immer für die Psychologie von Frauen interessiert, die einen Hang dazu haben, dominiert zu werden.*

Ein hawaiianischer Immobilienmakler schrieb von seiner kleinen Schwester. Er habe nie großes Mitgefühl für ihre leidvollen Beziehungen zu Männern aufbringen können. *Ich bin sicher, es war nicht Ihr Ziel, Männer zu mehr Aufmerksamkeit für die psychologischen Nuancen von Frauen zu erziehen*, schrieb er, aber er habe, nachdem er die Geschichte gelesen habe, trotzdem das Gefühl gehabt, nun ein bisschen besser mit den selbstdestruktiven Tendenzen seiner Schwester umgehen zu können – er habe *eine Ahnung* bekommen, schrieb er. Ich war begeistert. Mein Lumpensammler hatte seine Behausung verlassen, er hatte jetzt ein Sommerhaus im Pazifik.

Ich würde nicht sagen, dass die Geschichte mir dabei geholfen hat, schneller über die Trennung hinwegzukommen. Im Gegenteil, wahrscheinlich. Ich hatte meinen Exfreund ins Reich der Legenden transferiert und zu einer Art mythischer Requisite gemacht, die es mir erlaubte, jene leidende Version meiner selbst zu konstruieren. Aber die Geschichte half mir, die Trennung auf eine Weise in mein Selbstverständnis zu integrieren, die nach außen wies, hin zu dem Leben und dem Schmerz anderer.

Und dennoch – frage ich mich bis heute, ob mein Ex die Geschichte je gelesen hat? Natürlich frage ich mich das.

WUNDE NR. 12

Im Sommer nach meinem ersten Collegejahr war mein Mund zwei Monate lang mit Drähten verschlossen. Bei einem Unfall – ich war in Costa Rica gut sechs Meter über dem Nebelwaldboden von einer Liane gefallen – hatte ich mir das Kiefergelenk gebrochen, und einige Knochen waren zurechtgefeilt und wieder neu zusammengeschraubt worden. Jetzt heilte es langsam, und die Drähte hielten alles zusammen. Ich konnte weder reden noch essen. Ich spritzte mir Trinknahrung aus der Geriatrie in die kleine Öffnung hinter dem letzten Backenzahn. Schrieb Botschaften auf kleine gelbe Klebezettel. Las viel. Und dachte darüber nach, meine Erlebnisse für die Nachwelt zu dokumentieren. Den Titel für meine Memoiren hatte ich bereits im Kopf: *Autobiographie eines Gesichts*.

Es stellte sich heraus, dass es ein Buch dieses Titels – *Autobiography of a Face*, in der deutschen Ausgabe *Mein Gesicht ist meine Seele* – schon gab, und so stieß ich auf Lucy Grealy. Ihre Erinnerungen handeln von der Krebserkrankung, die sie als Kind hatte und die ihr Gesicht entstellte. Ich verschlang das Buch an einem Nachmittag und las es dann gleich noch einmal. Das Drama ihrer Geschichte lag aus meiner Sicht nicht in ihrem Genesungsprozess, sondern in ihrem Versuch, sich eine neue Identität zu erschaffen, die nicht gänzlich von der Wunde ihres Gesichts definiert wird. Anfangs gelang es ihr nicht, ihr Gesicht als etwas anderes zu sehen als einen Ort der Versehrtheit, auf den sich alles andere bezog:

> Diese Eigentümlichkeit der Bedeutung – *ich* war mein Gesicht, *ich* war Hässlichkeit – bot jedoch, obwohl sie manchmal unerträglich war, einen möglichen Ausweg. Sie wurde zur Startrampe, von der man abheben konnte. [...] Alles führte zu ihm, alles floh vor ihm – mein Gesicht als persönlicher Nullpunkt.

Womit die Gefahren einer Wunde genau beschrieben sind: dass die gesamte Identität davon vereinnahmt wird (»persönlicher Nullpunkt«) und man nicht mehr in der Lage ist, sich aus ihrer Schwerkraft zu lösen (»alles führte zu ihm«). Eine Wunde kann das Selbst auf eine Weise formen, dass Identität eher beschnitten als erweitert wird, dass Klarsicht (auf das Leiden anderer Menschen etwa) eher eingeschränkt wird als der emphatische Blick geschärft. Carrie tut niemandem mehr einen Gefallen. Und Rosa Dartle ist ganz Schneide.

Grealy aber hatte sich bereits vor ihrer Erkrankung nach einem von der Versehrtheit definierten Identitätskern gesehnt, und als das Trauma sie als kleines Mädchen tatsächlich erreichte, freute sie sich: »Vor allen Dingen gefiel mir die Vorstellung, dass ich wirklich krank war.« Das erinnert an Molly mit der Rasierklinge an der Wange, die versucht, sich zu einer der Misfits zu machen. Noch Jahre später fand Grealy einen gewissen Trost in ihren Operationen. Vor und nach einer Operation kümmerte man sich am unmittelbarsten um sie, und ihr Schmerz erhielt eine Struktur, war mehr als die irgendwie belanglose Qual, die mit dem Gefühl einherging, die ganze Welt halte einen für hässlich. »Aber ich schämte mich ein wenig dafür, dass ich aus einer Operation emotionalen Trost zog«, schreibt sie. »Bedeutete es vielleicht, dass ich Operationen mochte und sie deshalb verdiente?«

In Grealys Scham meine ich den Rückstand gewisser kultureller Imperative zu erkennen: stoisch und gelassen zu sein und ein Verhältnis zum Schmerz zu haben, das einzig und allein auf Gegenwehr fußt. Diese Imperative sorgen dafür, dass man sich schämt, wenn man sich dem Schmerz irgendwie verbunden fühlt oder wenn man empfindsam ist dem gegenüber, was er zu bieten hat. Was ich an Grealy so schätze, ist, dass sie keine Scheu davor hat, ehrlich zu sein: Sie bekennt, dass sie aus ihren Operationen Trost zieht und sich deshalb zugleich unwohl fühlt. Dass sie immer und immer wieder versucht, sich mit ihrem Gesicht anzufreunden, das aber einfach nicht schafft. Dass es ihr einfach nicht gelingen will, die Hässlichkeit produktiv, die Wunde fruchtbar werden zu lassen. Sie gesteht, dass sie Trost nur in der Heftigkeit ihrer Schmerzen findet und darin, dass diese Schmerzen die Fürsorglichkeit anderer hervorrufen. Und in diesem Geständnis wird die Wunde natürlich letzten Endes doch noch fruchtbar. Sie bringt Ehrlichkeit hervor. Und die macht Grealys Buch so schön.

Bereits als kleines Mädchen lernte sie, »eine gute Patientin« zu sein, aber ihr Buch selbst sträubt sich gegen diese Pose: Hier findet man keinerlei falsche Wiedererweckung der Lebensgeister. Grealy beharrt auf der Tyrannei des Körpers und seiner Versehrtheit. Auch wenn das, was sie durchlebt hatte, extremer war: Stillschweigend verlieh sie auch meiner damaligen, von einer Verletzung geprägten Existenz Form und Berechtigung.

Die meisten der negativen Amazon-Kundenrezensionen zu *Meine Seele ist mein Gesicht* kaprizieren sich auf den Aspekt des Selbstmitleids. »Eine traurige Frau, die nie über ihren persönlichen Schmerz hinweggekommen ist«, liest man da. Und: »Ich fand das Buch extrem traurig und triefend vor Selbstmitleid.« Und: »Es liest sich, als konnte sie nur an sich selbst denken, an ihr allumfassendes Elend und an den Schmerz, ›hässlich‹ zu sein.«

Ein Mann namens »Tom« schreibt:

In keinem Buch, das ich je gelesen habe, ist mir ein derart schreckliches Gejammer und Zerfließen in Selbstmitleid untergekommen. Die 240 Seiten kann man problemlos in zwei Worten zusammenfassen: Wehe mir! [...] Bei dem ganzen Herumgeheule gelingt es der Autorin nicht, auch nur einen klaren Gedanken zu fassen. Erst behauptet sie, von niemandem bemitleidet werden zu wollen, um anschließend andere Menschen für ihre Unfähigkeit zu verachten, auch nur einen Funken Mitgefühl aufzubringen.

Ich wuchs auf mit der Angst, genauso zu werden wie jene Frau, die Tom da beschreibt: vor Selbstmitleid zerfließend und unfähig zu entscheiden, was die Welt deswegen denn nun tun solle. Ich würde mich davor hüten – wir alle, so scheint es, wollten uns davor hüten –, eine *dieser* Frauen zu werden, eine Frau, die das Opfer mimt, die sich auf dem Krankenbett fläzt und allen ihr Leid aufdrängt wie eine Visitenkarte. Ich war nicht die Einzige, das will ich damit sagen. Eine ganze Generation wuchs auf mit dem Gedanken, eine solche Identität unbedingt zu vermeiden, und suchte Zuflucht in Selbsterkenntnis, Selbstironie, Posen des Ennui und Sarkasmus. *The Girl Who Cried Pain* – es braucht keine Schmerzmittel, es braucht Beruhigungsmittel.

Und jetzt sind wir zerrissen. Wir möchten von niemandem bemitleidet werden, aber wenn das Mitgefühl ganz wegfällt, fehlt es uns. Sich selbst zu bemitleiden ist zu einem Verbrechen geworden, das wir nur noch im Verborgenen begehen – eine Art schamhafte Selbstbefriedigung –, denn sollten wir unser Selbstmitleid jemals offen zeigen, würden uns die anderen sofort ihre Zuneigung entziehen. »Da ich mich bis jetzt von allen Gefühlen ferngehalten hatte, die auch nur entfernt an Selbstmitleid erinnerten«, schreibt Grealy, »musste ich jetzt eine Möglichkeit finden, sie neu zu formen.«

Neu formen zu was? Zu Glauben, zu sexueller Promiskuität, zu intellektuellem Ehrgeiz? Und im besten aller Fälle: zu Kunst? Grealy beschreibt diese höchste alchemistische Verwandlung – Schmerz wird zu Kunst – als Möglichkeit, aber nicht als Erlösung. Das, was die Wunde ihr gegeben hat – Perspektive, Überlebenswillen und aufschlussreiche Überlegungen zum Thema Schönheit –, würde sie wahrscheinlich trotz allem gegen ein hübsches Gesicht eintauschen. Und dieses Geständnis ist das größte Geschenk der Ehrlichkeit, das sie uns macht: Sie behauptet nicht, Schönheit sei wichtiger als Tiefgründigkeit. Sie gibt einfach nur zu, dass sie sich, vor die Wahl gestellt, vermutlich für die Schönheit entschieden hätte. Dass es schwieriger ist, ohne Schönheit zu leben.

INTERMEZZO: ÖFFNUNG

Als ich anfing, diesen Essay zu schreiben, entschloss ich mich zum Crowdsourcing. Ich schrieb einigen der mir liebsten Frauen eine Nachricht und bat sie, mir ihre Überlegungen zum Thema weiblicher Schmerz mitzuteilen. »Bitte antwortet nicht nicht«, schrieb ich, »ich habe sonst das Gefühl, dass ich mit meiner Besessenheit von gegenderter Verletztheit komplett alleine bin.« Und sie antworteten.

»Vielleicht ein bisschen zu nahe liegend«, schrieb eine befreundete Theologiestudentin, »aber was ist mit dem Sündenfall?« Sie wies darauf hin, dass Eva im Wesentlichen durch den Geburtsschmerz definiert sei. Eine andere Freundin fragte sich, ob womöglich die Erwartung des Geburtsschmerzes das Bewusstsein von Frauen frühzeitig forme – als eine Vorstellung künftiger Schmerzen, auf die ihre Körper sie unweigerlich zusteuern würden.

Eine Freundin berichtete, dass ihre Erziehung »um nichts anderes kreise als darum, unter keinen Umständen Opfer zu sein«. *Unter keinen Umständen Opfer zu sein* hatte sie kursiv geschrieben. Und eine andere berichtete von ihrer frühen Leidenschaft für das Œuvre von Lurlene McDaniel, einer Autorin, die über kranke – krebsgeplagte, herztransplantierte, an Bulimie leidende – Mädchen schreibt, die sich mit noch kränkeren, engelsgleichen Mädchen anfreunden, die dann unter den Augen ihrer neuen Freundinnen sterben. Die Bücher hätten die

Möglichkeit geboten, gleich doppelt mitzufühlen: Sie konnte sich sowohl mit der Märtyrerin als auch mit der Überlebenden identifizieren, gleichermaßen sterben und leben, die Herrlichkeit der Tragödie und die Vergewisserung des Fortbestehens auskosten.

Ich bekam Geständnisse. Eine Freundin gab zu, dass weiblicher Schmerz ihr oft als Ausdruck des »Scheiterns einer Ethik gegenseitiger Fürsorge« erscheine und dass die trauernde Madonna für sie der Inbegriff weiblichen Leidens sei: »ein Leiden, ausgelöst von einer Fürsorglichkeit, der ihr Objekt abhandengekommen ist«. Sie hatte Angst, dass dieses Ideal sie zu einer verkappten Frauenfeindin mache. Eine andere Freundin – Taryn, eine Dichterin – gestand, ihre größte Sorge sei, dass ihre Gedichte als solipsistische Mitschriften privaten Leidens erscheinen und deshalb als irgendwie »weiblich« einsortiert werden könnten. Auch sie befürchtete, dass diese Sorge womöglich ein Ausdruck heimlicher Misogynie sei.

Eine Freundin ärgerte sich derart über meine E-Mail, dass sie mit einer Antwort bis zum nächsten Morgen wartete. Sie habe diese nicht totzukriegende Faszination für Frauen, die sich über ihr Leiden definierten, derart satt, schrieb sie: Frauen, die sich selbst verletzen, Frauen, die zu viel trinken, Frauen, die mit den falschen Männern schlafen. Sie habe es mehr als nur satt. Sie sei stinksauer.

Ich glaube, ihre Wut wirft eine Frage auf, die nach einer Antwort verlangt. Wie lässt sich weiblicher Schmerz darstellen, ohne ihn zu einem Fetisch zu machen, der zu einer Fantasie oder einem Imperativ wird? Fetischismus: die allzu exzessive oder irrationale Hingabe an eine Sache, der übergroße Kräfte zugesprochen werden. Darin liegt die Gefahr einer weiblichen Identität, die auf Verletztheit beruht: dass die Heraufbeschwörung der Verwundung einen Schmerzenskult stützt, der schließlich die Verletzung selbst legitimiert, ja quasi zur Gesetzmäßigkeit erklärt.

Das Schwierige jedoch ist, dass es jenseits dieser obszönen Faszination für Frauen, die sich selbst verletzen, schlechten Sex haben und zu viel trinken, tatsächlich Frauen gibt, die sich selbst verletzen, schlechten Sex haben und zu viel trinken. Weiblicher Schmerz geht seiner Repräsentation voraus, auch wenn seine Manifestationen kulturellen Mustern folgen.

Jede routinemäßige Berufung auf das Bild der verletzten Frau führt zur Simplifizierung. Dasselbe gilt aber auch für eine Ablehnung des Bildes an sich, für die Weigerung, sich auf die Spielarten von Bedürftigkeit und Leiden einzulassen, die es aufruft. Wir wollen keine Wunden *sein* (*du bist die Wunde!*), aber sollten die Möglichkeit haben, ihre Existenz zu bezeugen, über sie zu reden und dabei mehr zu sein als nur eines dieser verwundeten Mädchen. Wir sollten diese Möglichkeit haben, ohne den Feminismus unserer Mütter zu verraten, und wir sollten über Frauen sprechen können, die verletzt wurden, ohne dabei in überkommene, voyeuristisch motivierte kulturelle Muster zu verfallen: eine Emo-Ritzerin unter den Tribünenrängen, eine Frau, die ihr Frau-Sein im Schmerz sucht, ein betrunkener oder verletzter oder unfruchtbarer Körper, ein Archetyp, der unter den Laken in Ohnmacht fiel.

Unser Verhältnis zum weiblichen Schmerz ist janusköpfig. Wir werden von ihm angezogen und abgestoßen, wir sind gleichzeitig stolz auf ihn und schämen uns für ihn. Deshalb haben wir eine postverwundete Stimme entwickelt, eine eher gefühllose, von Sarkasmus gestützte Haltung, die den Schmerz anklingen lässt, ihn aber nicht beansprucht, und so die üblichen Vorwürfe – Rührseligkeit, Trivialität, Selbstmitleid – vorauseilend mit einem ethischen und ästhetischen Gebot kontert: Du sollst die leidende Frau nicht aufwerten.

Du entscheidest dich, die Verachtung herauszufordern und über weiblichen Schmerz zu schreiben. Du bekommst deine Tage, während die Haie dich umkreisen – *entblößte Säule aus Nerven, Muskeln und Blut* –, und alle denken, dass du nur eine dämliche Show abziehst. Du möchtest schreien: *Ich bin nicht melodramatisch veranlagt!* Aber alle denken genau das. Du bist bereit zu bluten, doch es sieht so aus, als wolltest du dich nur blutig machen. Und wenn du blutest, wenn du es fließen lässt und die Haie anlockst, weist man dich zurecht, dass du die falsche Mythologie bedienst. Du solltest dich schämen. *Stopf es rein.*

Eine Frau namens Harriet Martineau schrieb 1844 ein Buch mit dem Titel *Life in the Sick-Room* (Leben im Krankenzimmer). Zehn Jahre später veröffentlichte sie eine Autobiographie, in der sie ihre Krankheit zu einer Fußnote verdichtet. Darin erklärt sie: »Es gibt nichts, dessen ich mir sicherer bin als der Tatsache, dass es für kranke Menschen unklug ist, Tagebuch zu führen.« Sie hütete sich davor, ihre Identität als Autorin mit dem Status der kranken Frau zu koppeln, gerade in einer Kultur, die darauf bedacht ist, jede Frau als eine potenzielle Invalidin im stillen Kämmerlein zu betrachten. Womöglich trieb Martineau zu Recht die Sorge um, dass man die Krankheit als Einschränkung ihrer Urteilsfähigkeit interpretieren würde, dass die Krankheit sie unter die Quarantäne der Gruppenzugehörigkeit stellen würde. *Eine wichtige Lyrikerin mit einer geringen Bandbreite:* Die Passionsgeschichte der Invalidin.

Lucy Grealy lernte, eine gute Patientin zu sein, als sie begriffen hatte, dass man beim Kranksein versagen konnte. »Die Scham- und Schuldgefühle […] waren mit dem Gefühl des Versagens verbunden. Ich fühlte mich wie ein Versager, weil ich immer noch litt. Ein Gefühl, das immer unerträglicher wurde«, schreibt sie. »Im Gegensatz dazu erschien der körperliche Aspekt der Behandlung erträglich.« Manchmal verwenden wir, um dieses *Gefühl des Versagens* zu beschreiben, *weil wir immer noch leiden*, aber auch einen anderen Begriff: Selbstmitleid, in dem wir uns suhlen: *suhlen (V. refl.; Jägersprache) sich ~; sich in einer Suhle wälzen; sich im Erfolg, Reichtum, Selbstmitleid ~ (fig.; umg.).* Genau darin nämlich besteht die Angst: Dass wir uns mit unseren Körpern nur noch plump in einer Suhle wälzen könnten, wenn wir zu viel Zeit damit verbringen, darüber zu wehklagen, was diesen Körpern Schlimmes widerfahren ist, wenn wir in unserem Schmerz schwelgen wie in einem Meer voller Haie, wenn wir den Schlamm wie Farbe auf unseren gehäuteten Körpern tragen.

WUNDE NR. 13

Als Misfit-Molly vierundzwanzig war, brach ein Unbekannter in ihr Apartment in Brooklyn ein und versuchte sie mit vorgehaltenem Messer zu vergewaltigen. Sie schaffte es, nach einem zehnminütigen Kampf nackt aus ihrer Wohnung zu fliehen, was sie aber natürlich nicht davor bewahrte, jahrelang Angst zu haben, jahrelang zu versuchen, das, was passiert war, irgendwie zu verstehen. »Den Angriff in einer wirklich sinnvollen Erzählung zu fassen«, schreibt sie, »erwies sich hinterher als unmöglich.« Sie zog mit einer guten Freundin zusammen, und gemeinsam sahen sie abends Filme, um einschlafen zu können:

> Wenn es darum ging, was wir sehen wollten, ergab es sich fast reflexhaft, dass das Geschichten über Frauen in Gefahr waren, über unselbständige Frauen, über Mädchen, die verschwanden, über innerlich und äußerlich leidende

dunkle Damen. Ich ertappte mich dabei, wie ich in der Subway wie eine Besessene alte Mörderballaden wie »Pretty Polly« hörte, fasziniert von der perversen Schönheit solcher Textzeilen wie: *He stabbed her through her heart and her heart's blood did flow.*

Innerlich und äußerlich leidende dunkle Damen. Es überrascht mich nicht, dass Molly sich zu ihnen hingezogen fühlte. Vielleicht vermittelten sie ihr ein Bild von einem Schmerz, der schlimmer war als ihr eigener, gaben ihr das Gefühl, weniger allein zu sein, oder gestatteten ihr einfach, ihren eigenen Schmerz anzunehmen, indem sie ihr eine Welt eröffneten, in der die Logik des Leidens den Ton angab.

Dieser Essay kämpft nicht für eine solche Welt. Er ist keine schlichte Kritik an der postverwundeten Stimme oder eine Zurückweisung der Form, in welcher weiblicher Schmerz allenthalben Ablehnung erfährt. Ich bin der festen Überzeugung, dass es nicht peinlich ist, wenn man leidet, und ich sehe diesen Essay als Manifest wider den Vorwurf des selbstmitleidigen Suhlens. Zugleich geht es mir aber nicht um eine doppelte Verneinung, eine Zurückweisung der Ablehnung, sondern um die Suche nach einer Möglichkeit der Möglichkeit, weibliches Leiden zu repräsentieren, ohne dessen Mythos konkret werden zu lassen. Lucy Grealy beschreibt einen Großteil ihres Lebens als Künstlerin als einen Versuch, sich »das komplizierte und notwendige Recht auf Leiden zuzugestehen«.

Wonach ich suche, ist der dreizehnte Akt, der ganz am Ende von Carsons Gedicht erscheint:

Ganz ähnlich wie Akt Nr. 1.
Und doch vollkommen anders.
…

sah ich, dass es eine menschliche Gestalt war,

die in einem so schrecklichen Wind stand, dass es ihr
   das Fleisch von den Knochen riss.
Und es gab keinen Schmerz.
Der Wind

reinigte die Knochen.
Die aber ragten silbern und unabwendbar heraus.
Es war nicht mein Körper, nicht der Körper einer Frau,
   es war unser aller Körper.
Er trat aus dem Licht.

Diese Nackte ist dem ersten Akt ganz ähnlich, weil auch sie
nichts als zerfetztes Fleisch ist, hier nun aber »reißt« es ihr
das Fleisch von den Knochen, und ihre Nacktheit signalisiert
Stärke. Ihre Entblößtheit ist rein und unabwendbar. Einen
Schmerz gibt es nicht. Die Nerven sind verschwunden. Die Bewegung weg vom Schmerz macht einen Schritt in Richtung
des Allgemeingültigen notwendig: heraus »aus dem Licht«
der menschlichen Besonderheit und des Geschlechts (»Es war
nicht mein Körper, nicht der Körper einer Frau«) und hinein
ins Universelle (»es war unser aller Körper«). Aus dem Licht
herauszutreten suggeriert zugleich, dass man von ebendiesem
Licht konstituiert wird, sich mit dem Schritt also aus seiner Ur-
sprungssubstanz herauslöst und sie hinter sich lässt, den Zustand sichtbarer Repräsentiertheit aufgibt. Ist der Schmerz erst
gereinigt und nunmehr »silbern und unabwendbar«, muss er
nicht länger angestrahlt werden. Schmerz weist nur dann über

sich selbst hinaus, wenn der verursachte Schaden sich vom Privaten ins Öffentliche verschiebt, vom Solipsistischen ins Kollektive.

Eine Freundin schickte mir einen Brief, der auf beinahe durchsichtigem Papier geschrieben war. Sie schlug vor, unsere Wunden als »Orte der Leitfähigkeit zu betrachten, an denen Schmerz auf Erfahrung trifft und etwas erhellt«. Auch das durchscheinende Papier war hier von Belang: Durch das Papier hindurch konnte ich die Welt hinter ihren Worten erkennen, den Tisch, meine Finger. Vielleicht ist es genau diese Sichtbarkeit – diese Einladung, Einzelteile im Verhältnis zueinander zu betrachten –, die der Schmerz ermöglicht.

Wir sollten nicht vergessen, auf welche Weise der dreizehnte Akt den ersten wieder aufruft, jenes allererste Artefakt des Schmerzes, dessen blutiger Geist die silbernen Knochen wie eine Aura umgibt und uns daran erinnert, dass die Reinigung nicht ohne Verluste bleiben kann: *Er hat die Fäulnis ausgeputzt, gelassen hat er mir einen Mundvoll Liebe.* Wie bei Wallace Stevens und seiner dreizehnmal gesehenen Amsel sehen auch wir den Schmerz aus allen erdenklichen Perspektiven, keine bestimmte Leidenspose darf sich zur Tyrannei aufschwingen. Wir dürfen das Leiden nicht nur von einer Warte aus betrachten, wir müssen es aus dreizehn Richtungen anschauen, und danach geht es weiter: Denn dann sind wir aufgefordert, jener Gestalt, die da aus dem Licht tritt, zu folgen.

Und so folgen wir dieser Gestalt, hinein in Widersprüchlichkeiten, hinein in das Eingeständnis, dass man eine Wunde gleichzeitig begehren und verachten kann; dass sie Kraft verleiht, aber auch ihren Preis hat; dass das Leiden Tugend hervorbringt, aber auch Egoismus; dass sich die Opferrolle zusammensetzt aus dem, was einem passiert, und dem, was man daraus macht; dass Schmerz Thema und gleichzeitig Produkt von Repräsentation ist; dass die Kultur authentisches Leiden verarbeitet und seine Symptome naturalisiert. Wir folgen dem dreizehnten Akt dorthin zurück, wo ein Mädchen mit einer Rasierklinge ein Passionsspiel aufführt. Wir sollten zusehen. Etwas tut ihr weh, aber das heißt nicht, dass es immer so sein wird oder das Leiden ihre einzige mögliche Identität ist. Es ist möglich, weibliches Bewusstsein zu zeigen und dabei den Schmerz ebenso wenig zu verschweigen wie die vielschichtige Subjektivität, die ihn umgibt – eine Subjektivität, die über die Narben hinauswächst, ohne sie zu verleugnen, die weder in Verwundung schwelgt (*wound dweller!*) noch abgebrüht ist, sondern die tatsächlich im Begriff ist, heil zu werden.

Wir können beobachten, was passiert, wenn das Mädchen die Rasierklinge weglegt. Zu leiden ist interessant, sich davon zu erholen aber auch. Das Nachspiel der Verwundung – die Strapazen, der Kampf beim Vernähen der Haut, die ersten Schritte der silbernen Knochen – gibt einer Frau genauso viel Kontur wie die Wunden selbst. Louise Glück träumt von »eine[r] Harfe, ihre Saite schnitt / tief in meine Hand. In dem Traum / tut sie beides, erzeugt die Wunde, versiegelt die Wunde.«

Wenn ich die Gedichte meiner Freundin Taryn lese, sehe ich Bilder, die sich rankengleich aus der Verletzung emporwinden. Man sieht Momentaufnahmen ihres Lebens – ein Tumor, der sich um ihre Leber gewickelt hat und in einer schweren Operation entfernt wird –, doch der hingestreckte Körper ihres weiblichen Subjekts (»aufgebahrt liegt sie, die Bittstellerin«) ist nie der einzige Körper im Bild. Zu keinem Zeitpunkt wird der weiblichen Stimme das Monopol auf den Schmerz eingeräumt. Die Gedichte sind voll von Versehrung – zarten Vögelchen werden die dünnen Knochen zerknackt, eine fette Hirschkuh ist tot (»Ihr köstlicher Geruch!«) –

und Schlachtanweisungen: »Teile die Rippen mit einem Stock, […] darunter liegt schimmernd das Akkordeon der Knochen. Lege das Beinfleisch frei. Es ist, als öffne man eine Flügeltür.« Es sind Verben des Öffnens, Durchtrennens, Teilens, Erforschens, Ausgrabens und Entfernens. Die Beschädigung geschieht nicht um ihrer selbst willen. Es geht um die Suche nach Erkenntnis, oder es geht um das Abendessen. *Sometimes you're nothing but meat, girl.* Wo andere Nabelschau betreiben, öffnet Taryn den Nabel von Tieren – *nicht mein Körper, nicht der Körper einer Frau* –, aber ihr Blick ist persönlich, geprägt von Verwundbarkeit. Sie vermittelt eine Ahnung von jener Gewaltsamkeit, die der Aufgabe, in einem Körper zu leben, immanent ist – jedem Körper, der zwischen anderen Körpern lebt. Es ist ein Bewusstsein, das zwangsläufig in unser aller Körper verankert ist, jenem Körper, der aus Licht gemacht ist und sich daraus entfernt.

Ich möchte das wertschätzen, was passiert, wenn eine persönliche Erfahrung auf eine Schlachtanweisung prallt: wie die Wunde zur Anerkennung gelangt, während sich unser Blick dafür öffnet, wie ein blutiger Körper manipuliert, geordnet und in seine Bestandteile zerlegt werden kann. Ich möchte darauf beharren, dass weiblicher Schmerz der Rede wert ist. Noch immer und immer wieder. Wir werden die Geschichte nie schon gehört haben.

Es ist der Rede wert, wenn ein Mädchen seine Unschuld verliert oder ihr Lumpensammler-Herz bricht. Es ist der Rede wert, wenn dieses Mädchen zum ersten Mal ihre Tage bekommt oder versucht, das zu unterbinden. Es ist der Rede wert, wenn eine Frau sich schrecklich fühlt in der Welt – egal wo, egal wann, einfach immer. Es ist der Rede wert, wenn ein Mädchen eine Abtreibung vornehmen lässt, denn ihre Abtreibung hat vor ihr noch niemand gehabt und wird auch niemand jemals haben. Ich sage das als Frau, die eine Abtreibung hatte, aber noch nie die Abtreibung einer anderen.

Sicher, manches scheint mehr der Rede wert als anderes. Krieg ist relevanter als ein Mädchen, das verwirrt ist, weil ein Typ sie gevögelt und dann nicht mehr angerufen hat. Aber ich glaube nicht daran, dass Empathie endlich ist. Ich bin der Auffassung, dass Aufmerksamkeit zu schenken genauso viel einbringt, wie es kostet. Wir beginnen zu sehen.

Ich glaube, hinter der Haltung, mit der weiblicher Schmerz als altbekannt oder irgendwie von gestern abgetan wird – schon mal gehört, hundert Mal gehört, tausendundeine Nacht lang gehört –, verbergen sich tiefer liegende Vorwürfe: dass leidende Frauen das Opfer spielen, dass sie sich in die Schwäche flüchten, dass sie sich gehenlassen, anstatt Mut zu beweisen. Ich glaube, das Leugnen der Wunden liefert eine bequeme Entschuldigung: Endlich muss man sich nicht mehr damit herumplagen, sich diese Geschichten anzuhören. Oder sie selbst zu erzählen. *Stopf es rein.* Als bestünde unsere Aufgabe darin, nach vollständig erlangter Selbsterkenntnis endlich den Zustand emotionaler Abgeklärtheit zu erreichen, in dem die Geschichte des Schmerzes ein für alle Male erzählt ist.

Ich habe lange gezögert, ein Buch über die Frau zu schreiben – so beginnt Simone de Beauvoir eines der berühmtesten Bücher, die je über Frauen geschrieben worden sind. *Das ist ein Reizthema, besonders für Frauen, und es ist nicht neu.* Und manchmal kommt es mir so vor, als würde ich bloß alte Wunden immer wieder aufreißen. Und doch sage ich: Blute weiter. Aber schreib auf etwas hin, das jenseits des Blutes liegt.

Die verwundete Frau wird als Stereotyp bezeichnet und manchmal ist sie das auch. Doch manchmal aber ist sie auch real. Dass Schmerz zum Fetisch werden kann, ist kein Grund dafür, ihn nicht mehr darzustellen. Schmerz, der vorgeführt wird, ist immer noch Schmerz. Schmerz, der abgedroschen klingt, ist immer noch Schmerz. Der Vorwurf des Klischees und der Theatralik bieten unseren verschlossenen Herzen zu viele Alibis, und ich will, dass unsere Herzen offen sind. Da steht es jetzt. Ich will, dass unsere Herzen offen sind. Genau so.

QUELLENVERZEICHNIS

Bücher

Agee, James und Walker Evans: *Preisen will ich die großen Männer*, Berlin 2013

Anderson, Sherwood: *Winesburg, Ohio*, München 2012

Bidart, Frank: *Ellen West*, in: *The Book of the Body*, New York 1977

Capote, Truman: *Kaltblütig*, Zürich 2007

Carson, Anne: *Die Wahrheit über Gott* und *Versuch über das Glas*, in: *Glas, Ironie und Gott*, München 2000

D'Ambrosio, Charles: *Orphans*, Portland 2005

De Beauvoir, Simone: *Das andere Geschlecht*, Reinbek 2000

Dickens, Charles: *David Copperfield*, München 2012

    Große Erwartungen, München 2011

Didion, Joan: *Salvador*, Köln 1984

    Stunde der Bestie, Reinbek 1996

    Das weiße Album, Reinbek 1997

Dubus, Andre: *Meditations from a Movable Chair*, New York 1998

Grealy, Lucy: *Mein Gesicht ist meine Seele*, München 1995

Hass, Robert: *Images*, in: *Twentieth Century Pleasures*, New York 2000

Hemingway, Ernest: *Wem die Stunde schlägt*, Frankfurt a.M. 2006

Heti, Sheila: *Wie sollten wir sein?*, Reinbek 2014

Huggan, Graham: *The Postcolonial Exotic: Marketing the Margins*, London 2001

Kahlo, Frida: *Gemaltes Tagebuch*, München 1995

Keen, Suzanne: *Empathy and the Novel*, New York 2010

Knapp, Caroline: *Alkohol – meine gefährliche Liebe*, Reinbek 1998

    Hunger. Warum Frauen begehren, Düsseldorf/Zürich 2004

Kundera, Milan: *Die unerträgliche Leichtigkeit des Seins*, Frankfurt a.M. 1988

Malcolm, Janet: *The Journalist and the Murderer*, London 2011

Manguso, Sarah: *The Two Kinds of Decay*, London 2011

Martineau, Harriet: *Autobiography*, Peterborough 2007

Merleau-Ponty, Maurice: *Phänomenologie der Wahrnehmung*, Berlin 2011

Nussbaum, Martha C.: *Cultivating Humanity: A Classical Defense of Reform in Liberal Education*, Cambridge (USA) 1998
  Poetic Justice: The Literary Imagination and Public Life, Boston 1997
Plath, Sylvia: *Cut* und *Daddy*, in: *Ariel*, Frankfurt a.M. 2008
Pope, Alexander: *Der Lockenraub*, Frankfurt a.M. 1968
Propp, Vladimir: *Morphologie des Märchens*, München 1972
Scarry, Elaine: *Der Körper im Schmerz*, Frankfurt a.M. 1992
Smith, Adam: *Theorie der ethischen Gefühle*, Hamburg 2010
Solomon, Robert: *In Defense of Sentimentality*, New York 2004
Sontag, Susan: *Krankheit als Metapher*, Frankfurt a.M. 1981
  Das Leiden anderer betrachten, München 2003
Stevens, Wallace: *Teile einer Welt. Ausgewählte Gedichte*, Wien 2014
  The Necessary Angel, New York 1965
  The Palm at the End of the Mind, New York 1990
Stoker, Bram: *Dracula*, Berlin 2004
Tolstoi, Leo: *Anna Karenina*, München 2009
Vollmann, William T.: *Poor People*, New York 2008
Wallace, David Foster: *Unendlicher Spaß*, Köln 2009
Wilde, Oscar: *De Profundis*, Zürich 1987
Williams, Tennessee: *Endstation Sehnsucht*, Frankfurt a.M. 2010
Žižek, Slavoj: *First As Tragedy, Then As Farce*, New York 2009

Essays, Artikel und Erzählungen

Barthelme, Donald: »*Wrack*«, in: *The New Yorker*, 21. Oktober 1972, S. 36–37
Boyle, Molly: »*How Murder Ballads Helped*«, in: *The Hairpin*, 19. April 2012
  http://thehairpin.com/2012/04/how-murder-ballads-helped-me
Decety, Jean: »*The Neurodevelopment of Empathy in Humans*«, in: *Developmental Neuroscience* 32:4, 2010, S. 257–267
Gawande, Atul: »*The Itch*«, in: *The New Yorker*, 30. Juni 2008, S. 58–65
Hoffmann, Diane E. und Anita J. Tarzian: »*The Girl Who Cried Pain: A Bias Against Women in the Treatment of Pain*«, in: *Journal of Law, Medicine & Ethics* 29:1, 2001, S. 13–27
Irving, John: »*In Defense of Sentimentality*«, in: *The New York Times*, 25. November 1979
Jefferson, Mark: »*What Is Wrong with Sentimentality?*«, in: *Mind* XCII, 1983, S. 519–529

Johnson, John A., Jonathan M. Cheek und Robert Smither: »*The Structure of Empathy*«, in: *Journal of Personality and Social Psychology* 45:6, 1983, S. 1299–1312

Morens, David: »*At the Deathbed of Consumptive Art*«, in: *Emerging Infectious Diseases* 8:11, 2002, S. 1353–1358

Robbins, Michael: »*The Constant Gardener: On Louise Glück*«, in: *Los Angeles Review of Books*, 4. Dezember 2012

Rorty, Richard: »*Human Rights, Rationality, and Sentimentality*«, in: *On Human Rights: The Oxford Amnesty Lectures*, New York 1993

Tanner, Michael: »*Sentimentality*«, in: *Proceedings of the Aristotelian Society* 77, 1976–1977, S. 127–147

Tompkins, Jane: »*Sentimental Power: Uncle Tom's Cabin and the Politics of Literary History*«, in: *Sensational Designs: The Cultural Work of American Fiction, 1790–1860*, New York 1985, S. 122–146

Wallace, David Foster: »The Empty Plenum: David Markson's *Wittgenstein's Mistress*«, in: *Review of Contemporary Fiction* 10:2, 1990

Zahavi, Dan und Soren Overgaard: »*Empathy Without Isomorphism: A Phenomenological Account*«, in: *Empathy: From Bench to Bedside*. Cambridge (USA) 2012

Musikalische Werke

Amos, Tori: »Blood Roses«; »Jackie's Strength«; »Silent All These Years«
Björk: »Bachelorette«
Bush, Kate: »Experiment IV«; »Wuthering Heights«
DiFranco, Ani: »Buildings and Bridges«; »Independence Day«; »Pixie«; »Pulse«; »Swan Dive«
Lewis, Leona: »Bleeding Love«
Puccini, Giacomo: *La Bohème*
Verdi, Giuseppe: *La Traviata*

Filmische Werke

Carrie – des Satans jüngste Tochter, Regisseur: Brian De Palma, 1976
Girls, von Lena Dunham, 2012–2013
Paradise Lost: The Child Murders at Robin Hood Hills (1996); *Paradise Lost 2:*
  Revelations (2000); *Paradise Lost 3: Purgatory* (2011); Regisseure: Joe
  Berlinger und Bruce Sinofsky

Frauen, mit denen ich für »Große Universaltheorie über den weiblichen Schmerz« gesprochen habe

Molly Boyle, Lily Brown, Casey Cep, Harriet Clark, Merve Emre, Rachel
  Fagnant, Miranda Featherstone, Michelle Huneven, Colleen Kinder,
  Emily Matchar, Kyle McCarthy, Katie Parry, Kiki Petrosino, Nadya
  Pittendregh, Jaime Powers, Taryn Schwilling, Aria Sloss, Bridget
  Talone, Moira Weigel, Jenny Zhang

DANKSAGUNG

Ich möchte den Magazinen danken, in denen diese Essays ursprünglich
erschienen: »Teufelsköder« in *Harper's* (nachgedruckt in *The Best
American Essays 2014*); »Nebelzählung« in *Oxford American*; »Morphologie des Überfalls,« »La plata perdida«, »Lost Boys« und »Das Erhabene, revidiert« in *A Public Space*; »Der ewige Horizont« und »Das
gebrochene Herz des James Agee« in *Believer* (später nachgedruckt
in *American Writers on Class*); »La Frontera« in *VICE*; »South Central
Sightseeing« in *Los Angeles Review of Books*; »Votivbilder« und »Servicio
Supercompleto« in *The Paris Review Daily* (später nachgedruckt in
Paper Darts); »Verteidigung des Süßlichen« in *Black Warrior Review*.

Ich durfte dabei mit vielen wunderbaren Redakteuren, Lektoren und
Autoren zusammenarbeiten: Rocco Castoro, Wes Enzinna, Deirdre
Foley-Mendelssohn, Olivia Harrington, Roger Hodge, Heidi Julavits,
Daniel Levin Becker, James Marcus, Anne McPeak, Andi Mudd, Colin
Rafferty, Shelly Reed, Matthew Specktor, Karolina Waclawiak, Allison
Wright und natürlich Brigid Hughes von *A Public Space*, die mich
von Beginn an in meiner Arbeit bestärkte. Herzlichen Dank an Max
Porter von Granta, meinem englischen Verlag, der versprochen hat,
sich den Titel in Gill Sans auf seinen Rücken tätowieren zu lassen.

Ich danke meinen Betreuern in Yale – Amy Hungerford, Wai Chee
Dimock und Caleb Smith – für ihre Unterstützung und für das
Wohlwollen, das sie meinen Wanderungen zwischen kreativen und
kritischen Arbeiten entgegenbrachten. Ich bin erfüllt von großer
Dankbarkeit gegenüber Charlie D'Ambrosio, der mir beibrachte,
dass die Probleme eines Essays zu seinem Thema werden können.

In meiner Agentin, der unglaublichen Jin Auh, habe ich eine un-
ermüdliche Unterstützerin und Freundin, und ich schätze mich aufrichtig glücklich, dass sie dabei half, für dieses Buch ein Zuhause bei
Graywolf zu finden – ein wunderbarer Verlag und eine inspirierende

Familie. Herzlichen Dank an Fiona McCrae, Steve Woodward, Katie Dublinski, Anne McPeak, Michael Taeckens und vor allem Jeff Shotts, der von dem Moment an, als er sich mit seinem grünen Stift an diese Texte setzte, ein wahrer Geistesverwandter gewesen ist.

Für ihre Freundschaft, ihre Unterstützung und ihre Anleitung bin ich vielen Menschen zu großem Dank verpflichtet, ganz besonders Aria Sloss, Colleen Kinder, Harriet Clark, Rachel Fagnant, Kyle McCarthy und Nam Le, Rebecca Buckwalter-Poza, Chelsea Catalanotto, Casey Cep, Alexis Chema, Liz Cunningham, Charlotte Douglas, Merve Emre, Miranda Featherstone, Micah Fitzerman-Blue, Norm, Amy, Andrew und Will Gorin, Michelle Huneven, Margot Kaminski, Elyssa Kilman, Lindsay Levine, Jess Marsh, Emily Matchar, Amalia McGibbon, Tara Menon, Cat Moore, Max Nicholas, Ben Nugent, Katie Parry, Jen Percy, Eve Peters, Kiki Petrosino, Caitlin Pilla, Nadya Pittendergh, Jamie Powers, Amber Qureshi, Jeremy Reff, Liba Rubenstein, Jake Rubin, Taryn Schwilling, Sabrina Serrantino, Nina Siegal, Mary Simmons, Meg Swertlow, Susan Szmyt, Robin Wasserman, Julia Whicker, Abby Wild und Jenny Zhang.

Und schließlich: Danke, Dave. Ohne dich wäre dieses Buch nicht.

Ich bin meiner gesamten wunderbaren Familie dankbar, und ganz besonders meiner mutigen und mitfühlenden Mutter Joanne, der ich dieses Buch in Bewunderung und Liebe widme.